인공 신경망 이해를 위한 기초 수학

친절한
딥러닝 수학

친절한 딥러닝 수학

인공 신경망 이해를 위한 기초 수학

초판 1쇄 발행 2021년 3월 2일

지은이 다테이시 겐고 / **옮긴이** 김형민 / **펴낸이** 김태헌
펴낸곳 한빛미디어(주) / **주소** 서울시 서대문구 연희로2길 62 한빛미디어(주) IT출판부
전화 02-325-5544 / **팩스** 02-336-7124
등록 1999년 6월 24일 제25100-2017-000058호 / **ISBN** 979-11-6224-388-6 93000

총괄 전정아 / **책임편집** 홍성신 / **기획** 정지수 / **편집** 이윤지 / **교정 · 전산편집** 김철수
디자인 박정화
영업 김형진, 김진불, 조유미 / **마케팅** 박상용, 송경석, 조수현, 이행은, 고광일 / **제작** 박성우, 김정우

이 책에 대한 의견이나 오탈자 및 잘못된 내용에 대한 수정 정보는 한빛미디어(주)의 홈페이지나 아래 이메일로
알려주십시오. 잘못된 책은 구입하신 서점에서 교환해드립니다. 책값은 뒤표지에 표시되어 있습니다.

한빛미디어 홈페이지 www.hanbit.co.kr / **이메일** ask@hanbit.co.kr

지금 하지 않으면 할 수 없는 일이 있습니다.
책으로 펴내고 싶은 아이디어나 원고를 메일(**writer@hanbit.co.kr**)로 보내주세요.
한빛미디어(주)는 여러분의 소중한 경험과 지식을 기다리고 있습니다.

인공 신경망
이해를 위한
기초 수학

친절한 딥러닝 수학

다테이시 겐고 지음
김형민 옮김

HB 한빛미디어
Hanbit Media, Inc.

지은이·옮긴이 소개

지은이 **다테이시 겐고(立石 賢吾)**

사가대학교 졸업 후 몇 개의 개발 회사를 거친 뒤 2014년 LINE Fukuoka에 입사하여 데이터 분석 및 머신러닝을 전문으로 하는
조직을 신설하고 추천, 텍스트 분류 등 머신러닝을 사용한 제품을 담당했다. 2019년 스마트뉴스 주식회사에 입사하여 현재 머신러
닝 엔지니어로 근무하고 있다.

옮긴이 **김형민** magnking@gmail.com

동국대학교에서 일본어 교육학을 전공했고 프리랜서 일본어 통/번역가로 활동했다. 이후 떠올린 아이디어를 구체화할 수 있는 프로
그래밍에 매력을 느껴 프로그래머가 되기로 결심했고 지금은 일본에서 웹 개발을 하고 있다. 번역서로는 『프로그래밍 언어도감』, 『다
양한 그래프, 간단한 수학, R로 배우는 머신러닝』 등이 있다.

우리 뇌 속에서는 어떤 일이 벌어지고 있을까요? 딥러닝이라는 단어로 주목받고 있는 심층 신경망이 뇌 속의 뉴런이라는 세포를 모방했다는 것은 잘 알려져 있습니다. 이 뉴런이라는 세포가 서로 이어지는 이유를 안다면 이 책을 이해하는 데 조금은 도움이 될 것입니다.

뉴런의 가장 큰 역할은 전기적 신호를 잘 전달할 수 있는 네트워크를 만들어서 기억을 형성하는 것입니다. 이 기억은 물건의 이름과 같은 단편적인 것이 아니라 우리가 영화에서 보는 한 장면에 가깝다고 합니다. 시각, 촉각, 후각 등 가능한 한 모든 정보를 통해서 기억을 붙잡아두려고 하는 것이죠. 뇌의 각 영역을 이어주는 뉴런 네트워크로 구성된 이 구조 자체가 기억됩니다.

뉴런의 네트워크는 기억을 위한 장치인 동시에 우리가 비슷한 상황을 만났을 때 반응할 수 있게 해주는 처리 장치이기도 합니다. 비슷한 패턴이라고 인식되면 우리는 이전의 경험을 통해서 예측하고 반응합니다. 대부분 의식하지 않은 상황에서 순식간에 일어나는 일들이죠. 심층 신경망에서는 이런 연결을 '가중치'와 '편향'이라는 숫자로 열심히 모방하고 있습니다.

학습은 언제 일어나게 될까요? 바로 우리 예측이 어긋난 순간입니다. '어, 이게 아니네'라고 하는 순간 뉴런의 연결 구조가 바뀌거나 새로운 연결이 추가되면서 기억이 수정됩니다. 그만큼 우리 상황 처리 능력도 높아집니다.

심층 신경망 역시 입력을 통해 예측을 합니다. 출력된 예측과 정답에 '오차'가 있다는 것을 확인하고 '가중치'와 '편향'으로 구성된 연결을 조절합니다. 이것이 딥러닝입니다.

딥러닝을 중심으로 인공지능이 빠르게 발전하고 있지만 당분간 종합적인 지능 면에서는 인간이 압도적일 것입니다. 인간의 뇌 속에서는 뉴런이 1/1000초 단위로 끝임 없이 새로운 연결을 만들어내고 있는 덕분에 현재의 인공지능과는 비교할 수 없이 유연하고 복합적인 사고가 가능하니까요. 하지만 인터넷을 중심으로 하는 방대한 연결망과 데이터 그리고 점점 빨라지고 있는 하드웨어의 속도는 인공지능의 발전에 무한한 가능성이 있다는 것을 보여줍니다.

아직 인공지능이라는 분야가 생소하다면 이 책은 매우 좋은 안내자가 되어줄 것입니다. 수학을 어려워하는 마음을 충분히 이해하고 가능한 한 받아들이기 쉽게 설명하고 있으니까요.

김형민

신경망(딥러닝) 알고리즘과 함께 AI(인공지능)가 주목을 받고 있습니다. AI라고 하면 뭔가 대단한 것처럼 들리는데 도대체 그걸로 무엇을 할 수 있는지, 우리 생활을 어떻게 바꾸어줄 것인지 떠올릴 수 있는 사람은 아직 많지 않은 것 같습니다.

최근에는 신경망과 관련된 프레임워크나 라이브러리 데이터셋, 학습 환경, 문서 등이 풍부해져서 원하기만 하면 간단히 경험해볼 수 있습니다. 어렵거나 복잡한 부분은 잘 감춰져 있어서 실제 신경망 안에서 어떤 움직임이 일어나고 있는지 몰라도 간단하게 구현할 수 있습니다. 하지만 가능하면 그 아래에서 어떤 일이 일어나고 있는지 아는 것이 좋겠죠. 기초를 알고 있으면 응용을 할 수 있게 되고 나아가서는 AI의 신경망을 어떻게 활용할 수 있을지 떠올리기 쉬워질 테니까요.

이 책은 신경망에 흥미를 가지기 시작했고 그 내부를 제대로 이해하고 싶은 개발자를 대상으로 합니다. 신경망에 관심이 있는 윤서, 신경망을 잘 알고 있는 윤서 친구 지우 그리고 신경망을 공부하고 있는 도현 이 세 명의 대화를 통해 '신경망이란 도대체 무엇인가'라는 의문을 조금씩 풀어나갑니다. 수학적인 부분 역시 쉽게 이해할 수 있도록 노력했기 때문에 초보자용 책답지 않게 적지 않은 수식이 등장합니다. 하지만 등장인물의 대화 속에서 자연스럽게 수식을 이해할 수 있도록 배려해두었으니 너무 겁내지 말고 천천히 읽어주세요.

이 책을 통해 얻은 기초지식을 어떻게 활용할지는 독자에게 달려 있습니다. 신경망은 매일 믿기 어려울 정도의 속도로 발전하며 다양한 분야에서 많은 성과를 내고 있습니다. 단순히 배우고 끝나는 것이 아니라 꼭 신경망의 가치와 그 활용 방법을 생각하고 실천으로 옮겨주세요.

그럼 윤서, 지우, 도현과 함께 신경망을 배우는 여행을 떠나봅시다.

다테이시 겐고

1장 신경망을 시작하자

신경망 개념을 알아보고 머신러닝 알고리즘과 어떤 차이가 있는지 살펴봅니다. 신경망이 어떤 구조로 되어 있고 무엇을 할 수 있는지 그림과 간략한 수식으로 설명합니다.

2장 순전파를 배우자

퍼셉트론이라는 신경망을 구성하는 단순한 알고리즘 안에서 어떤 식으로 계산이 진행되는지 자세히 설명합니다. 이미지 사이즈를 판별하는 문제를 예로 들어 입력값에서 출력값까지 순서대로 계산하는 순전파를 배웁니다.

3장 역전파를 배우자

신경망에서 적절한 가중치와 편향을 어떻게 계산해서 구하는지 설명합니다. 미분을 사용해서 오차를 가능한 한 작게 만들도록 가중치와 편향을 갱신하지만 이러한 정공법으로는 계산이 너무 힘듭니다. 그래서 계산을 간단하게 해주는 오차역전파법을 사용합니다.

4장 합성곱 신경망을 배우자

신경망의 기본적인 구조를 이해한 것을 바탕으로 합성곱 신경망을 이용한 이미지 처리 방법을 공부합니다. 합성곱 신경망 특유의 구조나 계산 방식을 다루면서 가중치와 편향 갱신 방법을 설명합니다.

5장 신경망을 구현하자

2, 3, 4장에서 배운 신경망 계산 방법을 파이썬으로 구현합니다. 2장과 3장에서 배운 기본적인 신경망을 사용해서 이미지 사이즈 판정을 해보고, 4장에서 배운 합성곱 신경망을 사용하여 손글씨 인식을 구현해봅니다.

부록 A 수학 기초

1~5장을 이해하는 데 도움이 되는 수학 기초를 설명합니다.

부록 B 파이썬과 넘파이 기초

파이썬으로 프로그래밍하기 위한 환경을 구축하고 파이썬과 넘파이를 간단히 설명합니다.

예제 소스

이 책에서 소개한 예제의 소스 파일은 다음 사이트에서 다운로드할 수 있습니다.

https://www.hanbit.co.kr/src/10388

윤서

신경망을 공부 중인 프로그래머. 업무에서 신경망을 사용할 기회가 늘고 있다. 성실하지만 조금 기분파다. 단것을 좋아하는 25세.

지우

윤서 대학 친구. 대학에서 컴퓨터 비전을 전공했다. 윤서의 부탁은 거절 못 한다. 역시 단것을 좋아한다.

도현

윤서 동생. 이과대학 4학년이다. 컴퓨터 사이언스 수업을 듣고 있다. 장래 희망은 머신러닝으로 무언가를 만드는 엔지니어가 되는 것이다.

CONTENTS

CHAPTER 1 신경망을 시작하자

CHAPTER 2 순전파를 배우자

CONTENTS

CHAPTER 5 신경망을 구현하자

APPENDIX A 수학 기초

APPENDIX B 파이썬과 넘파이 기초

CONTENTS

신경망을 시작하자

내가 제일 좋아하는 건 치즈케이크

딥러닝에 흥미를 가지게 된 윤서는 친구인 지우에게 상담을 합니다. 윤서는 딥러닝에 대해 아는 것이 거의 없습니다. 대학에서 컴퓨터 비전을 전공한 지우는 딥러닝에 대해 어려운 수식, 프로그램도 없이 아주 기초적인 부분부터 차근차근 설명을 시작합니다. 딥러닝이 어떤 것인지 여러분도 함께 공부해보세요!

1.1 신경망에 대한 흥미

 요즘 딥러닝에 흥미가 생겨서 공부 좀 해보고 싶어.

 그래서 나한테 가르쳐 달라는 거야?

 응. 지우는 수학 잘하잖아. 전에 머신러닝에 필요한 수학을 가르쳐줬을 때 정말 이해하기 쉬웠어.

 그래? 다행이네.

 이번에도 지우한테 배우고 싶어. 딥러닝 잘 알지?

 남들만큼. 기초 정도는 알고 있지. 컴퓨터 비전을 전공했으니까 연구용 모델도 몇 번 만든 적 있어.

 역시 지우! 요즘 주변에서 딥러닝에 대해 이야기하는 사람들이 많아서 늦기 전에 배워두고 싶어.

 요즘 신경망의 기세는 확실히 대단하지.

 그런 것 같아. 근데 신경망이라고도 부르는 거야? AI나 인공지능이라는 단어도 함께 나오는 경우가 많은 것 같아.

 윤서는 신경망으로 뭘 하고 싶은데?

 음... AI라고 하면 뭔가 미래의 일 같은 느낌이 들잖아. 설레기도 하고. 뭐라도 좋으니까 아무거나 해보고 싶어.

 아무거나? 그것도 좋지만 실제로 어떤 것을 해보고 싶다는 목적을 생각하는 것이 중요해.

하하하. 나는 언제나 이런 식이지.

 아냐. 아무거나 해보고 싶다는 기분도 충분히 이해돼. 지금 신경망 공부하고 있는 거야?

 아직 제대로 하지 못했어. 공부 좀 하려고 하면 수학이 등장해서 인터넷만 뒤적이고 있지.

 그렇구나. 그럼 신경망은 어디까지 알고 있는 거야?

 인간의 뇌 기능을 흉내 낸 것이라는 설명은 읽었던 것 같아.

 그건 아주 기초적인 설명이지.

 그 이상은 잘 모르겠어. 왠지 굉장해서 여러 가지 일을 할 수 있다는 느낌은 들어.

 뭐? 거의 아무 것도 모른다는 거잖아.

 맞아. 사실 신경망과 딥러닝의 차이도 잘 몰라.

 알았어. 그럼 오늘은 신경망이 어떤 것인지 딥러닝과 비교해가며 설명해줄게.

 정말? 역시 지우야. 차 한 잔 하고 시작하자. 홍차 좋아하지? 디저트 가져올게.

 그래.

1.2 신경망의 위치

 우선 전체 관계를 확인해볼 수 있는 그림을 그렸어.

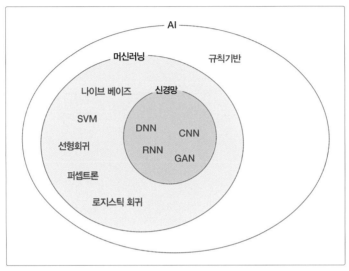

그림 1-1

 AI 전체에서 신경망이 어떤 위치에 있는지 확인해봐.

 머신러닝에 포함된 하나의 분야네.

 선형회귀가 뭔지 알아? 퍼셉트론, 로지스틱 회귀에 대해 들어본 적 있어? 신경망은 그런 머신러닝 알고리즘 중 하나야.

 그렇구나! 신경망은 완전히 새로운 거라고 생각했었어.

 신경망의 역사는 꽤 오래됐어. 다른 머신러닝 알고리즘과 마찬가지로 회귀나 분류 문제를 해결할 수 있지.

 최근 엄청 유행하고 있어서 착각하고 있었네. 지금까지 존재하지 않았던 혁신적인 기술인 줄 알았어.

회귀와 분류는 기억하고 있어?

 회귀는 연속값을 다뤄. 예를 들면 과거 주가에서 미래 주가나 그 경향을 예측할 때 이용해.

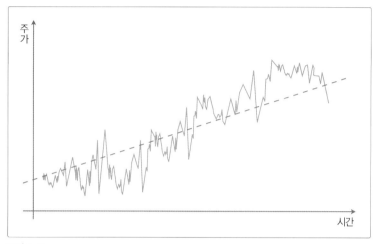

그림 1-2

 분류는 연속값이 아니라 대상을 성격에 따라 그룹화해. 예를 들면 메일을 '스팸 메일 이다'와 '스팸 메일이 아니다'로 나눌 때 이용해.

메일 내용	스팸 메일인가 아닌가
안녕하세요. 이번 일요일에 놀러 가기로 했는데...	×
나와 친구가 되어줘. 사진도 있어! http://...	○
축하합니다. 하와이 여행에 당첨되었...	○

표 1-1

 내 말 맞지?

 완벽해!

하지만 회귀나 분류 문제를 푸는 것뿐이라면 기존의 다른 알고리즘과 별로 다르지 않을 것 같은데.

 신경망에는 다른 알고리즘에 없는 특징이 있어. 신경망을 대략적으로 살펴보면서 그게 어떤 것인지 같이 알아보자.

1.3 신경망에 대해

 처음에 윤서가 말한 것처럼 신경망은 인간의 뇌기능을 흉내 내려고 했던 거야. 뇌 속의 **뉴런**이라고 불리는 세포가 그 모델이지.

 뉴런? 그런 세포가 우리 머릿속에 있는 거야?

 응, 그런가봐. 나도 뇌기능에 대해서는 잘 모르니까 뉴런이 정확히 어떤 건지 이해한 건 아냐.

 그렇구나. 지우가 모르면 뉴런 자체는 중요한 게 아닌 거네.

 거기까지 깊게 알 필요는 없어. 중요한 건 그걸 어떻게 수학적으로 표현할 수 있을까 하는 거니까. 이런 그림 본 적 있어?

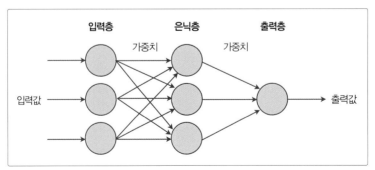

그림 1-3

신경망은 형식적으로는 이런 식으로 표현하는 경우가 많아. 동그라미가 뉴런을 나타낸 거야. 유닛이라고 부르기도 하지.

 이런 그림 자주 봤어. 동그라미 부분에서 화살표가 여러 개 나와서 다른 동그라미로 이어지는 그림.

 이건 입력값에 가중치가 부여되면서 유닛층 오른쪽으로 나아가다가 최종적으로 값을 출력하는 동작을 그림으로 나타낸 거야.

 왼쪽에서 오른쪽으로 진행하는 것은 대충 알겠는데 어떤 값을 입력해서 어떤 값을 출력하는 건지 추상적이라서 상상이 안 돼.

 간단한 예를 생각해보는 게 좋겠다.

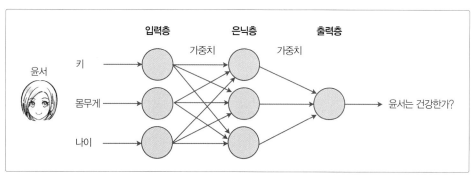

그림 1-4

 이건 윤서의 키, 몸무게, 나이를 신경망에 전달하면 윤서가 건강한지 건강하지 않은지 판단해주는 예야.

 오~ 내 정보를 전달하면 건강 상태를 알 수 있다는 거네.

 물론 신경망에 전달하는 정보가 누구 것인지는 상관없어. 내 거라도 괜찮아.

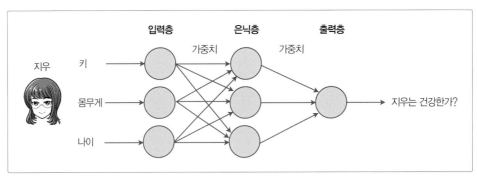

그림 1-5

 신경망은 유닛 연결마다 가중치라고 부르는 값을 가지고 있는데 가중치는 정보의 중요도나 관련성을 나타내는 지표가 되지.

 키는 작거나 커도 건강에 별로 관계가 없을 것 같지만 젊은 사람보다 나이든 사람이 면역력이 낮아서 병에 걸리기 쉬울 것이라는 점을 가중치로 표현한다는 건가?

 응. 예를 들면 그런 거지.

 아, 마치 병원에서 실제로 진단을 해주는 의사 선생님 같은 느낌이네.

 그렇지. 실제로 의사 선생님이 진단할 때도 환자의 각종 정보에서 중요도나 관련성을 종합적으로 보고 판단을 하니까.

 그럼 신경망을 사용하기 위해서는 우선 가중치가 필요하겠구나.

 하지만 가장 적당한 가중치를 처음부터 알고 시작하는 건 아니야. 그래서 가중치를 구하기 위해 머신러닝을 활용하는 거야.

 오, 여기서 머신러닝이 등장하는구나.

사람으로 치면 이제 막 의사가 되었을 때는 환자의 건강 상태를 판단할 때 어떤 것이 중요하고 무엇과 무엇이 얼마나 관련되어 있는지 등의 정보를 모두 파악하고 있는 건 아니잖아.

 여러 환자의 증상 사례를 보는 과정에서 경험이나 감이 축적되어서 점점 현명한 판단을 할 수 있게 되는 거야. 이건 가중치를 학습하는 것과도 닮아 있어.

 아. 그런 거구나.

 신경망이라는 건 유닛들이 서로 연결된 것이고 그 유닛들 사이의 가중치를 학습하기 위해 머신러닝을 사용한다고 할 수 있어.

 그렇지만 의사의 경우에는 아무리 경험이 많더라도 키와 몸무게, 나이만으로는 건강 상태를 알 수 없잖아?

 물론 그렇지. 아까 예로 든 키와 몸무게, 나이는 내가 적당히 생각해낸 정보일 뿐이야. 실제로는 다른 여러 가지 요소도 연관되어 있어.

 건강 상태를 파악할 때는 키나 체중보다 체온이나 혈압 같은 정보가 유용할 것 같아.

 응. 그런 정보가 있으면 더 판단하기 쉽겠지.

 그럴 때는 키나 몸무게 대신 체중이나 혈압을 입력해도 되는 건가?

 입력값이 3개만 있어야 하는 건 아니야. 이런 식으로 늘려도 괜찮아.

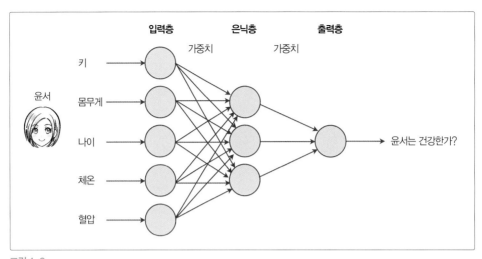

그림 1-6

 필요할 것 같은 정보를 전부 정리해서 입력하면 되는 거야?

 입력값은 몇 개든 추가할 수 있어. 원하는 걸 추가하면 돼.

 굉장하네. 몇 개가 되든 괜찮은 거구나.

 입력값뿐만 아니라 가운데 있는 은닉층의 유닛 수도 마음대로 바꿀 수 있어.

 아, 그렇구나. 5개로 해도 괜찮아? 그런데 선이 너무 많아서 복잡해보이네.

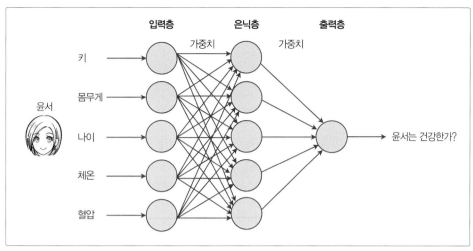

그림 1-7

 괜찮아. 실제로 활용되고 있는 모델은 그림으로 그릴 수 없을 정도로 많은 유닛이 연결되어 있어. 100개가 있을 수도 있고 1000개가 있을 수도 있지.

 신경망이 그렇게 커? 상상이 잘 안 돼.

 유닛 수만 늘릴 수 있는 게 아니라 층을 늘리는 것도 가능하지.

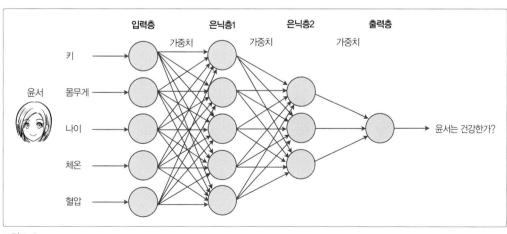

그림 1-8

더 복잡해졌네.

 층수나 각 층에 몇 개의 유닛을 둘 건지 등의 신경망 구조는 개발자가 원하는 대로 정할 수 있어.

 아, 그런 거구나. 꽤 자유롭게 이것저것 바꿀 수 있네.

 아까 층수를 늘렸는데, 그렇게 층을 점점 늘려서 깊게 만든 신경망을 **심층 신경망**^{Deep} Neural Network 이라고 부르고 DNN이라고 쓰기도 해.

 깊은 층을 가진 신경망이라는 거네.

 그리고 그런 깊은 층을 가진 신경망의 가중치를 학습시키는 것을 **딥러닝** 또는 **심층학습**이라고 해.

 아, 그런 거야?

 깊은 층을 가진 신경망을 학습한다는 뜻이지.

 층수나 유닛 수는 많으면 많을수록 좋은 거야?

 꼭 그렇다고는 할 수 없어. 구조가 복잡해지면 복잡해질수록 학습에 대량의 데이터가 필요하고, 실행하는 데 시간도 많이 걸려서 여러 가지로 다루기 힘들어져.

 그렇구나. 너무 복잡해지면 안 되지. 그럼 신경망의 구조는 어떻게 정하는 거야?

 시행착오가 필요해.

으, 그렇구나. 왠지 엄청 귀찮을 것 같은 느낌이 드네.

 신경망 구조는 나중에 유닛 간 연결 방법도 바꿀 수 있어. 그렇다고 대충 연결하면 된다는 건 아냐. **합성곱 신경망(CNN)**은 연결 방법을 바꾼 대표적인 신경망이지.

 유닛 간 연결 방법도 신경망 구조 중 하나라는 거야? 더 복잡한 모양이 나올 것 같아.

 벌써부터 너무 어렵게 생각할 필요는 없어. 지금은 신경망이 어떤 건지 상상할 수 있는 정도면 충분해.

 내용을 제대로 이해하려면 더 어렵겠지만 대략적인 상상은 할 수 있을 것 같아.

 지금은 신경망이 무엇인지 이해했으면 돼.

1.4 신경망으로 할 수 있는 것

 신경망은 회귀와 분류 문제를 풀 수 있다고 이야기했었지? 거기서 조금 더 구체적으로 들어가 볼게.

 신경망에서는 입력값에 가중치가 부여되면서 유닛 안으로 흘러들어가고 마지막에는 어떤 값을 출력하는 동작을 하지.

 응, 좀 생각해봤는데 입력값을 전달해서 출력값을 얻는 건 수학 함수와 비슷해. 이상한 말을 하는 건지는 모르겠지만.

수학 함수에 $f(x) = y$라고 있잖아. 그게 x라는 입력값을 f라는 함수에 전달해서 최종적으로는 y라는 출력값을 얻고 있는 거니까 신경망과 비슷하다는 생각이 들어.

 벌써 눈치챘구나! 나도 그 말 하려고 입력값과 출력값 이야기를 꺼낸 거야.

 앗! 그런 거야?

 신경망은 층이 몇 개 있는지 유닛이 몇 개 있는지 등의 요소에 따라 구조가 바뀌지만 전체적으로 본다면 사실 하나의 큰 함수야.

 f라는 함수가 신경망의 실체라는 건가?

 응, 윤서가 말한 것처럼 f가 신경망의 실체야. 그 내용도 물론 수식으로 나타낼 수 있지만 그건 나중에 살펴보기로 하고, f의 동작을 조금 더 자세히 살펴보자.

 응, 좋아. 점점 신경망이 이해가 되는 것 같아서 기분이 좋아지네.

 건강한지 판정해주는 신경망이더라도 실수가 출력되도록 학습시켰다면 그건 회귀 문제를 풀고 있는 거야.

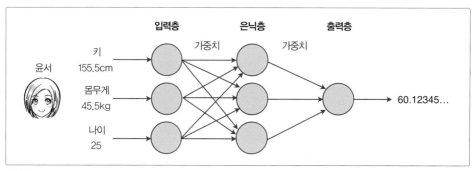

그림 1-9

값이 높으면 높을수록 건강하다고 해석하면 되는 건가?

 그렇지. 건강지표라고 부르면 더 이해하기 쉽겠지?

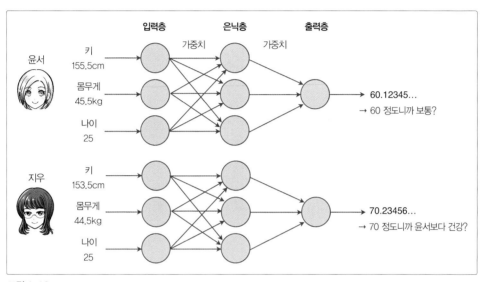

그림 1-10

 우리 키, 몸무게, 나이에서 건강지표라는 연속값을 예측한다는 거구나.

 f 에 우리 정보를 전달하면 f 가 연속값을 돌려주는 거지.

$$f(윤서의 \ 키, \ 윤서의 \ 몸무게, \ 윤서의 \ 나이) = 60.12345 \ldots$$
$$f(지우의 \ 키, \ 지우의 \ 몸무게, \ 지우의 \ 나이) = 70.23456 \ldots$$

(식 1.1)

 이런 구체적인 예가 있으니까 어떤 건지 더 쉽게 상상할 수 있어서 좋네.

이건 신경망을 회귀 문제에 적용한 예야.

 분류도 $f(x) = y$ 형태로 생각해볼 수 있어?

 물론. 그럼 이번에는 분류를 하는 신경망을 생각해보자.

 예를 들면 '건강하다'와 '건강하지 않다'로 분류하는 문제 같은 거네.

 맞아. 그런 이진 분류는 건강지표가 50 이상이면 '건강하다'라는 식으로 출력값에 대한 임곗값을 정하는 걸로 회귀를 조금 연장해서 분류 지점을 판단할 수 있어. 하지만 우리는 분류 지점이 3개 이상 있는 경우를 생각해보려고 해.

 분류 지점이 3개라면 어떤 예가 있을까? '건강하다', '건강하지 않다', '판단 불가능(정밀 검사 요함)' 이렇게 분류하면 되나?

 맞아, 그렇게 하면 돼. 그런 식으로 결과를 3개로 분류하는 경우 이렇게 출력층 유닛을 3개로 늘리면 돼.

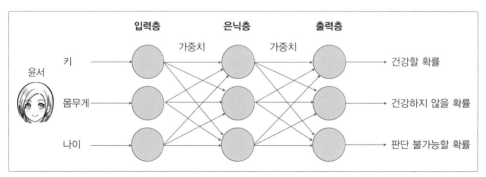

그림 1-11

 출력되는 것은 확률이니까 출력층의 유닛 3개가 출력하는 값의 합계가 1이 되도록 하는 것이 규칙이야.

3개 유닛의 출력값 중에서 가장 확률이 높은 것을 선택하고, 그걸 분류 결과로 보는 거야?

 그렇지. 예를 들어 신경망이 이런 값을 출력했다고 하면 어떤 것으로 분류되었는지 간단히 알 수 있어.

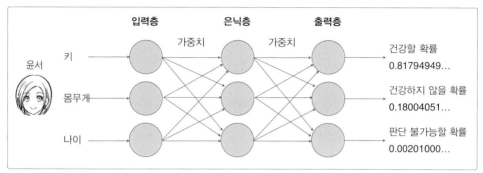

그림 1-12

 건강할 확률이 81.7%로 가장 높으니까 내가 건강하다고 할 수 있는 거네.

 그렇지.

 회귀와 다르게 여러 개의 출력이 있네. 이걸 $f(x) = y$ 형태로 나타낼 수 있어?

 이 경우에는 출력값을 열벡터로 생각하면 돼.

$$f(\text{윤서의 키, 윤서의 몸무게, 윤서의 나이}) = \begin{bmatrix} 0.81794949 \cdots \\ 0.18004051 \cdots \\ 0.00201000 \cdots \end{bmatrix} \quad \text{(식 1.2)}$$

그렇구나. 분류 지점이 3개 이상 있는 문제를 풀 때는 분류 지점 수만큼 출력층의 유닛을 늘리면 되고, 출력값은 분류 지점의 수와 같은 수의 요소가 있는 벡터가 되는 거고.

응. 기본적으로는 그렇게 푸는 경우가 많아.

지금까지 이미지에 대한 이야기는 없었지만 신경망은 이미지에도 사용할 수 있는 거지?

물론 이미지에도 사용할 수 있어. 예를 들어 사진에 어떤 게 찍혀 있는지 분류하는 것처럼 말이야. 이미지의 경우 기본적으로는 이미지의 픽셀 수만큼 입력을 늘리게 되지.

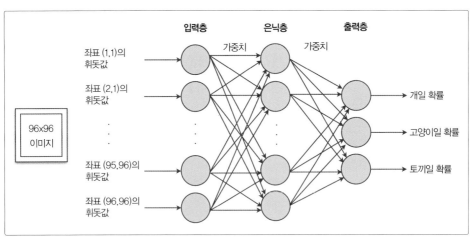

그림 1-13

$$f\left(\text{휘돗값}_{(1,1)}, \cdots, \text{휘돗값}_{(96,96)}\right) = \begin{bmatrix} \text{개일 확률} \\ \text{고양이일 확률} \\ \text{토끼일 확률} \end{bmatrix} \qquad \text{(식 1.3)}$$

휘도라는 건 이미지를 회색조(그레이스케일)로 나타낼 때의 밝기를 말하는 건데, 예로 든 입력 이미지는 96×96 사이즈라서 그런 밝기 값이 전부 9216개가 돼.

우와, 그럼 입력이 9216개나 되는 거네. 대단하다. 하지만 96×96이면 이미지가 그렇게 크지 않은 것 같은데.

 이미지는 각 픽셀을 입력하는 경우가 많아서 자연스럽게 입력층의 사이즈가 커져. 더군다나 컬러 이미지의 경우에는 각 픽셀의 RGB 값을 입력할 수 있으니까 입력값이 3배가 되지.

 그럼 96×96 사이즈의 컬러 이미지에서는 신경망의 입력이 3만 개 가까이 된다는 거네.

 실용적인 모델 중에서 그 정도 크기의 신경망은 흔히 볼 수 있어.

 흔히? 그게 보통이라고?

 일단 한 번 만들어보면 금방 익숙해져.

 물론 그렇게 되면 좋지.

 회귀와 분류 외에도 예를 들어 신경망의 출력층을 96×96개로 해서 휘돗값을 출력하도록 학습시키면 어떨 것 같아?

 어떻게 되는데?

 회색조 이미지가 출력돼. 실제로는 더 복잡하겠지만 [그림 1-14]와 같은 신경망이 되지.

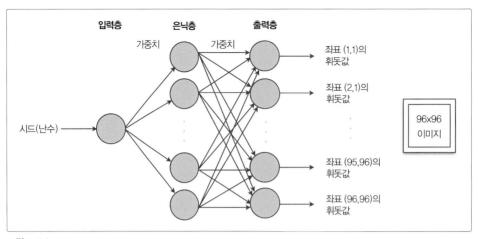

그림 1-14

$$f(시드) = \begin{bmatrix} 휘돗값_{(1,1)} \\ \vdots \\ 휘돗값_{(96,96)} \end{bmatrix}$$

(식 1.4)

 입력층에 있는 시드는 뭐야?

 이미지의 씨앗 같은 거야. 적당한 난수를 전달하면 이미지를 하나 출력해줘. 신경망의 학습 방법을 연구하면 이런 식으로 이미지를 출력해주는 것도 가능해.

 음, 이해가 잘 안 돼.

 여기서 내가 말하고 싶었던 건 신경망이 할 수 있는 건 회귀와 분류만이 아니라는 거야. 지금처럼 무엇인가 생성하는 일에도 응용할 수 있다는 거지.

 생성하는 일이라는 게 지금 예로 든 것처럼 씨앗에서 이미지를 생성하는 것 같은 거야?

 응. 어디까지나 하나의 예지만.

아하, 신경망으로 꽤 여러 가지 일을 할 수 있구나.

 응용할 수 있는 곳이 정말 많아.

1.5 수학과 프로그래밍

 신경망을 공부하려면 당연히 수학 지식이 필요하겠지?

 확률과 미분, 선형대수의 기초 정도만 알고 있으면 돼.

 그렇구나. 전에 한 번 복습했었는데 잊어버렸어. 사용하지 않으면 잊어버리니까.

 윤서는 이공계 출신이니까 그렇게까지 걱정 안 해도 되잖아?

 응. 하지만 좀 걱정은 돼. 다시 처음부터 공부해야 할 것 같아.

 시간이 있으면 그것도 좋지. 그렇다고 해서 어려운 수준의 수학이 필요한 건 아냐.

 그럼 적당히 시간 내서 기초적인 부분만 복습해둘게.

 전부 복습하지 않아도 돼. 모르면 그때마다 찾아보는 식으로도 충분히 따라올 수 있을 거야.

 그럴 때는 일단 좀 멈추고 지우가 가르쳐주면 좋겠어.

그렇게.

 좋아, 그럼 시작하자.

 윤서 프로그래밍은 자신 있지?

 그럼. 웹 서비스도 운용하고 있어. 지우보다 잘할 자신 있어!

 응, 프로그래밍은 못 따라갈 것 같네.

 머신러닝에는 파이썬이 좋지? 라이브러리도 충실하고.

 맞아. 파이썬은 배우기도 쉬워. 물론 C나 루비, PHP, 자바스크립트로도 구현할 수 있지.

 언어는 어떤 거든 괜찮아. 프로그래밍 경험자라면 어떤 언어든 비슷한 부분이 많으니까.

 든든하네. 프로그래밍 걱정은 할 필요가 없을 것 같아.

 앗, 홍차 식어버렸다. 오늘은 여기까지 하자.

 그래. 다음번엔 좀 더 구체적인 이야기를 하자.

 응, 기대하고 있을 게.

신경망의 역사

 누나, 요즘 컴퓨터로 뭔가 열심히 하고 있네. 프로그래밍?

 신경망 공부.

 오~ 그랬구나. 나도 지금 대학교에서 신경망에 대한 강의 듣고 있는 중이야.

 대학교에서도 그런 걸 공부하는구나. 좋겠다. 부러워.

 그런 거 배우는 학부니까. 게다가 지금은 온라인에서 수강할 수 있는 강의도 많고 신경망 관련 책도 많으니까 하려고 마음만 먹으면 누구나 쉽게 배울 수 있어.

 맞아, 배울 수 있는 환경이 점점 좋아지고 있지.

 음, 그렇구나. 누나도 신경망 공부하는구나. 그럼 전에 강의에서 들었던 이야기에 관심 있을지도 모르겠네.

 어떤 이야기인데?

 신경망에 겨울이 있었다는 이야기.

신경망의 겨울 1

 강의에서 신경망의 역사 이야기를 들었는데 지금은 신경망이 이렇게 화제가 되고 있지만 처음 나왔을 때부터 이렇게 유행한 건 아니야.

그거 지금 조사하고 있던 내용이야!

 그럼 이야기하기 딱 좋은 타이밍이네.

 신경망이 어떤 것인지 친구한테 배웠어. 하지만 그게 어떤 식으로 널리 퍼지게 되었는지 알고 싶어서 조사하고 있었어.

 아하, 그럼 신경망의 원형이 어떤 거였는지 알고 있어?

 퍼셉트론이잖아.

 응. 1950년대에 처음 그 아이디어가 나와서 '이거 굉장한데!'하고 유행했었나봐. 당시 퍼셉트론에 관한 여러 연구가 있었대.

 나도 기사 읽었어. 하지만 단순한 문제밖에 풀 수 없는 단점이 있어서 점점 잊혔지.

 맞아. 세상의 거의 모든 문제가 실제로는 복잡하잖아. 그러니까 퍼셉트론 하나만으로는 문제를 풀 수 없으니까 금방 열기가 식어버렸던 거야.

 복잡한 문제를 풀 수 없었다면 왜 조금 더 힘내서 풀 수 있도록 연구하는 방향으로는 움직이지 않았을까?

 실제로 퍼셉트론을 조합한 아이디어, 즉 신경망을 사용해서 복잡한 문제를 풀 수 있을 것 같다는 의견이 이미 그때부터 있었대.

 아, 그랬구나.

그런데 퍼셉트론 하나를 학습시키는 방법은 이미 알려졌었지만 퍼셉트론을 조합한 신경망을 효율적으로 학습시키는 방법은 알지 못해서 좀 어려웠던 것 같아.

 신경망이라는 아이디어 차체는 꽤 오래됐구나. 그 당시에는 여러 가지로 어려움이 있었나보네.

 그래서 첫 번째 겨울을 맞이하게 됐지.

 첫 번째?

신경망의 겨울 2

 첫 번째 겨울이 꽤 오래 지속됐어. 1980년대가 되어서야 이론적으로 오차역전파법이라는 방법으로 신경망을 학습시킬 수 있다는 걸 발견하게 돼.

 학습시킬 수 있게 되었는데 그걸로 겨울이 끝난 게 아냐?

 물론 끝이 났고 다시 유행했지만 그것도 일시적인 것이었나 봐. 아직 어려운 문제가 남아 있었던 거지.

 그랬구나. 뭐가 문제였던 거야?

 신경망 훈련에 필요한 학습 데이터가 압도적으로 부족했었나 봐.

 그건 이론보다 더 근본적인 부분이잖아.

게다가 규모가 큰 신경망은 이론상 학습이 가능하지만 실제로는 기울기 소실^(※)이라
는 문제가 일어나서 제대로 학습이 되지 않는 경우도 많았다고 해.

 방법을 알았다고 해서 모두 잘되었던 건 아니구나.

 그래서 두 번째 겨울이 시작되었던 거지.

 신경망도 주목을 받았다가 홀대받았다가 하느라 힘들었겠구나.

 하하, 맞아.

 그때부터 얼마나 겨울이 계속된 거야?

 2000년대에 인터넷이 보급된 후 많은 데이터를 비교적 간단하게 얻을 수 있게 된
다음 다시 주목을 받게 되었대.

 역시 인터넷의 힘은 대단해.

 게다가 겨울이 왔을 때도 열심히 연구를 계속해온 사람들이 있어서 기술도 진보하
고 여러 가지 기술적인 과제에 대응할 수 있게 된 것도 큰 영향을 주었을 거야.

 그런 것들이 쌓여서 지금의 인기가 있을 수 있었던 거네.

 그렇지. 지금은 주목받고 있지만 또 다시 겨울을 맞이할지도 모르지.

※ 3장의 칼럼에서 자세히 설명합니다.

지금까지의 역사를 보면 신경망은 인기를 얻었다 잃었다 반복하고 있으니까 또 다시 겨울이 올지도 모르겠네.

 맞아. 그렇다고 주의해야 한다는 이야기는 아니고 모처럼 들었던 거니까 그냥 누군가에게 이야기해보고 싶었어.

 최근 현장에서 실제로 사용하려는 시도들이 늘고 있다는 것도 들었고, 신경망은 유용하니까 공부를 한다고 해서 손해 보는 일은 없을 것 같아.

 그래. 열심히 공부해.

 너도 열심히 공부해.

CHAPTER 2

순전파를 배우자

윤서는 퍼셉트론이라는 2개의 선택지 중 하나를 선택하는 문제를 풀 수 있는 알고리즘을 공부하려는 것 같네요. 1개의 이미지를 퍼셉트론에 전달해서 그 이미지가 세로가 긴지 가로가 긴지 판별하고 싶을 때 실제로는 어떤 계산을 하고 있는 걸까요. 윤서와 함께 수식을 하나하나 살펴봅시다.

2.1 신경망의 시작은 퍼셉트론

 오늘은 신경망 이론을 공부하고 싶어.

 신경망을 공부하려면 우선 퍼셉트론을 이해하는 것이 중요해.

 응. 머신러닝 입문 때 자주 등장하는 단순한 알고리즘이지?

 첫 시작점으로 유명하지. 예를 들면 이런 간단한 이진 분류 문제를 풀 수 있어.

> - 이미지가 주어졌을 때 그 이미지가 세로가 긴지 가로가 긴지 분류
> - 색이 주어졌을 때 그 색이 따뜻한 느낌의 색인지 차가운 느낌의 색인지 분류

 게다가 퍼셉트론은 신경망의 근원이 되는 알고리즘이지.

 오, 잘 알고 있네.

 요즘은 인터넷이라는 편리한 것이 있으니까. 요전에 지우한테 신경망에 대해 배운 다음 인터넷에서 조사해봤어.

 그랬어? 꽤 적극적이네. 그럼 혹시 퍼셉트론 설명은 하지 않아도 되는 거야?

 아, 아니. 그런 건 아니고.

 하하하, 알았어. 제대로 설명할게.

이론에 들어가면 수학도 나올 거고, 지우와 함께 공부하고 싶었어. 조사하기는 했지만 그렇게 많이 한 것도 아니고.

 그럴 줄 알았어. 하하.

 수학이 나오면 혼자서는 할 마음이 안 생기고 지우는 쉽게 잘 가르쳐주니까!

 그런 칭찬 안 해도 다 가르쳐줄게.

 마카롱 사왔는데 먹을래?

 그래!

 마카롱으로 미리 감사 인사하는 거야.

 이거 잘 가르쳐줄 수밖에 없네.

2.2 퍼셉트론

퍼셉트론도 신경망처럼 형식적인 그림 표현이 있는데, 이런 그림 본 적 있어?

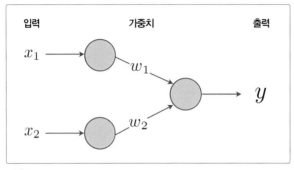

입력　　　　가중치　　　　출력

x_1

w_1

y

x_2

w_2

그림 2-1

응 여러 번 봤어. 신경망 닮았네.

맞아. [그림 2-1]의 경우는 2개의 입력 x_1, x_2가 있고, 각각 거기에 대응하는 가중치 w_1, w_2가 있는 상태야. 가중치는 영어로 weight니까 그 이니셜을 따서 w라고 써.

출력 y는 어떤 값이 나오는 거야?

같은 첨자의 입력과 가중치를 곱하고 마지막에 그것들을 모두 더한 결과가 어떤 임 곗값 θ보다 큰지 작은지에 따라 0 또는 1이 출력돼.

$$y = \begin{cases} 0 & (w_1 x_1 + w_2 x_2 \leq \theta) \\ 1 & (w_1 x_1 + w_2 x_2 > \theta) \end{cases}$$

(식 2.1)

$w_1 x_1 + w_2 x_2 \leq \theta$일 때 $y = 0$되고 $w_1 x_1 + w_2 x_2 > \theta$일 때 $y = 1$이 된다는 거야?

응, 이게 퍼셉트론의 동작 방식이야. 어렵지 않지?

 안 그래. 문자나 수식이 나오면 갑자기 어렵게 느껴져.

 수식이라고 해도 덧셈과 곱셈뿐이고 마지막에는 0이나 1이 출력될 뿐이니까 그렇게 어렵게 생각하지 않아도 돼.

 그래도 갑자기 문자가 많이 나오면 긴장돼.

 총합을 의미하는 기호 시그마를 사용해서 이런 식으로 쓸 때도 있어. 그러면 조금 더 간단해져.

$$y = \begin{cases} 0 & (\sum_{i=1}^{2} w_i x_i \le \theta) \\ 1 & (\sum_{i=1}^{2} w_i x_i > \theta) \end{cases}$$

(식 2.2)

 앗, 나왔다. 시그마. 내 입장에서는 오히려 복잡해진 것 같아.

 퍼셉트론의 입력이나 가중치는 열벡터로 나타내는 경우도 많으니까 이런 벡터라고 생각해도 돼.

$$\boldsymbol{x} = \begin{bmatrix} x_1 \\ x_2 \end{bmatrix}, \quad \boldsymbol{w} = \begin{bmatrix} w_1 \\ w_2 \end{bmatrix}$$

(식 2.3)

 그러면 벡터의 내적을 사용해서 이런 식으로 간결하게 쓸 수 있어.

$$y = \begin{cases} 0 & (\boldsymbol{w} \cdot \boldsymbol{x} \le \theta) \\ 1 & (\boldsymbol{w} \cdot \boldsymbol{x} > \theta) \end{cases}$$

(식 2.4)

오, 이러니까 조금 단순해진 것처럼 보여.

 문자나 기호가 적으니까.

 [식 2.1]과 [식 2.2], [식 2.4]가 전부 같은 걸 표현하고 있는 거지?

 맞아. [식 2.4]에서는 벡터의 내적을 사용했는데 벡터의 내적이라는 건 각 요소를 곱해서 더하는 것이니까 결국 [식 2.1], [식 2.2]와 같은 걸 나타내는 거지.

$$\boldsymbol{w} \cdot \boldsymbol{x} = \sum_{i=1}^{n} w_i x_i \qquad \text{(식 2.5)}$$

 지금 보고 있는 $\boldsymbol{w}$와 $\boldsymbol{x}$는 각각 요소를 2개씩 가지고 있으니까 [식 2.5]의 n은 2가 맞는 거지?

$$\sum_{i=1}^{2} w_i x_i = w_1 x_1 + w_2 x_2 \qquad \text{(식 2.6)}$$

 응, 맞아.

 표기 방법이 여러 가지네.

 결국 어떤 걸 선택하든 같은 걸 다른 표기 방법으로 나타낸 것뿐이니까 괜히 헤매지 않도록 조심해.

2.3 퍼셉트론과 편향

임곗값 θ 표현에 대해 조금 더 보충할게. [식 2.4]의 θ를 이항하면 이런 식으로 쓸 수 있어.

$$y = \begin{cases} 0 & (\boldsymbol{w} \cdot \boldsymbol{x} - \theta \leq 0) \\ 1 & (\boldsymbol{w} \cdot \boldsymbol{x} - \theta > 0) \end{cases} \qquad \text{(식 2.7)}$$

임곗값 θ를 좌변으로 이항한 거네?

이때 $b = -\theta$로 두고 이런 식으로 쓰는 경우도 많아.

$$y = \begin{cases} 0 & (\boldsymbol{w} \cdot \boldsymbol{x} + b \leq 0) \\ 1 & (\boldsymbol{w} \cdot \boldsymbol{x} + b > 0) \end{cases} \qquad \text{(식 2.8)}$$

b는 편향이라고 불리는 값이야. 영어로 bias니까 그 이니셜을 따서 b로 쓴 거야.

편향? 식을 변형한 건 알겠는데 그냥 θ로 써도 괜찮지 않아?

부등호의 우변을 0으로 고정하면 '$\boldsymbol{w} \cdot \boldsymbol{x} + b$의 값이 0을 넘으면 퍼셉트론이 1을 출력한다'고 생각할 수 있지.

뭐야? 식의 의미를 그대로 말로 옮긴 거잖아.

하지만 그렇게 생각하면 b는 퍼셉트론이 어느 정도 1을 출력하기 쉬운가라는 경향을 조절하는 값이라고 할 수 있어.

응...? 미안 이해가 잘 안 돼.

 예를 들어 $b = 0$인 경우를 생각해보자. $b = 0$이니까 편향이 존재하지 않는 것이 되지.

$$y = \begin{cases} 0 & (\boldsymbol{w} \cdot \boldsymbol{x} \leq 0) \\ 1 & (\boldsymbol{w} \cdot \boldsymbol{x} > 0) \end{cases}$$

(식 2.9)

 이 경우 $\boldsymbol{w} \cdot \boldsymbol{x}$가 양수가 아니면 퍼셉트론은 1을 출력하지 않아. 즉, $\boldsymbol{w} \cdot \boldsymbol{x}$가 0 또는 음수면 퍼셉트론은 0을 출력하지.

 응. 그러네.

 이번에는 $b = 100$인 경우를 살펴보자.

$$y = \begin{cases} 0 & (\boldsymbol{w} \cdot \boldsymbol{x} + 100 \leq 0) \\ 1 & (\boldsymbol{w} \cdot \boldsymbol{x} + 100 > 0) \end{cases}$$

(식 2.10)

 이 경우 $\boldsymbol{w} \cdot \boldsymbol{x}$가 음수라고 해도 -100보다 큰 값이면 좌변 전체는 양수니까 퍼셉트론은 1을 출력하게 돼.

 혹시 편향 b만큼 퍼셉트론이 1을 출력하는 범위가 넓어진다는 건가?

 그렇지. 이렇게 그림으로 나타내면 이해하기 쉬울 거야.

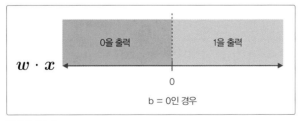

그림 2-2 (a)

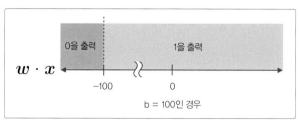

그림 2-2 (b)

$b = 0$일 때보다 $b = 100$일 때 1을 출력하는 범위가 넓어지지.

경향을 조절한다는 게 그런 말이구나. 편향이 커지면 커질수록 퍼셉트론이 1을 출력하는 범위가 넓어지는 거네.

맞아. 편향에는 '한쪽으로 치우침'이라는 의미가 있으니까 딱 맞는 단어지.

아~. 확실히 이런 해석 방식이 있으면 단순하게 임곗값을 넘는지 그렇지 않은지 보는 것보다 쉽게 이해할 수 있겠어.

지금부터 임곗값 θ 대신 편향 b를 사용하는 걸로 할게.

응. 하지만 내적도 편향도 알겠는데 [그림 2-1]과 [식 2.8]만 보고는 퍼셉트론이 실제로 어떤 것인지 아직 감이 잡히지 않아.

지금까지 한 이야기는 매우 추상적이었으니까 그럴 수도 있지. 구체적인 예를 살펴보면 감을 잡을 수 있을 거야.

그래? 어떤 예가 있을까?

내가 간단한 예제를 만들 테니 그걸로 퍼셉트론 안에서 어떻게 계산이 진행되는지 같이 살펴보자.

2.4 퍼셉트론으로 이미지의 긴 변 판정하기

이 예제를 사용할게.

> 퍼셉트론에 이미지를 입력해서 그 이미지가 세로가 긴지 가로가 긴지 판정하라.

여기서는 x_1이 이미지의 너비, x_2가 이미지의 높이라고 할게.

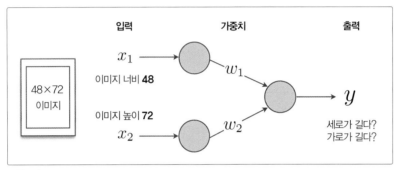

그림 2-3

그림을 보면 알겠지만 입력값은 각각 이렇게 돼.

$$x_1 = 48$$
$$x_2 = 72$$

(식 2.11)

응, 알고 있어. 근데 가중치 w_1과 w_2는 어떻게 되는 거야?

가중치와 편향의 경우 실제로는 학습을 통해 적당한 값을 찾을 필요가 있지만 여기서는 이 값을 사용할게.

$$w_1 = 1$$
$$w_2 = -1$$
$$b = 0$$

(식 2.12)

아, 편향도 정해야 하는구나. 이것들을 정리하면 이렇게 되나?

$$x = \begin{bmatrix} 48 \\ 72 \end{bmatrix}, \quad w = \begin{bmatrix} 1 \\ -1 \end{bmatrix}, \quad b = 0 \qquad \text{(식 2.13)}$$

 실제로 가중치와 편향을 이 값으로 하면 퍼셉트론에서 0이 출력될 때는 '세로가 길다', 1이 출력될 때는 '가로가 길다'라는 분류 결과가 돼.

 그런 거야? 어떻게 안 거야?

 간단한 문제라서 내가 답을 알고 있는 것뿐이야. $x_1 = 48, x_2 = 72$일 때 실제로 y가 어떻게 되는지 계산해볼래? 대입하는 것뿐이니까 어렵지 않을 거야.

 음... 우선 w와 x의 내적을 계산해야지.

$$\begin{aligned} w \cdot x &= \sum_{i=1}^{2} w_i x_i \quad \text{······ 내적의 식} \\ &= w_1 x_1 + w_2 x_2 \quad \text{······ 시그마를 전개했다.} \\ &= (1 \cdot 48) + (-1 \cdot 72) \quad \text{······ 값을 대입했다.} \\ &= 48 - 72 \quad \text{······ 정리했다.} \\ &= -24 \end{aligned} \qquad \text{(식 2.14)}$$

 그리고 $w \cdot x = -24$고, 편향은 $b = 0$으로 정했으니까 출력값은 이렇게 되겠네.

$$y = \begin{cases} 0 & (-24 \leq 0) \\ 1 & (-24 > 0) \end{cases} \qquad \text{(식 2.15)}$$

 이번엔 $-24 \leq 0$인 쪽에 속하니까 최종적으로는 $y = 0$이 출력되는 게 맞지?

응, 맞아!

$y = 0$이라는 건 아까 지우 말대로라면 '세로가 길다'로 분류되는 거네. 확실히 48×
72 이미지는 세로가 길긴 하지.

다른 예도 몇 개 만들어서 실제로 계산해보면 좋을 거야.

해볼게!

이미지 사이즈	x_1	x_2	w_1	w_2	b	$w \cdot x$	y	분류
48×72	48	72	1	−1	0	$1 \cdot 48 + (−1 \cdot 72) = −24$	0	세로가 길다
140×45	140	45	1	−1	0	$1 \cdot 140 + (−1 \cdot 45) = 95$	1	가로가 길다
80×25	80	25	1	−1	0	$1 \cdot 80 + (−1 \cdot 25) = 55$	1	가로가 길다
45×90	45	90	1	−1	0	$1 \cdot 45 + (−1 \cdot 90) = −45$	0	세로가 길다
25×125	25	125	1	−1	0	$1 \cdot 25 + (−1 \cdot 125) = −100$	0	세로가 길다

표 2-1

가중치 계산이나 내적이라고 말하고 있지만 $w \cdot x$ 계산을 자세히 보면 이미지 너비
와 높이의 차를 구해서 어느 쪽이 긴지 판단하고 있는 것뿐이야. 제대로 분류된 것
같아.

아까도 말했지만 원래 가중치와 편향은 학습을 통해 구할 수 있어. 하지만 여기서
는 퍼셉트론을 이해하는 데 도움이 되도록 이미 알고 있는 값으로 직접 계산해봤던
거야.

직접 해보는 건 중요한 것 같아. 그런데 가중치와 편향 학습은 어떻게 하는 거야?

학습 방법 말이구나. 그전에 퍼셉트론 이야기를 조금 더 하자. 퍼셉트론의 단점을
알아볼게.

단점? 아, 단순한 문제밖에 풀 수 없다고 했었지?

 어떤 문제가 '단순한 문제'인지 그리고 어떤 문제가 '단순하지 않은 문제'인지 비교하면서 조금 더 구체적으로 살펴보자.

 그게 좋겠다.

2.5 퍼셉트론으로 정사각형 이미지 판정하기

 단순하지 않은 문제라는 게 결국은 어려울 것 같은 문제라는 거지? 이미지 안에 얼굴이 있는지 알아내는 것 같은 거.

 갑자기 난이도가 너무 높아져 버렸네. 내가 생각하는 '단순하지 않은 문제'는 이거야.

> 퍼셉트론에 이미지를 넣어서 그 이미지가 정사각형인지 아닌지 판정하라.

 어? 엄청 단순한 문제인 것 같은데.

 하지만 퍼셉트론으로는 이걸 풀 수 없어.

 그렇구나.

 여기서도 x_1을 이미지 너비, x_2를 이미지 높이라 하고 문제를 살펴보자.

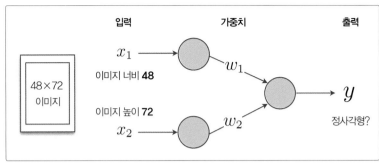

그림 2-4

 y 는 [식 2.8]처럼 내적과 편향값에 의해 0 또는 1이 출력된다는 거 잊지 마.

$$y = \begin{cases} 0 & (\boldsymbol{w} \cdot \boldsymbol{x} + b \leq 0) \\ 1 & (\boldsymbol{w} \cdot \boldsymbol{x} + b > 0) \end{cases}$$ (식 2.16)

 아까처럼 너비와 높이의 차이를 계산해서 딱 0이 되는지 아닌지 보면 되는 거지?

 그럼 몇 가지 예를 사용해서 실제로 계산을 해보자. 이 4개의 이미지를 퍼셉트론에 입력해볼게.

$$\boldsymbol{x}_a = \begin{bmatrix} 45 \\ 45 \end{bmatrix}, \quad \boldsymbol{x}_b = \begin{bmatrix} 96 \\ 96 \end{bmatrix}, \quad \boldsymbol{x}_c = \begin{bmatrix} 35 \\ 100 \end{bmatrix}, \quad \boldsymbol{x}_d = \begin{bmatrix} 100 \\ 35 \end{bmatrix}$$ (식 2.17)

 수치만 보면 $\boldsymbol{x}_a$ 와 $\boldsymbol{x}_b$ 가 '정사각형이다'고, $\boldsymbol{x}_c$ 와 $\boldsymbol{x}_d$ 가 '정사각형이 아니다'네.

 맞아. 그렇게 되도록 만든 거야.

너비와 높이의 차이를 보는 거니까 가중치 $\boldsymbol{w}$와 편향 b는 아까와 같은 값이면 되지?

$$\boldsymbol{w} = \begin{bmatrix} 1 \\ -1 \end{bmatrix}, \quad b = 0 \qquad \text{(식 2.18)}$$

 그걸 전제로 계산해볼게.

이미지 사이즈	x_1	x_2	w_1	w_2	b	$\boldsymbol{w} \cdot \boldsymbol{x}$	y
45×45	45	45	1	−1	0	$1 \cdot 45 + (-1 \cdot 45) = 0$	0
96×96	96	96	1	−1	0	$1 \cdot 96 + (-1 \cdot 96) = 0$	0
35×100	35	100	1	−1	0	$1 \cdot 35 + (-1 \cdot 100) = -65$	0
100×35	100	35	1	−1	0	$1 \cdot 100 + (-1 \cdot 35) = 65$	1

표 2-2

 어?

 이 결과대로라면 0이 '정사각형이다', 1이 '정사각형이 아니다'이든 그 반대이든 제대로 분류가 안 돼.

 그렇구나. 차이를 계산하면 분명 0이 되지만 y가 차잇값을 출력하는 건 아니지.

 맞아. 여러 번 말했지만 퍼셉트론은 $\boldsymbol{x} \cdot \boldsymbol{w} + b$의 결과 부호에 따라 0 또는 1을 출력할 뿐이지.

 퍼셉트론의 식을 이렇게 바꾸면 분류할 수 있지 않나?

$$y = \begin{cases} 0 & (\boldsymbol{w} \cdot \boldsymbol{x} + b = 0) \\ 1 & (\boldsymbol{w} \cdot \boldsymbol{x} + b \neq 0) \end{cases} \qquad \text{(식 2.19)}$$

물론 그렇게 해도 풀 수 있지만 그건 정사각형의 특징을 알고 있으니까 만들 수 있는 식이지. 그 식은 정사각형 판정에는 사용할 수 있지만 긴 변을 판별하는 데는 사용할 수 없어. 그렇게 생각하면 무언가를 판정할 때마다 새롭게 분류를 위한 식을 생각해 내야 해.

 데이터의 특징이나 규칙을 알고 있다는 건 머신러닝을 사용할 필요가 없다는 걸 의미해. 퍼셉트론은 어디까지나 데이터의 규칙을 명확하게 알지 못하는 상태에서 내적과 편향의 부호를 보고 결과를 결정하는 작업을 기계적으로 할 뿐이야.

 그렇구나. 그러고 보면 정사각형 판정이나 긴 변 판정도 처음부터 퍼셉트론 같은 머신러닝의 사고방식을 사용하지 않아도 풀 수 있는 문제네.

 그렇지. 지금은 연습을 위해 간단한 문제를 예로 들어서 풀어보고 있는 것뿐이야.

 하지만 퍼셉트론으로 정사각형 판정 문제를 풀지 못했던 건 가중치 w와 편향 b의 값이 적당하지 않았던 거 아냐? 학습을 해서 올바른 값을 구하면 제대로 풀 수 있지 않을까?

 안타깝지만 퍼셉트론에서는 풀 수 없어.

2.6 퍼셉트론의 단점

 수식만 봐서는 이해가 어려우니까 이미지를 떠올려볼 수 있도록 그림을 그려볼게.

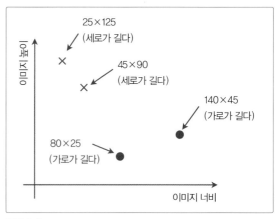

그림 2-5

이건 내가 [표 2-1]에서 적당히 계산했던 이미지 사이즈를 도표로 나타낸 거지?

 맞아. x축을 이미지 너비, y축을 이미지 높이로 한 도표야.

 검은색 동그라미가 가로가 긴 이미지고 가위표가 세로가 긴 이미지를 나타내는 거지?

 윤서는 이 도표에 선을 한 줄만 그어 검은색 동그라미와 가위표를 나눈다면 어떻게 그을 거야?

 누구든 이렇게 긋지 않을까?

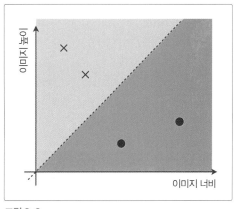

그림 2-6

 응. 그렇지. 그런 식으로 선을 그으면 가로가 긴 것과 세로가 긴 것을 분류할 수 있어. 이건 퍼셉트론이 분류 문제를 제대로 풀고 있는 상태야.

 [식 2.13]의 가중치 $w = (1, -1)$과 편향 b를 사용해서 실제로 손으로 계산해도 제대로 분류할 수 있지.

 맞아. 실제로 그 가중치와 편향을 그림으로 나타내면 [그림 2-6]처럼 평면에 그은 선이 돼.

 아, 그런 거구나.

자, 다음은 이 도표.

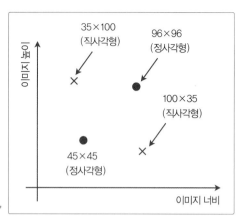

그림 2-7

오, 이건 [표 2-2]의 이미지 사이즈를 도표로 나타낸 거네.

이걸 선 하나만 그어서 분리하고 싶다면 윤서는 어떻게 할 거야?

음, 선 하나만 그어서 분리하는 건 불가능할 것 같아.

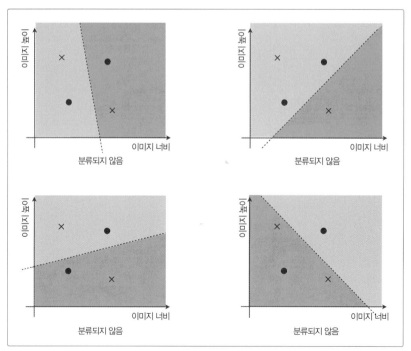

그림 2-8

맞아. 이 문제를 직선 하나로 분류하는 건 불가능해.

 역시 이건 한 줄로 분류할 수 없구나.

 이런 식으로 직선 하나로 분류할 수 없는 문제는 퍼셉트론으로 풀 수 없어.

 가중치 w나 편향 b를 조절해도 풀 수 없는 거야?

 응. 못 풀어.

 그렇구나.

 가중치나 편향을 변경하는 조작은 실제로는 그림 속에서 직선을 변경하는 작업과 같은 거야. 그러니까 처음부터 직선으로 분류할 수 없는 문제는 아무리 가중치나 편향을 조절해도 결국 분류할 수 없어.

 퍼셉트론은 직선으로 분류할 수 있는지 없는지가 중요한 거구나.

 응. 직선으로 분류할 수 있는 문제는 **선형분리 가능**, 직선으로 분류할 수 없는 문제는 **선형분리 불가능**이라고 부르니까 기억해두는 게 좋아.

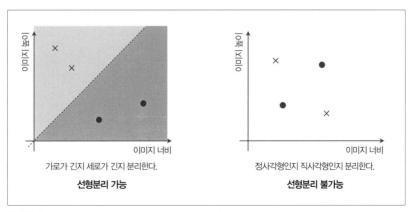

그림 2-9

아까도 말했듯이 퍼셉트론은 선형분리 가능한 문제만 풀 수 있어. 우리가 조금 전에 이야기했던 '단순한 문제'가 이것이지.

 선형분리 불가능한 문제는 풀 수 없다. 그게 퍼셉트론의 단점이라는 거네.

 그래.

2.7 다층 퍼셉트론

 하지만 직선으로는 분류할 수 없다고 해도 절대로 정사각형과 직사각형을 분리할 수 없는 건 아니야.

 어, 그게 무슨 말이야?

 직선 하나로 한정하면 불가능하지만 이런 식으로 나누는 건 가능하지.

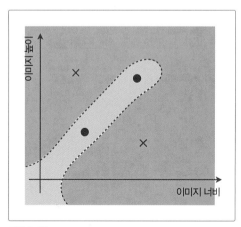

그림 2-10

그렇네!

 신경망을 사용하면 이런 식으로 직선을 사용하지 않는 경계선을 그을 수 있어.

 그렇구나! 여기서 드디어 신경망이 등장하네.

 이제 신경망 이야기로 옮겨갈 수 있겠네.

 서론이 엄청 길었어.

 이전에 이야기했던 걸 다시 떠올려볼래? 퍼셉트론은 이런 형식으로 표현한다는 이야기 했었지?

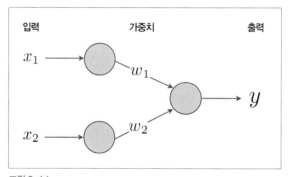

그림 2-11

 이런 식으로 입력과 출력만 있는 퍼셉트론을 **단층 퍼셉트론**이라고 해. 이건 지금까지 살펴봤던 것처럼 매우 빈약한 모델로 선형분리 가능 문제만 풀 수 있어.

 아, 단층 퍼셉트론이라고 하는구나. 단층이라고 하니까 뭔가 약할 것 같아.

하하. 그 말 그대로야. 단층이면 너무 약하니까 [그림 2-12]처럼 퍼셉트론을 몇 개 겹치는 것을 생각해볼 수 있어.

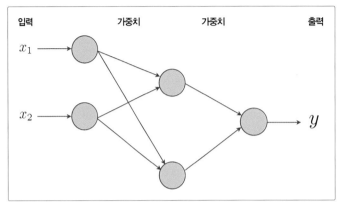

그림 2-12

 어, 내가 알고 있는 신경망과 비슷하게 됐네.

 입력값이 여러 개로 나뉘어서 갈라지고 있고 한 유닛의 출력이 다른 유닛의 입력이 되고 있는 걸 알 수 있어. 잘 보면 퍼셉트론이 3개 있는 것처럼 보이지?

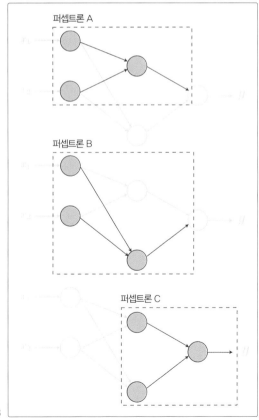

그림 2-13

응. 이렇게 나눠서 강조하니까 알기 쉽네.

 이런 식으로 퍼셉트론의 유닛을 겹쳐서 층을 늘린 것을 단층 퍼셉트론과 대비되는 의미에서 **다층 퍼셉트론**이라고 해.

 단층과 대비되는 다층이구나. 알기 쉬워서 좋네.

 이 다층 퍼셉트론이 바로 신경망이야.

 퍼셉트론을 조합해서 만들었다는 이야기는 들었지만 이렇게 겹친 것이 신경망이구나.

 영어로는 신경망을 'Multilayer Perceptron'이라고 부르기도 해. 여기서도 퍼셉트론이 중첩되어 있다는 걸 연상할 수 있지

 그럼 다층 퍼셉트론과 신경망은 같은 거라고 생각해도 되는 거야?

 응, 같은 거야. [그림 2-12]처럼 퍼셉트론을 겹쳐서 층마다 모든 유닛을 화살표로 이은 형태를 하고 있는 걸 특별히 **전결합 신경망**이라고 부르기도 하니까 기억해둬.

 이걸 사용하면 아까 정사각형인지 아닌지 분류하는 문제도 풀 수 있는 거야?

 응. 실제로 어떤 식으로 계산되는지 같이 볼래?

 응, 그러고 싶어.

2.8 신경망으로 정사각형 이미지 판정하기

 유닛 수와 층수가 늘어났으니까 계산이 좀 복잡해질 것 같아.

 하지만 퍼셉트론 A, B, C를 하나씩 계산해주면 되니까 그렇게 어렵게 생각하지 않아도 돼.

 아, 그렇구나. 각각의 퍼셉트론이 가중치와 편향을 가지고 있고 최종적으로는 0 또는 1을 출력할 뿐인 거네.

 맞아. 그래서 처음에 했던 단층 퍼셉트론의 계산과 같은 방식으로 하면 돼.

 그렇다면 우선 각 퍼셉트론의 가중치와 편향을 정해줘야 하는 건가?

 그래. 퍼셉트론 A, B, C 각각의 가중치와 편향을 정하자.

$$\boldsymbol{w_a} = \begin{bmatrix} 1 \\ -1 \end{bmatrix}, \quad b_a = 0 \quad \cdots\cdots \text{퍼셉트론 A의 가중치와 편향}$$

$$\boldsymbol{w_b} = \begin{bmatrix} -1 \\ 1 \end{bmatrix}, \quad b_b = 0 \quad \cdots\cdots \text{퍼셉트론 B의 가중치와 편향} \qquad \text{(식 2.20)}$$

$$\boldsymbol{w_c} = \begin{bmatrix} -1 \\ -1 \end{bmatrix}, \quad b_c = 1 \quad \cdots\cdots \text{퍼셉트론 C의 가중치와 편향}$$

 이 가중치와 편향으로 계산해서 1이 출력되면 '정사각형이다', 0이 출력되면 '정사각형이 아니다'라는 분류 결과가 돼.

방금 전의 그림에 가중치와
편향을 추가해봤어.

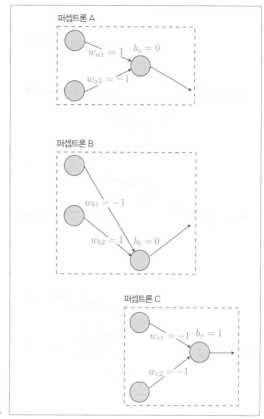

그림 2-14

 여러 번 말하지만 가중치와 편향은 원래 학습에 의해 정해지는 거야. 하지만 지금은 이미 알고 있는 걸로 이야기를 진행하고 있어. 기본적인 문제라서 내가 정답 가중치와 편향을 알고 있는 것뿐이야.

 그리고 이것도 여러 번 말하는 거지만 퍼셉트론의 출력은 가중치와 편향을 기준으로 이런 식으로 판단된다는 것도 잊지 마.

$$y = \begin{cases} 0 & (\boldsymbol{w} \cdot \boldsymbol{x} + b \leq 0) \\ 1 & (\boldsymbol{w} \cdot \boldsymbol{x} + b > 0) \end{cases} \qquad \text{(식 2.21)}$$

 그럼 [식 2.20]의 가중치와 편향을 사용해서 퍼셉트론 A, B, C가 출력하는 y를 [식 2.21]로 순서대로 구하면 되는 거네.

 45×45 이미지 $\boldsymbol{x} = (45, 45)$로 테스트해보자. 우선 퍼셉트론 A와 B부터 계산해봐.

내적과 편향을 계산해서 결과가 0 이상인지 확인하면 되는 거지?

$$
\begin{aligned}
\boldsymbol{w_a} \cdot \boldsymbol{x} + b &= (1 \cdot 45) + (-1 \cdot 45) + 0 \\
&= 45 - 45 + 0 \\
&= 0
\end{aligned}
$$

$$\boldsymbol{w_a} \cdot \boldsymbol{x} + b \leq 0 \rightarrow y_a = 0 \ \cdots\cdots \ \text{퍼셉트론 A의 결과}$$

(식 2.22)

$$
\begin{aligned}
\boldsymbol{w_b} \cdot \boldsymbol{x} + b &= (-1 \cdot 45) + (1 \cdot 45) + 0 \\
&= -45 + 45 + 0 \\
&= 0
\end{aligned}
$$

$$\boldsymbol{w_b} \cdot \boldsymbol{x} + b \leq 0 \rightarrow y_b = 0 \ \cdots\cdots \ \text{퍼셉트론 B의 결과}$$

 퍼셉트론 C는 퍼셉트론 A와 B가 출력한 값을 입력으로 하니까 그걸 $\boldsymbol{u}$로 두고 계산해봐.

$$
\boldsymbol{u} = \left[\begin{array}{c} y_a \\ y_b \end{array} \right] = \left[\begin{array}{c} 0 \\ 0 \end{array} \right]
$$

(식 2.23)

 알았어. 아까와 똑같이 계산하면 되지?

$$
\begin{aligned}
\boldsymbol{w_c} \cdot \boldsymbol{u} + b &= (-1 \cdot 0) + (-1 \cdot 0) + 1 \\
&= 0 + 0 + 1 \\
&= 1
\end{aligned}
$$

$$\boldsymbol{w_c} \cdot \boldsymbol{u} + b > 0 \rightarrow y_c = 1 \ \cdots\cdots \ \text{퍼셉트론 C의 결과}$$

(식 2.24)

 이걸로 계산이 완료됐어. 이 신경망이 최종적으로 출력한 건 1이야.

 아까 지우가 이야기한 대로라면 '정사각형이다'로 분류되었다는 거네. 45×45는 정사각형이니까 맞았어!

이번에는 가로가 긴 $\boldsymbol{x} = (100, 35)$ 이미지로 테스트해보자.

 같은 방법으로 하면 되는 거지?

$$\boldsymbol{w_a} \cdot \boldsymbol{x} + b = (1 \cdot 100) + (-1 \cdot 35) + 0 = 65 > 0 \qquad \rightarrow y_a = 1$$
$$\boldsymbol{w_b} \cdot \boldsymbol{x} + b = (-1 \cdot 100) + (1 \cdot 35) + 0 = -65 \leq 0 \qquad \rightarrow y_b = 0 \quad \text{(식 2.25)}$$
$$\boldsymbol{w_c} \cdot \boldsymbol{u} + b = (-1 \cdot 1) + (-1 \cdot 0) + 1 = 0 \leq 0 \qquad \rightarrow y_c = 0$$

 이건 신경망이 0을 출력해서 '정사각형이 아니다'라고 분류된 거지? 100×35는 가로로 긴 직사각형이니까 맞아.

 그래. 신경망은 이런 식으로 선형분리 불가능한 문제도 풀 수 있게 되어 있어.

 퍼셉트론을 쌓는 것만으로 선형분리 불가능 문제도 풀 수 있게 되었네. 좀 신기한 것 같아.

 이 문제는 퍼셉트론 A와 B로 가로가 긴지 세로가 긴지 판단하고 각각의 결과를 사용해서 퍼셉트론 C에서 정사각형인지 아닌지 판정하고 있다고 볼 수 있어. 몇 개의 조건 판정을 조합해서 복잡한 조건 판정을 하고 있다고 생각하면 이해하기 쉬울 거야.

 하나하나는 단순하지만 그것들을 조합하면 더 복잡한 것을 만들 수 있다는 거구나.

 신경망 계산 방법을 이해한 걸 바탕으로 이번에는 조금 더 심화된 내용을 살펴보자.

2.9 신경망의 가중치

 신경망은 퍼셉트론을 겹쳐놓은 것이라는 부분은 이해가 됐어?

응. 아까 실제로 3개의 퍼셉트론을 각각 계산해서 결과도 얻었으니까.

 하지만 하나씩 계산하는 귀찮은 방식은 보통 사용 안 해. 전에 윤서가 '신경망은 수학 함수와 비슷하네'라고 했던 거 기억해?

 $f(x) = y$라는 함수 이야기지? x라는 입력값을 f라는 신경망에 입력해서 y라는 결과를 얻는다는 거.

 그 신경망 f의 내용을 조금 더 자세히 살펴보면서 수학적으로 이해하고 싶지 않아?

 응, 그러고 싶지. 수학적이란 말을 들으니까 벌써 긴장되네.

 하하. 여러 번 복습해도 되니까 천천히 이해해보자.

 지우와 함께 한다면 열심히 할 수 있어.

 지금부터 하는 설명에 아까 본 [그림 2-12]의 신경망을 그대로 사용할게. 그림을 조금 더 깔끔하게 다시 그렸어.

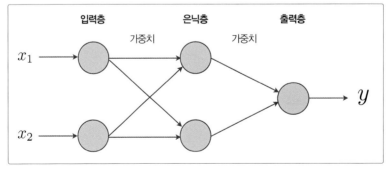

그림 2-15

다시 그렸다고 했지만 구조 자체는 안 바뀐 것 같네.

신경망에는 단층 퍼셉트론에 없었던 '층'이라는 개념이 있었지?

입력층, 은닉층, 출력층 맞지?

응. 그리고 층을 식별하기 위해 층에 번호를 도입하려 해. 그러니까 입력층을 0으로 하고 그 뒤의 각 층에 순서대로 번호를 부여하는 거지. 아까의 신경망을 예로 들면 이렇게 하면 돼.

- 입력층을 제0층으로 한다.
- 은닉층을 제1층이라 하고, 거기에 접속해 있는 가중치를 제1층의 가중치라고 한다.
- 출력층을 제2층이라 하고, 거기에 접속해 있는 가중치를 제2층의 가중치라고 한다.

그림에 표시하면 이렇게 되지.

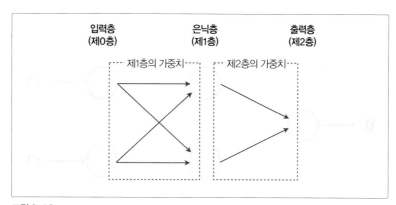

그림 2-16

그리고 신경망의 층 구조와 가중치 수, 편향 수는 이런 관계가 있어.

- 가중치 수 = 층 사이의 유닛을 잇는 선 수
- 편향 수 = 그 층에 있는 유닛 수

아, 그렇구나. 그럼 이렇게 볼 수 있네.

- 제1층: 선이 4줄, 제1층의 유닛이 2개 → 가중치 4개, 편향 2개
- 제2층: 선이 2줄, 제2층의 유닛이 1개 → 가중치 2개, 편향 1개

그렇지. [식 2.20]에서 사용한 가중치와 편향을 떠올려보면 좋을 거야. 개수가 딱 맞을 테니까.

그렇구나. 생각해보면 그렇게 되는 게 자연스럽네.

그리고 신경망의 가중치와 편향에는 규칙성이 있으니까 지금부터 f를 이해하기 쉽게 통일된 표기 방식도 생각해보자.

$w_1, w_2, w_3, \cdots$ 같이 첨자를 늘려가는 게 아니고?

조금 더 고민해보자. 우선 각 층의 유닛에 위에서부터 차례대로 번호를 부여할게.

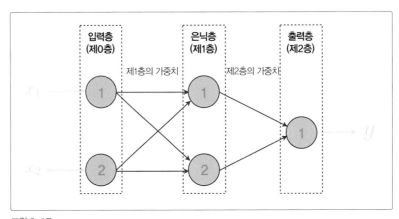

그림 2-17

그리고 가중치와 편향을 다음과 같이 정의할 거야.

- 제$l - 1$층의 j번째 유닛과 제l층의 i번째 유닛 사이의 가중치를 $w_{ij}^{(l)}$라고 한다.
- 제l층의 i번째의 유닛에 적용되는 편향을 $b_i^{(l)}$라고 한다.

엇, 잠깐 기다려. 문자가 잔뜩 나와서 머릿속을 정리해야 할 것 같아.

우선 ij라는 첨자는 2자리로 된 하나의 첨자니까 곱셈으로 잘못 계산하지 않도록 주의해. 그리고 (l)이 오른쪽 위에 있다고 해서 지수인 건 아니니까 이것도 w_{ij}나 b_i의 l승으로 잘못 계산하지 않도록 해.

응, 알겠어.

예를 들어 제1층의 가중치, 즉 입력층과 은닉층 사이의 가중치는 이렇게 나타낼 수 있어.

- 입력층(제0층)의 1번째 유닛과 은닉층(제1층)의 1번째 유닛 사이의 가중치 $w_{11}^{(1)}$
- 입력층(제0층)의 2번째 유닛과 은닉층(제1층)의 1번째 유닛 사이의 가중치 $w_{12}^{(1)}$
- 입력층(제0층)의 1번째 유닛과 은닉층(제1층)의 2번째 유닛 사이의 가중치 $w_{21}^{(1)}$
- 입력층(제0층)의 2번째 유닛과 은닉층(제1층)의 2번째 유닛 사이의 가중치 $w_{22}^{(1)}$

그리고 편향도 이런 식으로 나타낼 수 있지.

- 은닉층(제1층)의 1번째 유닛의 편향 $b_1^{(1)}$
- 은닉층(제1층)의 2번째 유닛의 편향 $b_2^{(1)}$

신경망의 그림에 표현하면 이렇게 되지.

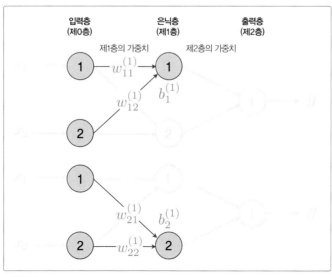

그림 2-18

아, 이렇게 되는 거구나.

그럼 제2층의 가중치와 편향은 어떻게 되는지 알겠어?

은닉층과 출력층 사이 말이지? 이렇게 되는 건가?

- 은닉층(제1층)의 1번째 유닛과 출력층(제2층)의 1번째 유닛 사이의 가중치 $w_{11}^{(2)}$
- 은닉층(제1층)의 2번째 유닛과 출력층(제2층)의 1번째 유닛 사이의 가중치 $w_{12}^{(2)}$
- 출력층(제2층)의 1번째 유닛의 편향 $b_1^{(2)}$

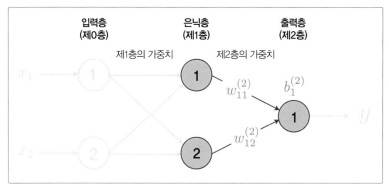

그림 2-19

응, 맞아.

음, 확실히 규칙성은 있지만 첨자가 많아서 오히려 복잡한 느낌이 들어. 문자도 l, i, j 이렇게 3종류나 있으니까.

하지만 첨자 번호를 단순히 일련번호로 부여하면 어떤 첨자가 어느 부분인지 금방 알 수 없잖아.

그건 그렇지.

그리고 $w_{ij}^{(l)}$이나 $b_i^{(l)}$ 같은 표기가 수식으로 나타내기 쉬우니까.

아, 좀 복잡해 보이는 표기 방식이지만 보다보면 익숙해지려나?

익숙해지겠지. 아무튼 이걸로 가중치를 통일해서 표기하는 방법을 정의할 수 있어.

그런데 퍼셉트론 때처럼 가중치를 열벡터로 나타내지는 않는 거야?

이런 식으로 열벡터로 표기해도 돼.

$$\boldsymbol{w}_1^{(1)} = \begin{bmatrix} w_{11}^{(1)} \\ w_{12}^{(1)} \end{bmatrix}, \quad \boldsymbol{w}_2^{(1)} = \begin{bmatrix} w_{21}^{(1)} \\ w_{22}^{(1)} \end{bmatrix}, \quad \boldsymbol{w}_1^{(2)} = \begin{bmatrix} w_{11}^{(2)} \\ w_{12}^{(2)} \end{bmatrix}$$ (식 2.26)

굵은 글씨 $\boldsymbol{w}$의 아래쪽에 붙어 있는 첨자는 화살표가 출발한 유닛의 번호가 아니라 화살표가 도착한 유닛의 번호니까 주의해.

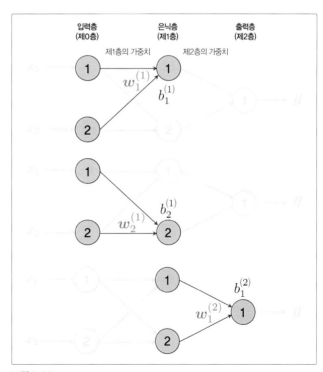

그림 2-20

그렇구나. 퍼셉트론 단위로 가중치를 벡터로 정리한다는 거네.

이렇게 하면 단층 퍼셉트론 때와 같은 방식으로 계산할 수 있게 되지.

그럼 [그림 2-20]의 제1층에 있는 2개 퍼셉트론의 계산식은 이렇게 쓸 수 있다는 건가? 첨자가 많아서 좀 어수선한데, 맞는지 모르겠어.

$$\boldsymbol{w}_1^{(1)} \cdot \boldsymbol{x} + b_1^{(1)} = w_{11}^{(1)} x_1 + w_{12}^{(1)} x_2 + b_1^{(1)}$$
$$\boldsymbol{w}_2^{(1)} \cdot \boldsymbol{x} + b_2^{(1)} = w_{21}^{(1)} x_1 + w_{22}^{(1)} x_2 + b_2^{(1)}$$

(식 2.27)

잘했어. 하지만 가중치는 행렬로, 편향은 벡터로 정리하면 조금 더 간결하게 만들 수 있어.

행렬과 벡터로? 어떻게 하는 거야?

제1층부터 하나씩 볼게. 우선 가중치를 옆으로 늘어놓아봤어. 이건 [식 2.26]의 열벡터를 전치하면 돼.

$$\boldsymbol{w}_1^{(1)^T} = \left[\begin{array}{cc} w_{11}^{(1)} & w_{12}^{(1)} \end{array} \right]$$
$$\boldsymbol{w}_2^{(1)^T} = \left[\begin{array}{cc} w_{21}^{(1)} & w_{22}^{(1)} \end{array} \right]$$

(식 2.28)

벡터를 가로로 눕힌 것뿐이지? [식 2.26]에서는 세로로 늘어서 있던 게 [식 2.28]에서는 가로로 늘어서 있어.

응. 그런데 말이야 이 전치한 벡터를 세로로 정렬해서 행렬을 만들어.

$$\boldsymbol{W}^{(1)} = \left[\begin{array}{c} \boldsymbol{w}_1^{(1)^T} \\ \boldsymbol{w}_2^{(1)^T} \end{array} \right] = \left[\begin{array}{cc} w_{11}^{(1)} & w_{12}^{(1)} \\ w_{21}^{(1)} & w_{22}^{(1)} \end{array} \right]$$

(식 2.29)

이렇게 2×2 행렬을 만들면 가중치를 행렬로 정리하는 게 되는 거야?

 그렇지. 가중치 행렬은 층마다 정의할 수 있으니까 제2층도 같은 방식으로 정의할 수 있어. 물론 지금 보고 있는 신경망의 제2층에는 유닛이 1개뿐이니까 이런 식으로 하나만 정렬하면 돼.

$$\boldsymbol{w}_1^{(2)^T} = \left[\begin{array}{cc} w_{11}^{(2)} & w_{12}^{(2)} \end{array} \right]$$
$$\boldsymbol{W}^{(2)} = \left[\begin{array}{c} \boldsymbol{w}_1^{(2)^T} \end{array} \right] = \left[\begin{array}{cc} w_{11}^{(2)} & w_{12}^{(2)} \end{array} \right]$$

(식 2.30)

 그럼 이 신경망의 경우 제1층의 가중치는 2×2 행렬에, 제2층의 가중치는 1×2 행렬에 각각 이런 식으로 정리할 수 있는 거구나.

$$\boldsymbol{W}^{(1)} = \left[\begin{array}{cc} w_{11}^{(1)} & w_{12}^{(1)} \\ w_{21}^{(1)} & w_{22}^{(1)} \end{array} \right]$$
$$\boldsymbol{W}^{(2)} = \left[\begin{array}{cc} w_{11}^{(2)} & w_{12}^{(2)} \end{array} \right]$$

(식 2.31)

 편향도 마찬가지로 층마다 정의할 수 있어. 각 층의 편향을 세로로 정렬하면 돼.

$$\boldsymbol{b}^{(1)} = \left[\begin{array}{c} b_1^{(1)} \\ b_2^{(1)} \end{array} \right], \quad \boldsymbol{b}^{(2)} = \left[\begin{array}{c} b_1^{(2)} \end{array} \right]$$

(식 2.32)

 신경망 그림에 추가하면 [그림 2-21]과 같이 되지.

 그렇구나. 하지만 이걸로 정말 식을 간결하게 쓸 수 있게 된 건가?

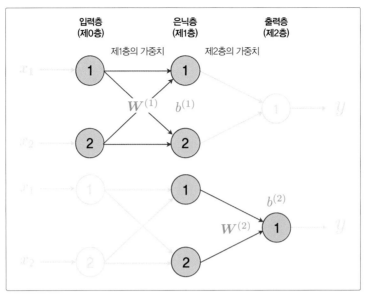

그림 2-21

가중치 행렬과 편향의 벡터를 정의한 건데, 예를 들어 제1층의 내적과 편향은 이런 식으로 나타낼 수 있어.

$$\boldsymbol{W}^{(1)}\boldsymbol{x} + \boldsymbol{b}^{(1)}$$

(식 2.33)

엄청 깔끔해졌다!

[식 2.33]을 실제로 계산해볼게.

$$\boldsymbol{W}^{(1)}\boldsymbol{x} + \boldsymbol{b}^{(1)}$$

$$= \begin{bmatrix} w_{11}^{(1)} & w_{12}^{(1)} \\ w_{21}^{(1)} & w_{22}^{(1)} \end{bmatrix} \begin{bmatrix} x_1 \\ x_2 \end{bmatrix} + \begin{bmatrix} b_1^{(1)} \\ b_2^{(1)} \end{bmatrix} \quad \cdots\cdots \boldsymbol{W}^{(1)}, \boldsymbol{x}, \boldsymbol{b}^{(1)}\text{을 대입했다.}$$

$$= \begin{bmatrix} w_{11}^{(1)} x_1 + w_{12}^{(1)} x_2 \\ w_{21}^{(1)} x_1 + w_{22}^{(1)} x_2 \end{bmatrix} + \begin{bmatrix} b_1^{(1)} \\ b_2^{(1)} \end{bmatrix} \quad \cdots\cdots \text{가중치와 입력값을 곱해서 계산했다.}$$

$$= \begin{bmatrix} w_{11}^{(1)} x_1 + w_{12}^{(1)} x_2 + b_1^{(1)} \\ w_{21}^{(1)} x_1 + w_{22}^{(1)} x_2 + b_2^{(1)} \end{bmatrix} \quad \cdots\cdots \text{편향을 더했다.}$$

(식 2.34)

마지막 행에 있는 행렬의 내용을 잘 봐. [식 2.27]에서 계산한 것과 같은 값이 되었지?

 응. 확실히 같은 식이 되었어. 하지만 문자가 많아서 점점 더 어렵게 느껴져.

 여기서 이야기하고 싶은 건 $W^{(l)}$이나 $b^{(l)}$이라는 표기를 사용하면 행렬의 곱과 덧셈만으로 통일해서 계산할 수 있으니까 엄청 다루기 쉬워진다는 점이야.

 미안한데 아무래도 식이 좀 복잡한 것 같아.

 맞아, 좀 복잡하긴 해. 이쯤에서 구체적인 예를 손으로 직접 계산해보는 편이 좋겠어.

 응. 직접 해보는 게 좋을 것 같아.

 하지만 신경망의 실체 f를 정의하는 부분이 곧 끝나니까 조금 힘들지만 일단 마지막까지 진행해보자.

 그래. f의 내용을 살펴보고 있는 중이었지. 잊고 있었어.

 이해해. 이야기가 추상적이고 길어지다 보면 어쩔 수 없는 부분이 있으니까.

 그래도 마지막에 구체적인 예제를 손으로 직접 풀어볼 수 있으면 큰 도움이 될 것 같아.

 그래. 구체적인 예제를 보면 이해가 훨씬 쉬울 테니까 그때 제대로 풀어보자.

 그럼 마지막까지 조금 더 설명해줘.

2.10 활성화 함수

퍼셉트론 계산을 했을 때를 기억해볼래? 내적과 편향이 0을 넘는지 넘지 않는지에 따라 0 또는 1을 출력하는 방식으로 동작했었지?

응, 이런 식이었지?

$$y = \begin{cases} 0 & (\boldsymbol{w} \cdot \boldsymbol{x} + b \leq 0) \\ 1 & (\boldsymbol{w} \cdot \boldsymbol{x} + b > 0) \end{cases}$$

(식 2.35)

그걸 각 층의 결과에 적용해야 해.

아, 맞아. 방금 전에는 가중치와 편향 계산까지만 했으니까.

그러니까 그 과정도 f에 포함되도록 이런 식으로 함수로 정의해주는 거야.

$$a(x) = \begin{cases} 0 & (x \leq 0) \\ 1 & (x > 0) \end{cases}$$

(식 2.36)

x에는 그대로 $\boldsymbol{w} \cdot \boldsymbol{x} + b$를 대입하는 거지?

그렇지. 실제로 계산할 때는 윤서가 말한 것처럼 내적과 편향의 식을 x에 대입해.

$$a(\boldsymbol{w} \cdot \boldsymbol{x} + b) = \begin{cases} 0 & (\boldsymbol{w} \cdot \boldsymbol{x} + b \leq 0) \\ 1 & (\boldsymbol{w} \cdot \boldsymbol{x} + b > 0) \end{cases}$$

(식 2.37)

[식 2.37]처럼 임곗값에 따라 0이나 1을 출력하는 함수를 **계단 함수** step function 라고 부르니까 기억해두는 것이 좋아.

계단 함수라고 하는구나. 그런데 말이야 왜 a인 거야? 함수에서는 보통 f나 g를 자주 사용하잖아.

이런 함수를 활성화 함수라고 부르고 영어로는 Activation Function이라고 해. 그러니까 그 이니셜을 따서 a로 해봤어.

활성화 함수? 또 어려운 단어 나왔네.

실체는 [식 2.36]과 같은 함수지만 신경망에서 사용되는 상황에서는 그렇게 부르고 있다는 정도만 이해해도 돼.

응, 알았어. 아까 이야기 중간에 끼어들어서 미안해.

괜찮아. 궁금한 게 있으면 계속 물어봐.

이야기 계속할게. 편의상 이 $a(x)$라는 함수는 벡터도 받을 수 있다고 하자. 예를 들어 $\boldsymbol{v}$라는 벡터를 a에 전달하면 $\boldsymbol{v}$의 각 요소 $v_1, v_2, \cdots, v_n$에 a를 적용한다는 걸 규칙으로 하는 거야.

$$\boldsymbol{v} = \begin{bmatrix} v_1 \\ v_2 \\ \vdots \\ v_n \end{bmatrix}, \quad \boldsymbol{a(v)} = \begin{bmatrix} a(v_1) \to 0 \ or \ 1 \\ a(v_2) \to 0 \ or \ 1 \\ \vdots \\ a(v_n) \to 0 \ or \ 1 \end{bmatrix} \qquad \text{(식 2.38)}$$

음, 벡터 요소 전체에 a를 뿌려주는 거네.

이건 나중에 수식을 깔끔하게 정리하기 위한 규칙이야.

프로그래밍에서도 함수의 인수로 배열을 받으면 배열 요소에 함수를 적용하는 동작도 있고, 내 입장에서 큰 위화감은 없어.

그리고 이 활성화 함수도 가중치나 편향과 마찬가지로 층마다 정의할 수 있으니까 $a^{(l)}(x)$처럼 오른쪽 위에 층 번호를 써.

층마다 정의한다는 게 무슨 말이야? 층별로 다른 함수로 해야 하는 거야?

다른 걸로 해도 되고, 같은 걸로 해도 돼.

그런 거구나. 그럼 [식 2.36]의 계단 함수 이외에도 어떤 함수로 할지 직접 정하면 되는 거야?

실제로 계단 함수가 신경망의 활성화 함수로 사용되는 경우는 없지만 기본적으로는 비선형이고 미분이 가능한 함수라면 어떤 거라도 괜찮아. 예를 들어 시그모이드 함수나 $tanh$ 함수는 활성화 함수로 유명해.

$$a(x) = \frac{1}{1 + e^{-x}} \quad \cdots\cdots \text{시그모이드 함수}$$

$$a(x) = \frac{e^x - e^{-x}}{e^x + e^{-x}} \quad \cdots\cdots tanh \text{ 함수}$$

(식 2.39)

으, 갑자기 또 어려운 게 나왔다.

지금은 세세한 부분까지 이해할 필요는 없고, 이런 함수가 있다는 걸 머릿속 한편에 넣어두면 돼.

시그모이드 함수나 $tanh$ 함수는 활성화 함수로 사용되는 함수 중 하나라는 거지?

그렇지. 이것으로 f를 수식으로 나타낼 준비가 완료됐어. 이제는 지금까지의 이야기를 잘 짜 맞추기만 하면 돼.

2.11 신경망의 실체

지금 생각하고 있는 신경망의 전체 모습을 한 번 더 떠올려보자.

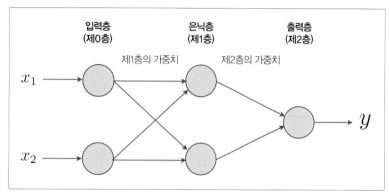

그림 2-22

지금부터는 이 신경망을 사용하고, 수식을 설명할 때 수식이 이 그림의 어떤 부분을 나타내고 있는지 같이 비교하면서 이야기를 진행할게.

좀 천천히 하나하나 설명해줬으면 좋겠어.

우선 입력값 x_1, x_2를 알아보자. 이건 벡터로 나타낼 수 있지.

세로로 나열해서 열벡터로 나타냈었나?

$$x = \begin{bmatrix} x_1 \\ x_2 \end{bmatrix}$$ (식 2.40)

그래. 앞으로는 통일된 규칙으로 식을 써나가기 위해 제0층의 입력값이라는 의미로 $x^{(0)}$이라는 방식으로 표기할게.

$$x^{(0)} = x$$ (식 2.41)

제0층의 입력값은 그림에서 이 부분이야.

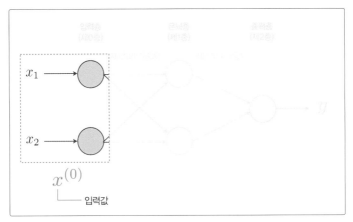

그림 2-23

제0층의 입력, 그러니까 입력층이라는 의미네.

응, 같은 말이야. 그리고 이 입력값에 제1층의 가중치와 편향을 적용해.

$$W^{(1)}x^{(0)} + b^{(1)}$$ (식 2.42)

그림으로 보면 입력층에서 은닉층을 향해 선이 나가고 있는 부분이라고 보면 돼.

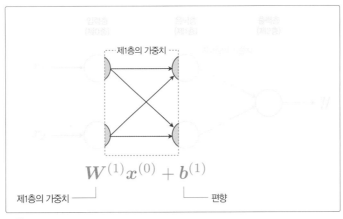

그림 2-24

이게 지우가 [식 2.34]에서 계산한 것과 같은 거란 말이지? 최종적으로는 가중치와 입력값의 내적에 편향을 더한 것이 되나?

$$W^{(1)}x^{(0)} + b^{(1)} = \left[\begin{array}{c} w_{11}^{(1)} x_1 + w_{12}^{(1)} x_2 + b_1^{(1)} \\ w_{21}^{(1)} x_1 + w_{22}^{(1)} x_2 + b_2^{(1)} \end{array} \right]$$

(식 2.43)

 맞아. 그리고 거기에 제1층의 활성화 함수를 적용해주지.

$$a^{(1)}(W^{(1)}x^{(0)} + b^{(1)})$$

(식 2.44)

 은닉층으로 흘러들어온 값인 [식 2.43]이 활성화 함수를 통해 은닉층으로부터 출력된다고 봐도 돼.

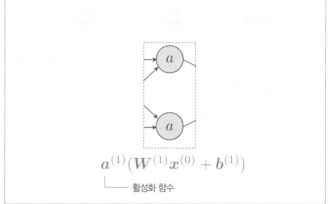

$$a^{(1)}(W^{(1)}x^{(0)} + b^{(1)})$$
활성화 함수

그림 2-25

 제1층의 활성화 함수 $a^{(1)}$이 각 요소에 적용된다는 거지?

$$a^{(1)}(W^{(1)}x^{(0)} + b^{(1)}) = \left[\begin{array}{c} a^{(1)}(w_{11}^{(1)} x_1 + w_{12}^{(1)} x_2 + b_1^{(1)}) \\ a^{(1)}(w_{21}^{(1)} x_1 + w_{22}^{(1)} x_2 + b_2^{(1)}) \end{array} \right]$$

(식 2.45)

 그래. 그리고 이걸 제1층에서 제2층으로의 입력값이라는 의미로 $x^{(1)}$이라는 문자로 나타내. 제1층의 출력값이라고 볼 수도 있지.

$$x^{(1)} = a^{(1)}(W^{(1)}x^{(0)} + b^{(1)})$$

(식 2.46)

처음 제0층에서의 입력값을 $x^{(0)}$이라고 했으니까 여기서는 $x^{(1)}$이라고 맞춰주는구나.

그 말 그대로야. 이후에는 같은 걸 반복해. 제1층으로부터의 입력값에 제2층의 가중치와 편향을 적용하지.

$$W^{(2)}x^{(1)} + b^{(2)} \tag{식 2.47}$$

그림에서 보면 은닉층에서 출력층으로 선이 향하고 있는 부분이야.

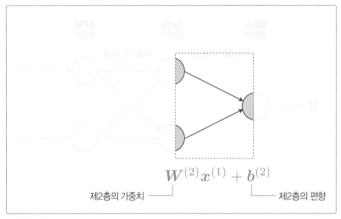

그림 2-26

제1층 때와 다른 건 문자 오른쪽 위에 붙어 있는 층을 나타내는 첨자 부분뿐이네.

그렇지. 마찬가지로 제2층의 활성화 함수 $a^{(2)}$를 적용해줘.

$$a^{(2)}(W^{(2)}x^{(1)} + b^{(2)}) \tag{식 2.48}$$

이것도 제1층 때와 마찬가지로 출력층으로 흘러온 값이 활성화 함수를 통해 출력된다고 볼 수 있어.

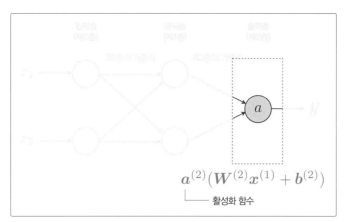

$$a^{(2)}(W^{(2)}x^{(1)} + b^{(2)})$$

└─ 활성화 함수

그림 2-27

 그리고 활성화 함수를 통과한 값에 대해서는 마찬가지로 제2층의 입력값이라는 의미로 $x^{(2)}$라고 치환할 수 있어.

$$x^{(2)} = a^{(2)}(W^{(2)}x^{(1)} + b^{(2)})$$

(식 2.49)

 어? 하지만 이 신경망은 2층까지만 있잖아.

 그렇지. 그러니까 $x^{(2)}$를 이 신경망의 출력값이라고 할 수 있어.

$$y = x^{(2)}$$

(식 2.50)

 아, 그런 거구나.

 지금까지 본 것처럼 신경망의 계산은 입력값에 가중치 행렬과 편향을 적용한 뒤 활성화 함수에 통과시키는 과정을 층마다 반복하면 돼.

 주로 행렬의 곱과 벡터의 덧셈만 있네. 아차, 중간에 활성화 함수도 끼어 있으니까 그 계산도 해야 하는구나.

 응. 하지만 행렬의 곱셈도, 벡터의 덧셈도, 활성화 함수의 계산도 전부 컴퓨터가 해 주는 거니까. 우리는 구현하기만 하면 돼.

그렇구나. 프로그래밍 언어로 구현하기만 하면 되는 거구나. 컴퓨터가 계산해준다고는 해도 간단한 예 정도는 구체적으로 확인해보고 이해해두고 싶어.

 그럼 슬슬 정리할게. 지금 보고 있는 신경망의 경우 $y = f(x)$의 f는 1줄로 쓰면 이런 식으로 표현할 수 있어.

$$f(\boldsymbol{x}^{(0)}) = \boldsymbol{a}^{(2)}(\boldsymbol{W}^{(2)}\boldsymbol{a}^{(1)}(\boldsymbol{W}^{(1)}\boldsymbol{x}^{(0)} + \boldsymbol{b}^{(1)}) + \boldsymbol{b}^{(2)}) \qquad \text{(식 2.51)}$$

 이게 f의 실체구나.

 행렬의 곱이나 벡터의 합, 활성화 함수의 적용, 이것들 하나하나의 과정은 어려운 게 아니니까 겉보기가 복잡하더라도 겁먹지 마.

 응, 알았어.

 가중치 행렬과 편향, 활성화 함수를 사용한 식을 기초로 아까와 같은 예제를 풀어 보자.

 이미지가 정사각형인지 아닌지 분류하는 문제 말이지?

2.12 순전파

 이전에 했던 것처럼 45×45 이미지로 시험해보면 되나?

 그렇지. 하지만 그전에 가중치, 편향, 활성화 함수를 정리하자. 가중치와 편향은 [식 2.20]을 그대로 사용하고 활성화 함수는 계단 함수를 사용하자.

$$W^{(1)} = \begin{bmatrix} \boldsymbol{w}_a^T \\ \boldsymbol{w}_b^T \end{bmatrix} = \begin{bmatrix} 1 & -1 \\ -1 & 1 \end{bmatrix}, \quad W^{(2)} = \begin{bmatrix} \boldsymbol{w}_c^T \end{bmatrix} = \begin{bmatrix} -1 & -1 \end{bmatrix}$$

$$\boldsymbol{b}^{(1)} = \begin{bmatrix} b_a \\ b_b \end{bmatrix} = \begin{bmatrix} 0 \\ 0 \end{bmatrix}, \qquad \boldsymbol{b}^{(2)} = \begin{bmatrix} b_c \end{bmatrix} = \begin{bmatrix} 1 \end{bmatrix} \qquad \text{(식 2.52)}$$

$$\mathrm{a}^{(1)}(x) = \begin{cases} 0 & (x \leq 0) \\ 1 & (x > 0) \end{cases}, \qquad a^{(2)}(x) = \begin{cases} 0 & (x \leq 0) \\ 1 & (x > 0) \end{cases}$$

 응? 계단 함수는 활성화 함수로 사용되지 않는 거 아니었어?

 지금은 직접 풀어보는 연습이니까 사용해도 괜찮아. [식 2.39]의 시그모이드 함수나 tanh 함수를 손으로 직접 계산하려면 힘들지 않겠어?

 그건 그렇지. 그런 건 직접 계산할 수 없을 것 같아.

 왜 계단 함수가 활성화 함수로 사용되지 않는지 설명하기 시작하면 좀 길어지니까 지금은 계산에 익숙해지는 것에 집중하도록 해. 나중에 이유를 생각해보는 것도 재미있을 거야.

 혼자 이유를 알아낼 수 있을 것 같지는 않지만 일단은 연습이니까 계단 함수를 사용해도 된다는 거지?

 응. 일단 계단 함수를 사용하자.

 입력으로 이미지의 너비와 높이를 받는다는 건 같은 거지?

$$\boldsymbol{x}^{(0)} = \begin{bmatrix} 45 \\ 45 \end{bmatrix} \qquad \text{(식 2.53)}$$

응. 그걸로 충분해. 그럼 제1층의 계산부터 하자. 우선은 이 식에 각각 [식 2.52]와 [식 2.53]의 값을 대입해서 계산하자.

$$\boldsymbol{W}^{(1)}\boldsymbol{x}^{(0)} + \boldsymbol{b}^{(1)} \qquad \text{(식 2.54)}$$

 알았어.

$$\boldsymbol{W}^{(1)}\boldsymbol{x}^{(0)} + \boldsymbol{b}^{(1)}$$

$$= \begin{bmatrix} 1 & -1 \\ -1 & 1 \end{bmatrix} \begin{bmatrix} 45 \\ 45 \end{bmatrix} + \begin{bmatrix} 0 \\ 0 \end{bmatrix} \quad \cdots\cdots \text{ 값을 대입했다.}$$

$$= \begin{bmatrix} (1 \cdot 45) + (-1 \cdot 45) \\ (-1 \cdot 45) + (1 \cdot 45) \end{bmatrix} + \begin{bmatrix} 0 \\ 0 \end{bmatrix} \quad \cdots\cdots \text{ 행렬의 곱을 계산했다.}$$

$$= \begin{bmatrix} 0 \\ 0 \end{bmatrix} + \begin{bmatrix} 0 \\ 0 \end{bmatrix} \quad \cdots\cdots \text{ 행렬의 안을 정리했다.}$$

$$= \begin{bmatrix} 0 \\ 0 \end{bmatrix} \quad \cdots\cdots \text{ 편향을 더했다.}$$

(식 2.55)

 이제 그 결과에 제1층의 활성화 함수 $a^{(1)}$을 적용하면 제1층의 출력값을 알 수 있지.

 $a^{(1)}(x)$에 0을 전달하면 $x \leq 0$에 해당하니까 어느 요소든 0이 되고, 그러니 결국 $(0, 0)$이 출력되네.

$$\boldsymbol{a}^{(1)} \left(\begin{bmatrix} 0 \\ 0 \end{bmatrix} \right) = \begin{bmatrix} a^{(1)}(0) \\ a^{(1)}(0) \end{bmatrix} = \begin{bmatrix} 0 \\ 0 \end{bmatrix} \qquad \text{(식 2.56)}$$

 응. 하지만 계산은 맞아. [식 2.56]이 제1층의 출력값이야.

$$\boldsymbol{x}^{(1)} = \begin{bmatrix} 0 \\ 0 \end{bmatrix} \qquad \text{(식 2.57)}$$

 그 다음은 $\boldsymbol{x}^{(1)}$을 제1층으로부터의 입력값으로 해서 제2층도 이 식을 적용해서 계산하면 돼.

$$\boldsymbol{W}^{(2)}\boldsymbol{x}^{(1)} + \boldsymbol{b}^{(2)} \qquad \text{(식 2.58)}$$

응. 해볼게

$$\boldsymbol{W}^{(2)}\boldsymbol{x}^{(1)} + \boldsymbol{b}^{(2)}$$

$$= \begin{bmatrix} -1 & -1 \end{bmatrix} \begin{bmatrix} 0 \\ 0 \end{bmatrix} + \begin{bmatrix} 1 \end{bmatrix} \quad \cdots\cdots \text{값을 대입했다.}$$

$$= \begin{bmatrix} (-1 \cdot 0) + (-1 \cdot 0) \end{bmatrix} + \begin{bmatrix} 1 \end{bmatrix} \quad \cdots\cdots \text{행렬의 곱을 계산했다.}$$

$$= \begin{bmatrix} 0 \end{bmatrix} + \begin{bmatrix} 1 \end{bmatrix} \quad \cdots\cdots \text{행렬의 안을 정리했다.} \qquad \text{(식 2.59)}$$

$$= \begin{bmatrix} 1 \end{bmatrix} \quad \cdots\cdots \text{편향을 더했다.}$$

그리고 이 결과에 제2층의 활성화 함수 $a^{(2)}(x)$를 적용하는 거지? 이번에는 1을 전달하니까 $x > 0$에 해당하고 마지막에는 1이 출력되네.

$$\boldsymbol{a}^{(2)}\left(\begin{bmatrix} 1 \end{bmatrix} \right) = \begin{bmatrix} a^{(2)}(1) \end{bmatrix} = \begin{bmatrix} 1 \end{bmatrix} \qquad \text{(식 2.60)}$$

그래. 신경망 f에 $\boldsymbol{x}^{(0)} = (45, 45)$를 입력하면 1이 출력되지.

$$f(\boldsymbol{x}^{(0)}) = 1 \qquad \text{(식 2.61)}$$

이 신경망에서 1이 출력된다는 건 '정사각형이다'라는 분류 결과라는 건가? (2.8절 참조)

그래. $\boldsymbol{x}^{(0)} = (45, 45)$는 정사각형이니까 제대로 분류되었네.

이번에는 직사각형 이미지로 시험해보자.

아까 $\boldsymbol{x}^{(0)} = (100, 35)$를 사용했었지?

그럼 이번에도 그걸로 제1층의 계산부터 하자. 활성화 함수의 적용까지 한 번에 해 버려야지.

$$a^{(1)}(W^{(1)}x^{(0)} + b^{(1)})$$

$$= a^{(1)}\left(\begin{bmatrix} 1 & -1 \\ -1 & 1 \end{bmatrix} \begin{bmatrix} 100 \\ 35 \end{bmatrix} + \begin{bmatrix} 0 \\ 0 \end{bmatrix}\right) \quad \cdots\cdots \text{ 값을 대입했다.}$$

$$= a^{(1)}\left(\begin{bmatrix} (1 \cdot 100) + (-1 \cdot 35) \\ (-1 \cdot 100) + (1 \cdot 35) \end{bmatrix} + \begin{bmatrix} 0 \\ 0 \end{bmatrix}\right) \quad \cdots\cdots \text{ 행렬의 곱을 계산했다.}$$

$$= a^{(1)}\left(\begin{bmatrix} 75 \\ -75 \end{bmatrix} + \begin{bmatrix} 0 \\ 0 \end{bmatrix}\right) \quad \cdots\cdots \text{ 행렬의 안을 정리했다.}$$

$$= a^{(1)}\left(\begin{bmatrix} 75 \\ -75 \end{bmatrix}\right) \quad \cdots\cdots \text{ 편향을 더했다.}$$

$$= \begin{bmatrix} a^{(1)}(75) \\ a^{(1)}(-75) \end{bmatrix} \quad \cdots\cdots \text{ 각 요소에 활성화 함수를 적용한다.} \qquad \text{(식 2.62)}$$

$$= \begin{bmatrix} 1 \\ 0 \end{bmatrix} \quad \cdots\cdots \text{ 활성화 함수를 적용했다.}$$

 이걸로 제1층의 출력값을 알았고.

$$x^{(1)} = \begin{bmatrix} 1 \\ 0 \end{bmatrix} \qquad \text{(식 2.63)}$$

 이번에는 $x^{(1)}$을 제1층에서 출력된 입력으로 해서 제2층을 계산하는 거네.

$$a^{(2)}(W^{(2)}x^{(1)} + b^{(2)})$$

$$= a^{(2)}\left(\begin{bmatrix} -1 & -1 \end{bmatrix} \begin{bmatrix} 1 \\ 0 \end{bmatrix} + \begin{bmatrix} 1 \end{bmatrix}\right) \quad \cdots\cdots \text{ 값을 대입했다.}$$

$$= a^{(2)}\left(\begin{bmatrix} (-1 \cdot 1) + (-1 \cdot 0) \end{bmatrix} + \begin{bmatrix} 1 \end{bmatrix}\right) \quad \cdots\cdots \text{ 행렬의 곱을 계산했다.}$$

$$= a^{(2)}\left(\begin{bmatrix} -1 \end{bmatrix} + \begin{bmatrix} 1 \end{bmatrix}\right) \quad \cdots\cdots \text{ 행렬의 안을 정리했다.}$$

$$= a^{(2)}\left(\begin{bmatrix} 0 \end{bmatrix}\right) \quad \cdots\cdots \text{ 편향을 더했다.}$$

$$= \begin{bmatrix} 0 \end{bmatrix} \quad \cdots\cdots \text{ 활성화 함수를 적용했다.} \qquad \text{(식 2.64)}$$

이 신경망에서는 0이 출력되네. 그렇다는 건 '정사각형이 아니다'라는 분류지.

 우와, 한번에 해버렸네.

 $x^{(0)} = (100, 35)$는 직사각형 이미지니까 신경망의 분류 결과가 옳은 것 같아.

 이런 식으로 입력값이 왼쪽에서 오른쪽으로 층에서 층으로 전달되는 동작을 **피드포워드** 또는 **순전파**라고 부르는 경우가 많으니까 기억해둬.

 오, 뭔가 멋있다.

 계산하면서 눈치 챘는지 모르겠지만 순전파로 하는 일은 [식 2.22]나 [식 2.24], [식 2.25]와 완전히 같은 거야.

 응. 그리고 보니 비슷하다는 느낌이 들었어.

 행렬이나 벡터를 사용해서 한꺼번에 계산하고 있을 뿐이지 그 요소들 하나하나는 처음에 윤서가 했던 퍼셉트론 A, B, C의 계산과 같은 거야.

 행렬이나 벡터가 나왔을 때는 문자도 늘어났고 하는 방식도 복잡하다고 생각했지만 역시 직접 손으로 풀어보니 생각이 달라지네.

 그렇지? 구체적인 예제를 직접 풀어보는 건 중요한 일이야.

2.13 신경망의 일반화

 그럼 마지막으로 일반화해서 한 번 더 정리하자. 지금까지 봤던 것들의 연장선상에 있는 거니까 금방 이해할 수 있을 거야.

 일반화라는 건 예를 들면 입력이 n개 있고, 은닉층이 m개 있고 하는 식으로 문자를 사용해서 나타내는 걸 말하는 건가?

 맞아. 이런 식으로 일반화된 신경망을 생각해보자.

- 입력층의 유닛은 $m^{(0)}$개 있다.
- 제l층 째의 유닛은 $m^{(l)}$개 있다.
- 입력층을 제외한 신경망의 층은 전부 L개 있다.

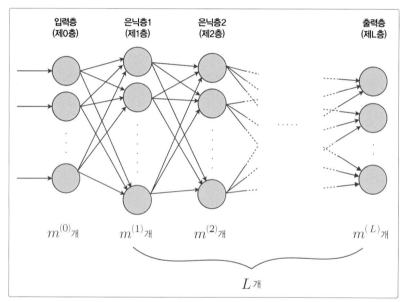

그림 2-28

 일반적으로 신경망 층수에 입력층은 포함시키지 않아. 그래서 입력층만 특별히 0이라는 첨자를 사용하고 그림에서도 은닉층에서 출력층까지 L층의 신경망이라고 나타내고 있어.

 아, 그럼 [그림 2-28]은 L층의 신경망이고 [그림 2-22]는 2층의 신경망이라는 건가?

그렇지. 이때 입력 벡터 $\boldsymbol{x}^{(0)}$, 제l층의 가중치 행렬 $\boldsymbol{W}^{(l)}$, 제l층의 편향 $\boldsymbol{b}^{(l)}$은 각각 이렇게 돼.

$$\boldsymbol{x}^{(0)} = \begin{bmatrix} x_1 \\ x_2 \\ \vdots \\ x_{m^{(0)}} \end{bmatrix} \quad \cdots\cdots \text{요소 수 } m^{(0)} \text{개의 벡터}$$

$$\boldsymbol{W}^{(l)} = \begin{bmatrix} w_{11}^{(l)} & w_{12}^{(l)} & \cdots & w_{1m^{(l-1)}}^{(l)} \\ w_{21}^{(l)} & w_{22}^{(l)} & \cdots & w_{2m^{(l-1)}}^{(l)} \\ \vdots & \vdots & \ddots & \vdots \\ w_{m^{(l)}1}^{(l)} & w_{m^{(l)}2}^{(l)} & \cdots & w_{m^{(l)}m^{(l-1)}}^{(l)} \end{bmatrix} \quad \cdots\cdots m^{(l)} \times m^{(l-1)} \text{의 행렬}$$

$$\boldsymbol{b}^{(l)} = \begin{bmatrix} b_1^{(l)} \\ b_2^{(l)} \\ \vdots \\ b_{m^{(l)}}^{(l)} \end{bmatrix} \quad \cdots\cdots \text{요소 수 } m^{(l)} \text{개의 벡터}$$

(식 2.65)

각 요소 수에 주의해. 그게 어긋나면 $\boldsymbol{W}$와 $\boldsymbol{x}$의 곱이나 $\boldsymbol{b}$와의 합을 계산할 수 없게 돼.

그렇구나. 지금까지는 자연스럽게 계산했기 때문에 별로 신경 쓰지 않았어.

$\boldsymbol{Wx}$의 곱을 계산하기 위해 $\boldsymbol{W}$의 열수와 $\boldsymbol{x}$의 행수가 일치하는지 다시 한 번 확인 해 봐.

입력 벡터는 $m^{(0)} \times 1$ 모양의 행렬이라고 생각하면 되는 거지?

응, 그렇지. 그럼 제l층의 출력값은 이렇게 쓸 수 있어.

$$\boldsymbol{x}^{(l)} = \boldsymbol{a}^{(l)}(\boldsymbol{W}^{(l)}\boldsymbol{x}^{(l-1)} + \boldsymbol{b}^{(l)})$$

(식 2.66)

그리고 [식 2.66]을 층수만큼 반복하면 출력값을 계산할 수 있어.

$$x^{(1)} = a^{(1)}(W^{(1)}x^{(0)} + b^{(1)})$$
$$x^{(2)} = a^{(2)}(W^{(2)}x^{(1)} + b^{(2)})$$
$$\vdots$$
$$y = a^{(L)}(W^{(L)}x^{(L-1)} + b^{(L)})$$

(식 2.67)

그렇구나. 마지막까지 같은 형태로 계산할 수 있다는 건 알기 쉬워서 좋네.

n이나 $m^{(l)}$ 같은 문자로만 보면 구체적인 걸 상상하기 어렵지만 지금까지 정사각형 판정을 했었던 신경망에 적용해보면 이렇게 돼.

- 입력층의 유닛은 2개 있다.
- 제1층의 유닛은 2개 있다.
- 제2층의 유닛은 1개 있다.
- 입력층을 제외하고 신경망의 층은 전부 2개 있다.

응. 뭐든지 구체적으로 생각해보는 것은 중요하지. 그건 그렇고 이제 좀 피곤해.

오늘은 여기까지만 하자. 너무 많이 하면 전부 기억하기도 어려우니까.

그래. 집에 가서 한 번 더 복습해야지.

신경망의 실체는 행렬이나 벡터, 활성화 함수의 계산뿐이니까 너무 어렵게 생각하지 마.

알았어. 오늘도 고마워!

응. 그럼 다음에 봐!

활성화 함수란?

 오늘도 신경망 공부해?

 응. 친구한테 순전파 구조를 수식으로 표현하면서 배웠어.

 순전파 공부했구나. 그거 행렬 계산의 반복이잖아.

 기본적으로는 그렇지만 활성화 함수라는 것도 있잖아. 그게 아직 확실히 이해가 안 돼.

 그래? 그냥 함수니까 너무 어렵게 생각하지 않아도 돼.

 그건 그래. 신경망의 한 부분으로 필요하다는 건 알고 있지만 왜 필요한지 어떤 함수를 사용해야 하는지 같은 것들을 알고 싶어.

 그러고 보면 그런 부분에 대한 언급은 별로 못 들어본 것 같아. 나도 자세히는 몰라.

 그렇지? 그래서 그 부분을 조사하고 있었어.

 좀 찾은 게 있어?

왜 필요한가?

 활성화 함수를 사용하지 않으면 어떻게 되는지 시험해봤어.

 오~ 좋은 시도네.

 이런 아주 단순한 신경망을 대상으로 해봤지.

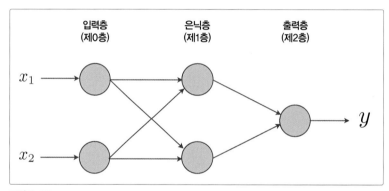

그림 2-29

 이 신경망은 입력 $\boldsymbol{x}$와 가중치 행렬 $\boldsymbol{W}^{(1)}, \boldsymbol{W}^{(2)}$로 구성되어 있잖아.

$$\boldsymbol{x} = \begin{bmatrix} x_1 \\ x_2 \end{bmatrix}, \boldsymbol{W}^{(1)} = \begin{bmatrix} w_{11}^{(1)} & w_{12}^{(1)} \\ w_{21}^{(1)} & w_{22}^{(1)} \end{bmatrix}, \boldsymbol{W}^{(2)} = \begin{bmatrix} w_{11}^{(2)} & w_{12}^{(2)} \end{bmatrix} \qquad \text{(식 2.68)}$$

 편향은 이 실험에서는 있든 없든 영향이 없는 것 같아서 우선은 무시하고 진행해 봤어.

 그렇다는 건 이 신경망의 순전파 계산을 이 식으로 나타냈다는 거네?

$$y = a^{(2)}(W^{(2)}a^{(1)}(W^{(1)}x))$$

(식 2.69)

맞아. 활성화 함수를 적용한 경우지.

활성화 함수를 사용하지 않는다는 건 가중치와 입력의 곱셈과 덧셈 계산을 그대로 다음 층에 전달한다는 거지?

그렇지. [식 2.69]에서 활성화 함수 $a^{(1)}$과 $a^{(2)}$를 빼버리고 행렬 계산을 실제로 해볼게.

$$
\begin{aligned}
& W^{(2)}W^{(1)}x \\
&= \begin{bmatrix} w_{11}^{(2)} & w_{12}^{(2)} \end{bmatrix} \begin{bmatrix} w_{11}^{(1)} & w_{12}^{(1)} \\ w_{21}^{(1)} & w_{22}^{(1)} \end{bmatrix} \begin{bmatrix} x_1 \\ x_2 \end{bmatrix} \\
&= \begin{bmatrix} w_{11}^{(2)} w_{11}^{(1)} + w_{12}^{(2)} w_{21}^{(1)} & w_{11}^{(2)} w_{12}^{(1)} + w_{12}^{(2)} w_{22}^{(1)} \end{bmatrix} \begin{bmatrix} x_1 \\ x_2 \end{bmatrix} \\
&= (w_{11}^{(2)} w_{11}^{(1)} + w_{12}^{(2)} w_{21}^{(1)})x_1 + (w_{11}^{(2)} w_{12}^{(1)} + w_{12}^{(2)} w_{22}^{(1)})x_2
\end{aligned}
$$

(식 2.70)

이런 결과를 얻게 되는데, 마지막 식을 보고 뭔가 느끼는 거 없어?

혹시 단층 퍼셉트론?

어휴, 그렇게 간단히 눈치채버리면 좀 억울하잖아. 맞아. 가중치가 6개 있지만 x_1, x_2로 정리해서 묶어주는 거니까

$$
\begin{aligned}
C_1 &= w_{11}^{(2)} w_{11}^{(1)} + w_{12}^{(2)} w_{21}^{(1)} \\
C_2 &= w_{11}^{(2)} w_{12}^{(1)} + w_{12}^{(2)} w_{22}^{(1)}
\end{aligned}
$$

(식 2.71)

라는 식으로 각각을 두면 결국 C_1, C_2가 가중치인 단층 퍼셉트론이 되어버린다는 거지.

$$C_1x_1 + C_2x_2$$

(식 2.72)

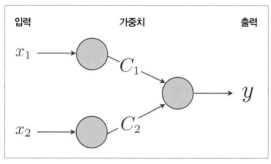

입력　　　　가중치　　　　출력

그림 2-30

 그러네! 누나 말이 맞는 것 같아. 활성화 함수가 없으면 단층 퍼셉트론과 차이가 없어지지.

어떤 함수를 사용해야 할까?

 이렇게 되면 어떤 함수를 사용해야 하는가라는 물음에 대한 답이 자연스럽게 나올 것 같아.

 그래? 나는 아직 거기까지 생각하지 못했어.

 선형 함수는 사용하면 안 될 거야. 선형 함수라는 건 이런 관계가 성립하는 함수라는 의미야.

$$f(x + y) = f(x) + f(y)$$
$$f(ax) = af(x)$$

(식 2.73)

활성화 함수에는 선형 함수를 사용하지 않고 비선형 함수를 사용해야 할 것 같아.

 비선형? 그리고 보니 지우도 그런 이야기 했어.

 활성화 함수를 사용하지 않는다는 건 잘 생각해보면 활성화 함수에 이런 항등 함수를 사용하는 것과 마찬가지야.

$$f(x) = x$$

(식 2.74)

 그리고 보니 그러네. 계산을 그대로 다음 층에 전달한다는 말을 식으로 표현한 거네.

 그리고 보니 $f(x) = x$는 선형 함수잖아. 그 외에도 $f(x) = -2x$나 $f(x) = \frac{1}{3}x$ 같은 것도 전부 선형인데 이런 함수를 사용하면 지금 누나가 이야기했던 내용과 같은 논리를 적용할 수 있을 것 같아.

활성화 함수	[그림 2-29]의 신경망 출력값
$f(x) = x$	$(w_{11}^{(2)} w_{11}^{(1)} + w_{12}^{(2)} w_{21}^{(1)})x_1 + (w_{11}^{(2)} w_{12}^{(1)} + w_{12}^{(2)} w_{22}^{(1)})x_2$
$f(x) = -2x$	$(4w_{11}^{(2)} w_{11}^{(1)} + 4w_{12}^{(2)} w_{21}^{(1)})x_1 + (4w_{11}^{(2)} w_{12}^{(1)} + 4w_{12}^{(2)} w_{22}^{(1)})x_2$
$f(x) = \frac{1}{3}x$	$(\frac{1}{9}w_{11}^{(2)} w_{11}^{(1)} + \frac{1}{9}w_{12}^{(2)} w_{21}^{(1)})x_1 + (\frac{1}{9}w_{11}^{(2)} w_{12}^{(1)} + \frac{1}{9}w_{12}^{(2)} w_{22}^{(1)})x_2$

표 2-3

 계산해보니까 확실히 그러네. 전부 [식 2.72]와 마찬가지라고 볼 수 있을 것 같아.

 그렇지? 아마 그럴 거야. 비선형 함수를 사용하면 이런 식으로 x_1, x_2로 정리하는 일도 없을 것 같고 층을 여러 개로 하는 의미도 생기니까 표현력이 높아지겠지.

그런 거구나. 활성화 함수로 시그모이드 함수가 유명하다고 친구가 말했었는데 그럼 그 함수도 비선형 함수라는 건가?

 시그모이드 함수는 $f(x + y) = f(x) + f(y)$나 $f(ax) = af(x)$ 어느 쪽 관계도 성립하지 않는 비선형 함수야.

$$\frac{1}{1 + e^{x+y}} \neq \frac{1}{1 + e^x} + \frac{1}{1 + e^y}$$
$$\frac{1}{1 + e^{ax}} \neq \frac{a}{1 + e^x}$$

(식 2.75)

 그렇구나. 드디어 궁금하던 게 해소되었어.

 나도 후련해.

 가능하면 직접 궁금한 걸 해결하고 싶었는데.

CHAPTER 3

역전파를 배우자

윤서는 신경망의 가중치와 편향을 어떻게 정하면 좋을지 고민하고 있는 것 같습니다. 신경망의 층이 깊어지면 가중치와 편향 계산은 복잡해지지만 작은 아이디어로 간단하게 해결할 수 있습니다.

3.1 신경망의 가중치와 편향

 지우 덕분에 신경망의 데이터 흐름을 쉽게 이해할 수 있었어. 연습문제도 몇 개 만들어서 계산 연습도 해봤지.

 다행이네.

 내가 문제를 만들어보는 것까지는 좋았는데 가중치와 편향을 어떻게 하면 좋을지 모르겠어. 정사각형 판정 신경망에서는 지우가 가중치와 편향을 알고 있었잖아.

 직접 만든 연습문제를 푸는 데 필요한 가중치와 편향을 몰랐던 거야?

 응. 이전 문제를 조금 고친 예를 생각해봤지.

> 신경망에 이미지를 입력해서 그 이미지가 길쭉한지 판정하라.

 어느 정도 돼야 길쭉한 이미지가 되는 건데?

 이미지의 가로세로비^(※)가 작은 걸 말하는 거야. 예를 들면 0.2 이하라든가.

 그러니까 가로세로비가 0.2 이하면 '길쭉하다', 0.2보다 크면 '길쭉하지 않다'라는 판단을 하는 신경망이라는 거지?

 응. 신경망이 1을 출력하면 '길쭉하다', 0을 출력하면 '길쭉하지 않다'라는 식으로 출력을 정했어.

※ 가로세로비는 직사각형의 긴 변과 짧은 변의 비율을 나타내는 값입니다.

괜찮은 연습이네.

그런데 그 신경망에 어떤 가중치와 편향을 써야 제대로 '길쭉하다', '길쭉하지 않다' 를 계산해주는지 모르겠어.

가중치 조정은 사람이 하는 것이 아니라 머신러닝으로 최적화해가는 거야. 처음에는 모르는 게 당연하지.

그런 거구나. 근데 나 아직 학습시키는 방법을 모르잖아. 계산 연습이라고 생각해서 가중치 조정만 열심히 해봤어.

그럼 이번에는 신경망의 가중치와 편향을 학습시키는 걸 공부하자.

응. 그걸 공부하고 싶었어! 그게 신경망에서 제일 중요한 부분이지?

그러고 보니까 어제 샀던 케이크 아직 남아 있는데 먹으면서 하자.

어제 산 케이크가 아직도 남아 있어?

그게 식탐 때문에 너무 많이 사버렸어. 안 먹을 거야?

물론 먹어야지.

3.2 인간의 한계

 윤서는 가중치와 편향 조정을 어떤 식으로 했어?

 정사각형을 판정하는 신경망 있었잖아.

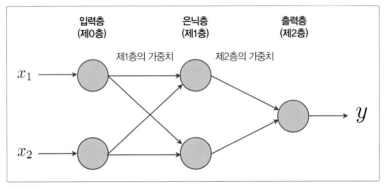

그림 3-1

 이 신경망에 정사각형 판정 때와 같은 가중치와 편향을 적용해서 계산하는 것부터 시작해봤어.

$$W^{(1)} = \begin{bmatrix} 1 & -1 \\ -1 & 1 \end{bmatrix}, \quad W^{(2)} = \begin{bmatrix} -1 & -1 \end{bmatrix}$$

$$b^{(1)} = \begin{bmatrix} 0 \\ 0 \end{bmatrix}, \quad b^{(2)} = \begin{bmatrix} 1 \end{bmatrix}$$

(식 3.1)

$$\mathrm{a}^{(1)}(x) = \begin{cases} 0 & (x \le 0) \\ 1 & (x > 0) \end{cases}, \quad a^{(2)}(x) = \begin{cases} 0 & (x \le 0) \\ 1 & (x > 0) \end{cases}$$

 그리고 대충 샘플 이미지 사이즈를 준비해서 신경망 출력값의 답이 맞도록 조금씩 가중치와 편향을 수정해나갔어.

그걸 전부 써가면서 풀었다는 거네?

응, 맞아. 예를 들어 100×10 이미지는 가로세로비가 0.1이라서 길쭉한 이미지로 분류되어야 하고, 이 이미지를 신경망에 입력하면 [식 3.1]의 가중치와 편향을 사용해서 이런 식으로 계산할 수 있지.

$$\boldsymbol{x}^{(0)} = \left[\begin{array}{c} 100 \\ 10 \end{array} \right]$$

$$\begin{aligned} \boldsymbol{x}^{(1)} &= \boldsymbol{a}^{(1)}(\boldsymbol{W}^{(1)}\boldsymbol{x}^{(0)} + \boldsymbol{b}^{(1)}) \\ &= \boldsymbol{a}^{(1)}\left(\left[\begin{array}{cc} 1 & -1 \\ -1 & 1 \end{array} \right] \left[\begin{array}{c} 100 \\ 10 \end{array} \right] + \left[\begin{array}{c} 0 \\ 0 \end{array} \right] \right) \\ &= \boldsymbol{a}^{(1)}\left(\left[\begin{array}{c} 90 \\ -90 \end{array} \right] + \left[\begin{array}{c} 0 \\ 0 \end{array} \right] \right) \\ &= \left[\begin{array}{c} a^{(1)}(90) \\ a^{(1)}(-90) \end{array} \right] \\ &= \left[\begin{array}{c} 1 \\ 0 \end{array} \right] \end{aligned}$$

(식 3.2)

$$\begin{aligned} \boldsymbol{x}^{(2)} &= \boldsymbol{a}^{(2)}(\boldsymbol{W}^{(2)}\boldsymbol{x}^{(1)} + \boldsymbol{b}^{(2)}) \\ &= \boldsymbol{a}^{(2)}\left(\left[\begin{array}{cc} -1 & -1 \end{array} \right] \left[\begin{array}{c} 1 \\ 0 \end{array} \right] + \left[\begin{array}{c} 1 \end{array} \right] \right) \\ &= \boldsymbol{a}^{(2)}\left(\left[\begin{array}{c} -1 \end{array} \right] + \left[\begin{array}{c} 1 \end{array} \right] \right) \\ &= \left[\begin{array}{c} a^{(2)}(0) \end{array} \right] \\ &= \left[\begin{array}{c} 0 \end{array} \right] \end{aligned}$$

결론부터 이야기하면 100×10 이미지를 입력했을 때 0이 출력되는데 그럼 '길쭉하지 않다'로 분류되었다는 거니까 틀린 거잖아. 그래서 100×10 이미지를 입력했을 때 1이 출력되도록 가중치와 편향을 대충 수정해서 한 번 더 계산하는 과정을 반복했어.

대충 수정했다는 건 어떤 식으로 한 거야?

 진짜 대충했어. 예를 들어 제2층의 편향을 조금 수정해볼게. 음... $\boldsymbol{b}^{(2)} = [2]$로.

$$
\begin{aligned}
\boldsymbol{x}^{(2)} &= \boldsymbol{a}^{(2)}(\boldsymbol{W}^{(2)}\boldsymbol{x}^{(1)} + \boldsymbol{b}^{(2)}) \\
&= \boldsymbol{a}^{(2)}\left(\begin{bmatrix} -1 & -1 \end{bmatrix} \begin{bmatrix} 1 \\ 0 \end{bmatrix} + \begin{bmatrix} 2 \end{bmatrix} \right) \\
&= \boldsymbol{a}^{(2)}\left(\begin{bmatrix} -1 \end{bmatrix} + \begin{bmatrix} 2 \end{bmatrix} \right) \\
&= \begin{bmatrix} a^{(2)}(1) \end{bmatrix} \\
&= \begin{bmatrix} 1 \end{bmatrix}
\end{aligned}
\tag{식 3.3}
$$

 그럼 출력도 1로 변하잖아? 그러면 제대로 '길쭉하다'로 분류되니까 정답이라고 할 수 있어.

 그렇긴 하네. 하지만 100×10 이미지만 있는 게 아니라 다른 사이즈의 이미지도 제대로 판정할 수 있는 가중치와 편향을 찾아야 돼.

 가중치와 편향을 조금 수정하면 지금 판정하고 있는 사이즈는 괜찮지만 다른 사이즈는 판정이 제대로 안 된다니까.

 그게 잘 안 될 거야.

 그래서 이 방법을 써서 모든 이미지를 제대로 분류할 수 있는 가중치와 편향을 찾는 데 엄청 고생했어.

 진짜 열심히 했네.

 아니, 너무 귀찮아서 찾는 걸 포기했어. 길쭉한 모양 판정 신경망에 제일 적절한 값을 찾지 못했지. 덕분에 계산 연습은 많이 했지만.

그래도 정답이 예상했던 것과 다르니까 가중치나 편향을 갱신해서 예상한 답에 가까이 간다는 방식은 머신러닝의 알고리즘이 학습하는 것과 똑같아.

 머신러닝 알고리즘도 이런 귀찮은 방법으로 학습하는 거야?

 물론. 컴퓨터는 같은 일을 몇 번이든 질리지 않고 엄청나게 빠른 속도로 계산할 수 있으니까 그런 귀찮은 방법으로도 열심히 찾을 수 있어.

 듣고 보니 그러네. 그럼 내가 가중치와 편향을 조정했던 방법도 완전히 틀린 건 아니었네.

 그래도 사람이 할 일은 아니지.

 하하하.

3.3 오차

 신경망의 가중치와 편향 학습은 어떻게 하는 거야?

 먼저 '정답이 예상과 다르다'는 게 어떤 상태인지 생각해보자.

 '길쭉하다'가 출력되기를 기대했는데 '길쭉하지 않다'가 출력되어버리는 상태를 말하는 거지?

우선 적당한 사이즈의 이미지와 그것이 길쭉한지 길쭉하지 않은지의 데이터를 준비하자. 보통 학습 데이터라고 불리는 건데 x가 신경망의 입력값, y가 정답 레이블이지.

이미지 사이즈	가로세로비	분류	x	y
100×10	0.1	길쭉하다	(100, 10)	1
100×50	0.5	길쭉하지 않다	(100, 50)	0
15×100	0.15	길쭉하다	(15, 100)	1
70×90	0.777…	길쭉하지 않다	(70, 90)	0
100×100	1.0	길쭉하지 않다	(100, 100)	0
50×50	1.0	길쭉하지 않다	(50, 50)	0

표 3-1

$y = 1$인 것이 '길쭉하다'고, $y = 0$인 것이 '길쭉하지 않다'라는 거네.

이건 내가 적당한 이미지 사이즈를 준비하고 가로세로비를 계산해서 직접 '길쭉하다', '길쭉하지 않다'라는 레이블을 붙인 거야.

이런 식으로 학습 데이터는 일반적으로 입력값과 레이블의 쌍을 사람이 준비해주어야 하니까 사실은 데이터를 모으는 게 제일 힘든 경우가 많아. 이 준비를 소홀히 하면 제대로 학습할 수 없게 되니까.

학습 데이터 수집하는 게 힘들다는 건 자주 듣는 이야기지.

그렇지. 그건 일단 접어두자. [식 3.1]의 가중치와 편향을 사용한 신경망을 $f(x)$라고 정의할게.

$$f(\boldsymbol{x}) = \boldsymbol{a}^{(2)}(\boldsymbol{W}^{(2)}\boldsymbol{a}^{(1)}(\boldsymbol{W}^{(1)}\boldsymbol{x} + \boldsymbol{b}^{(1)}) + \boldsymbol{b}^{(2)})$$

(식 3.4)

아까 내가 [식 3.2]에서 계산했던 신경망과 같은 거네.

 [식 3.4]에 [표 3-1]의 학습 데이터 x를 입력해서 출력값을 구해줄래?

 응, 해볼게.

이미지 사이즈	가로세로비	분류	x	y	$f(x)$
100×10	0.1	길쭉하다	(100, 10)	1	0
100×50	0.5	길쭉하지 않다	(100, 50)	0	0
15×100	0.15	길쭉하다	(15, 100)	1	0
70×90	0.777⋯	길쭉하지 않다	(70, 90)	0	0
100×100	1.0	길쭉하지 않다	(100, 100)	0	1
50×50	1.0	길쭉하지 않다	(50, 50)	0	1

표 3-2

 가로세로비가 1.0 이외의 이미지는 전부 0이 되어버렸네.

 원래 [식 3.1]의 가중치와 편향은 이미지가 정사각형인지 아닌지 판정하는 것이었으니까.

 아, 그러네. 100×100과 50×50은 정사각형이니까 그것만 1이 출력되는 게 당연하겠네.

 지금 윤서가 계산했던 $f(x)$와 정답 레이블의 y를 비교해봐. 일치하는 것과 일치하지 않는 것이 있지?

 응. 정답과 정답이 아닌 것 둘 다 있어. 결과를 표에 추가해봤어.

이미지 사이즈	가로세로비	분류	x	y	$f(x)$	일치?
100×10	0.1	길쭉하다	(100, 10)	1	0	$y \neq f(x)$
100×50	0.5	길쭉하지 않다	(100, 50)	0	0	$y = f(x)$
15×100	0.15	길쭉하다	(15, 100)	1	0	$y \neq f(x)$
70×90	0.777…	길쭉하지 않다	(70, 90)	0	0	$y = f(x)$
100×100	1.0	길쭉하지 않다	(100, 100)	0	1	$y \neq f(x)$
50×50	1.0	길쭉하지 않다	(50, 50)	0	1	$y \neq f(x)$

표 3-3

혹시 $y \neq f(x)$인 것이 '답이 예상과 다르다'는 거야?

맞아. 그런 의미야. 그리고 가중치와 편향의 학습은 그런 식으로 '답이 예상과 다르다'에 해당하는 데이터에서는 y와 $f(x)$의 오차 합계를 가장 작게 만들도록 학습해 나가는 거야.

음, 오차를 가장 작게 한다?

지금 계산한 것처럼 잘못된 가중치와 편향을 사용하면 출력값이 정답 레이블과 다르게 되지.

$y \neq f(x)$ 상태라는 거지?

그래. 하지만 이상적인 상태에서는 y와 $f(x)$가 일치해야 해.

$y = f(x)$가 되어야 한다는 거네.

그 식의 우변을 이항하면 이렇게 되는 거 알고 있지?

$$y - f(x) = 0$$

(식 3.5)

이건 y와 $f(x)$의 오차가 0이라는 의미야.

 오차를 가장 작게 한다는 게 그런 거구나! $y = f(x)$ 상태가 이상적이고 그건 바꿔 말하면 y와 $f(x)$의 오차가 0인 상태가 이상적이라고 할 수 있는 거네.

 그 말 그대로야. 모든 학습 데이터에 정답 레이블 y와 신경망 $f(x)$의 오차의 합이 가장 작아지도록 가중치와 편향을 조정하는 거야.

 하지만 모든 데이터의 오차가 0이 되게 하는 건 어렵잖아.

 맞아. 실제로 풀고 싶은 문제에는 노이즈나 애매한 부분이 포함되어 있는 경우가 대부분이니까. 그런 경우는 오차가 0이 되는 건 어려워.

 이 데이터는 정답 레이블과 일치하지만 가중치와 편향을 조정하면 다른 데이터는 일치하지 않게 되는 경우가 꽤 있었어.

 그래서 '오차의 합계를 가장 작게 한다'라는 말을 사용하는 거야.

 그런 거구나.

 그렇지만 요전에 했던 긴 변 판정이나 정사각형 판정 같이 비교적 간단한 문제는 학습 데이터가 잘못되지 않았다면 오차가 0이 될 수 있어.

 그럼 길쭉한 걸 판정하는 것도 열심히 하면 오차를 0으로 할 수 있을까?

 할 수 있을 거야. 학습 방법을 배우고 나서 시험 삼아 해보면 좋을 것 같아.

 그래. 나중에 해보자.

3.4 목적 함수

 오차의 합계를 가장 작게 하면 된다는 건 알겠는데, 어떻게 해야 가장 작게 할 수 있는지 아직 상상이 안 돼. 무작정 하는 게 아니라 조금 더 효율적인 방법이 있는 거지?

 물론. 미분을 사용해.

 미분! 완벽하게 아는 건 아니지만 전에 복습해뒀어. 다행이네.

 복습했구나. 역시!

 완벽하진 않지만 기본적인 내용은 이해할 수 있을 거야.

 든든한데. 그럼 이야기를 계속 할게. 우선 학습 데이터와 그 레이블에 번호를 붙여주자.

k	이미지 사이즈	가로세로비	분류	$\boldsymbol{x}_k$	y_k	$f(\boldsymbol{x}_k)$	일치?
1	100×10	0.1	길쭉하다	(100, 10)	1	0	$y_1 \neq f(\boldsymbol{x}_1)$
2	100×50	0.5	길쭉하지 않다	(100, 50)	0	0	$y_2 = f(\boldsymbol{x}_2)$
3	15×100	0.15	길쭉하다	(15, 100)	1	0	$y_3 \neq f(\boldsymbol{x}_3)$
4	70×90	0.777⋯	길쭉하지 않다	(70, 90)	0	0	$y_4 = f(\boldsymbol{x}_4)$
5	100×100	1.0	길쭉하지 않다	(100, 100)	0	1	$y_5 \neq f(\boldsymbol{x}_5)$
6	50×50	1.0	길쭉하지 않다	(50, 50)	0	1	$y_6 \neq f(\boldsymbol{x}_6)$

표 3-4

 가장 왼쪽에 k 라는 열을 추가해서 번호를 달아준 것뿐이야. 이걸로 학습 데이터와 그 정답 레이블을 $\boldsymbol{x}_k$ 나 y_k 라고 나타낼 수 있어.

그렇다는 건 예를 들어 첫 번째 데이터는 $\boldsymbol{x}_1 = (100, 10)$, $y_1 = 1$이고, 2번째 데이터는 $\boldsymbol{x}_2 = (100, 50)$, $y_2 = 0$이라는 식으로 나타낼 수 있다는 건가?

 맞아. k번째 데이터를 $\boldsymbol{x}_k, y_k$라고 나타낸다는 약속이야.

 그렇게 하면 뭐가 좋을까?

 오차의 합을 가장 작게 하기 위해 우선 '오차의 합'이라는 단어를 수식으로 나타내려 하는데, 윤서는 오차가 뭔지 알고 있지?

 아까 본 $y - f(\boldsymbol{x})$가 오차지? 아, 아까 번호를 달았으니까 이렇게 쓰는 게 좋은가?

$$y_k - f(\boldsymbol{x}_k)$$

(식 3.6)

 그래. 그게 k번째의 데이터 오차야. 다음은 더하기만 하면 돼.

 이렇게 더하면 되는 거야?

$$
\begin{aligned}
&(y_1 - f(\boldsymbol{x}_1)) + (y_2 - f(\boldsymbol{x}_2)) \quad + \\
&(y_3 - f(\boldsymbol{x}_3)) + (y_4 - f(\boldsymbol{x}_4)) \quad + \\
&(y_5 - f(\boldsymbol{x}_5)) + (y_6 - f(\boldsymbol{x}_6))
\end{aligned}
$$

(식 3.7)

 응. 그렇지만 그렇게 쓰면 너무 기니까 총합을 나타내는 기호 $\sum$를 사용해서 이런 식으로 쓰자.

$$\sum_{k=1}^{6} (y_k - f(\boldsymbol{x}_k))$$

(식 3.8)

그렇군, 시그마를 사용해서 정리하는구나. $\sum$라는 기호는 아직 익숙하지 않은데.

 1번째 데이터에서 6번째 데이터까지 오차 $y_k - f(\boldsymbol{x}_k)$를 단순하게 더했을 뿐이니까 어렵게 생각할 필요 없어. [식 3.7]과 [식 3.8]은 완전히 같은 의미야.

 그래. 하지만 $\sum$ 기호가 있는 것만으로 수식이 복잡하다는 느낌이 확 드네.

 그 기분 모르는 건 아냐. 그건 그렇다 치고, 여기서 한 가지 주의하지 않으면 안 되는 것이 있어.

 뭔데?

 지금까지는 암묵적으로 오차를 양수로 단정하고 이야기했지만 그렇지 않은 경우도 있다는 거지.

 응? 무슨 말이야?

 [표 3-4]를 한 번 더 보자. 1번째의 오차는 양수지만 5번째의 오차는 음수가 되지?

$$\begin{aligned} y_1 - f(\boldsymbol{x}_1) &= 1 - 0 = \quad\ 1 \\ y_5 - f(\boldsymbol{x}_5) &= 0 - 1 = \ -1 \end{aligned}$$

(식 3.9)

 아, 확실히 전부 양수가 되는 건 아니구나.

 지금 학습 데이터를 6개 준비했지만 실제로는 그 오차들을 다 더하면 양수와 음수가 서로 상쇄해서 0이 되어버려.

$$\sum_{k=1}^{6} (y_k - f(\boldsymbol{x}_k))$$
$$=(1-0)+(0-0)+(1-0)+(0-0)+(0-1)+(0-1)$$
$$=1+0+1+0+(-1)+(-1)$$
$$=0 \qquad\qquad \text{(식 3.10)}$$

 그렇구나. 답이 다른 데이터가 4개가 있는데 오차의 합을 계산해서 0이 되어버리면 곤란하지.

 그렇지? 이런 문제가 있어서 오차를 모두 양수로 만들려고 하는데 어떻게 하면 좋을까?

 양수로 만든다... 절댓값을 구하면 되지 않나?

$$\sum_{k=1}^{6} |y_k - f(\boldsymbol{x}_k)| \qquad\qquad \text{(식 3.11)}$$

 절댓값을 구하면 모두 양수가 되지만 보통은 사용하지 않아.

 어? 왜?

 아까 미분을 사용한다고 말했지? 나중에 이 오차의 합을 미분하게 돼. 만약 여기서 절댓값을 사용하면 절댓값을 미분해야 하는데 그걸 피하고 싶어서야.

 절댓값을 미분하는 게 어려운 거야?

 미분할 수 없는 경우가 있기도 해서 경우를 구분해야 하니까 좀 귀찮아.

그럼 어떻게 해? 양수로 만드는 다른 방법은 있는 거야?

실수라면 절댓값을 구하는 대신 제곱을 해도 돼. 제곱을 하면 미분하기도 쉽고.

$$\sum_{k=1}^{6} \left(y_k - f(\boldsymbol{x}_k) \right)^2 \qquad \text{(식 3.12)}$$

아, 그러네. 제곱을 하면 반드시 양수가 되니까.

그러면 오차의 합을 나타낼 수 있어.

지금까지 오차의 합이라고 했던 건 [식 3.12]를 말하는 거였네.

응. 각 오차는 제곱을 해서 양수가 되니까 [식 3.12]를 가장 작은 값에 가깝게 하면 오차가 작아지게 돼.

그럼 [식 3.12]의 값이 작아지도록 가중치나 편향을 조절하면 신경망 f 가 제대로 값을 출력하게 된다는 거네.

그렇지. 사실 오차의 합은 가중치와 편향을 함수로 나타내서 이런 식으로 표현하는 게 알기 쉬워.

$$E(\boldsymbol{W}^{(1)}, \boldsymbol{b}^{(1)}, \boldsymbol{W}^{(2)}, \boldsymbol{b}^{(2)}) = \sum_{k=1}^{6} \left(y_k - f(\boldsymbol{x}_k) \right)^2 \qquad \text{(식 3.13)}$$

E 는 오차를 영어로 표기한 'Error'의 이니셜을 딴 표기야.

E 는 그렇다 치고, 왜 가중치와 편향을 함수로 나타내는 게 좋은 거야?

 예를 들어 이런 함수를 한 번 볼게.

$$g(x) = x^2 \qquad \text{(식 3.14)}$$

 단순한 이차함수?

 이건 x 의 함수니까 x 의 값이 바뀌면 $g(x)$ 의 값도 바뀌는 건 알고 있지?

 응. $x = 1$ 이면 $g(1) = 1$ 이고, $x = 2$ 면 $g(2) = 4$ 가 되지. $g(x)$ 는 x 의 값에 따라 바뀌어.

 그거와 같은 거야. 지금 우리가 주목하고 있는 건 가중치와 편향이지? 그것들이 바뀌면 신경망의 출력값이 바뀌고 게다가 오차의 합도 바뀌지.

 오차의 합을 나타내는 E 라는 함수의 값이 가중치와 편향에 의해 바뀐다는 건가?

 그렇지. 그런 식으로 머릿속에 인식하기 쉽도록 하기 위한 표기 방법이야.

 하지만 $E(\boldsymbol{W}^{(1)}, \boldsymbol{b}^{(1)}, \boldsymbol{W}^{(2)}, \boldsymbol{b}^{(2)})$ 는 너무 장황한 표기인 것 같아.

 그렇지. 확실히 좀 장황해서 파라미터를 전부 $\boldsymbol{\Theta}$ 라는 문자로 정리해버리는 편이 좋을 것 같아.

$$\boldsymbol{\Theta} = \{\boldsymbol{W}^{(1)}, \boldsymbol{b}^{(1)}, \boldsymbol{W}^{(2)}, \boldsymbol{b}^{(2)}\}$$
$$E(\boldsymbol{\Theta}) = \sum_{k=1}^{6} \left(y_k - f(\boldsymbol{x}_k)\right)^2 \qquad \text{(식 3.15)}$$

Θ라는 건 처음 봤어.

 θ의 대문자가 Θ야. 세타라고 읽어. 세타는 미지수를 나타낼 때 자주 사용하지.

 아, 가중치와 편향을 미지수로 생각하는 거구나.

 이걸로 $E(\mathbf{\Theta})$를 가장 작게 하기 위한 $\mathbf{\Theta}$(실제로는 $\mathbf{W}^{(1)}, \mathbf{b}^{(1)}, \mathbf{W}^{(2)}, \mathbf{b}^{(2)}$)를 찾는다고 할 수 있어.

 무턱대고 찾는 게 아니라 찾는 방향을 알게 된 거네.

 그리고 지금은 학습 데이터가 6개 있으니까 6번 더하게 되지만 일반적으로는 학습 데이터가 n개 있다고 가정해서 이렇게 쓰는 경우가 많아.

$$E(\mathbf{\Theta}) = \sum_{k=1}^{n} \left(y_k - f(\boldsymbol{x}_k) \right)^2$$

(식 3.16)

 시그마의 위에 붙이는 숫자가 6에서 n으로 바뀌었네. n개의 학습 데이터의 오차를 더한다는 거네.

 그리고 마지막으로 테크닉 하나 더. 오차의 합에 $\frac{1}{2}$을 곱해주자.

$$E(\mathbf{\Theta}) = \frac{1}{2} \sum_{k=1}^{n} \left(y_k - f(\boldsymbol{x}_k) \right)^2$$

(식 3.17)

 응? 갑자기 왜?

나중에 오차를 미분했을 때 결과 식을 간단하게 하기 위한 거야.

 오, 나중에 효과가 나타나는 주술과 같은 느낌이네. 하지만 마음대로 $\frac{1}{2}$을 곱해도 괜찮은 거야?

 양의 정수를 곱하면 오차 합의 값이 변할 뿐이지 오차 합이 가장 작아지는 Θ 값 자체는 변하지 않으니까 괜찮아.

 그렇구나.

 이런 식으로 어떤 함수를 가장 작게 하는 파라미터를 찾는 문제를 **최적화 문제**, 그리고 그 최적화 문제에서 가장 작은 값을 찾는 함수를 **목적 함수**라고 부르니까 기억해 둬. 이번에는 $E(\Theta)$가 목적 함수야.

 최적화 문제와 목적 함수, 알았어!

3.5 경사하강법

 목적 함수는 알겠는데 결국 가중치와 편향을 어떻게 조절하면 좋을지 모르겠어. 가중치와 편향을 조절하기 전과 후의 오차를 비교하면 정답에 가까워지고 있는지 정도는 알 수 있을 것 같지만.

 좋은 방법이 있으니까 같이 확인해보자.

 어떻게 하면 돼?

아까도 잠깐 말했지만 미분을 사용해서 해결해. 최적화 문제에서 가장 적절한 파라미터를 찾을 때는 지금부터 설명하는 방법을 자주 사용하니까 제대로 이해해둬.

 미분은 변화의 정도를 구하는 거였지?

 그렇지. 미분을 사용해서 어떤 식으로 최적화 문제를 푸는지 이해하기 위해 우선 간단한 문제를 풀어보자.

 어떤 문제?

 음, 어떤 게 좋을까. 아, 이런 문제가 좋을 것 같네.

$g(x) = (x - 1)^2$ 이라는 함수 g 에서 $g(x)$ 를 가장 작게 만드는 x 를 구하라.

 앗, 또 이차함수. 하지만 이건 $x = 1$ 일 때 $g(1) = 0$ 으로 가장 작아지게 되니까 금방 알 수 있어.

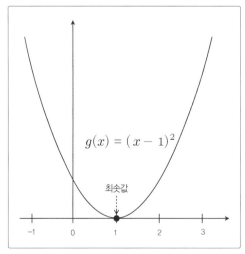

그림 3-2

이 문제를 최소화 문제를 푸는 것과 같은 방법을 사용해서 $x = 1$이라는 답을 구해보려는 거야.

 그렇구나.

 우선은 함수 g의 증감표를 만들어야 해. 증감표가 뭔지 알아?

 함수의 증가와 감소가 어떤 식으로 변동하는지 조사하는 거였나?

 맞아. x가 이 범위에 있을 때는 $g(x)$가 계속 늘고 x가 저 범위에 있을 때는 $g(x)$가 계속 준다는 것처럼 함수의 상태를 체크하기 위한 것이 증감표야.

 미분해서 그 부호를 보면 되는 거지?

 오, 잘 아네. 그럼 얼른 $g(x)$를 미분해주면 좋겠는데, 할 수 있겠어?

 미분은 요전에 복습했으니까.

$$\begin{aligned} \frac{dg(x)}{dx} &= \frac{d}{dx}(x-1)^2 \\ &= \frac{d}{dx}(x^2 - 2x + 1) \\ &= 2x - 2 \end{aligned}$$

(식 3.18)

 그걸로 됐어. 도함수 부호를 확인해서 증감표를 만들어볼래?

도함수라는 게 미분한 다음의 함수를 말하는 거지? $2x - 2$의 부호를 보면 되는 거니까 증감표는 이렇게 되나?

x의 범위	$\dfrac{dg(x)}{dx}$의 부호	$g(x)$의 증가
$x < 1$	−	↘
$x = 1$	0	
$x > 1$	+	↗

표 3-5

응. 이 증감표를 통해서 알 수 있는 건 $x < 1$일 때의 그래프가 우하향이고, 반대로 $x > 1$일 때의 그래프가 우상향이라는 거지.

[그림 3-2]의 그래프를 보면 그렇게 되어 있어.

그래프의 증감을 알 수 있다는 것은 x를 어떤 방향으로 움직이면 $g(x)$의 값이 가장 작아지는지 알 수 있다는 거지.

어떤 방향으로 움직이면?

음, 예를 들어 $x = 3$일 때를 살펴보자. $x = 3$일 때 $g(x) = 4$가 최솟값이 아니라는 건 [그림 3-2]를 보면 확실히 알 수 있는데 이걸 최솟값에 가까이 가게 하려면 x를 오른쪽과 왼쪽 중 어느 쪽으로 움직이면 될까?

아, 그렇구나. x를 왼쪽 방향으로 움직이면 최솟값에 가까워지네.

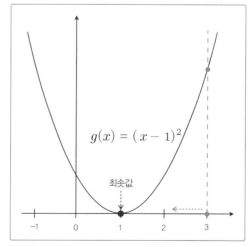

그림 3-3

그렇지. $x = 3$의 위치에서는 x를 줄이면 $g(x)$도 줄지.

 그러네. 그렇게 되네.

 그럼 이번에는 $x = -1$일 때는 어떨까? $g(x)$를 최솟값에 가까워지게 하려면 어느 쪽으로 움직여야 할까?

 이번에는 오른쪽 방향이지.

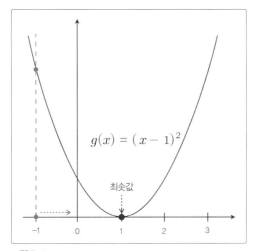

그림 3-4

 그렇지. $x = -1$의 위치에서는 x를 늘리면 $g(x)$가 줄지.

 그러네. 그래프의 형태를 알면 x를 늘릴지 줄일지 알 수 있는 거네.

 지금은 $x = 3$과 $x = -1$이라는 구체적인 수치로 생각하지만 조금 더 정리해보면 이렇게 이야기할 수 있어.

- $x < 1$일 때 x를 늘리면 $g(x)$가 작아진다.
- $x > 1$일 때 x를 줄이면 $g(x)$가 작아진다.

그거 아까의 증감표 [표 3-5]에 함께 정리해도 될 것 같아.

x의 범위	$\dfrac{dg(x)}{dx}$의 부호	$g(x)$의 증감	$g(x)$를 가장 작게 하려면?
$x < 1$	−	↘	x를 늘린다.
$x = 1$	0		이미 최솟값
$x > 1$	+	↗	x를 줄인다.

표 3-6

좋은데. 표를 보면 알 수 있겠지만 $g(x)$를 가장 작게 하기 위해 x를 움직이는 방향은 도함수의 부호에 연동되어 있어.

아, 도함수의 부호와 반대 방향으로 움직이면 된다는 거?

그렇지. 도함수의 부호가 마이너스일 때는 x를 늘리면 되고, 도함수의 부호가 플러스일 때는 x를 줄이면 돼. 그렇게 하면 자연스럽게 $g(x)$가 작아지지.

그렇구나.

도함수의 부호와 역방향으로 움직인다는 부분을 그대로 식으로 쓰면 이렇게 할 수 있어.

$$x := x - \frac{dg(x)}{dx}$$

(식 3.19)

좀 생소하겠지만 A := B라는 표기는 A를 B를 기준으로 정의한다는 의미야.

x를 도함수의 부호와 반대로 움직여서 다음의 새로운 x를 정의하는 느낌이네?

응. 그 조작을 몇 번이고 반복하면 $g(x)$가 점점 작아져서 마지막에는 최솟값으로 가게 돼.

$g(x)$의 미분은 $2x - 2$니까 [식 3.19]에 대입하면 이렇게 쓸 수 있다는 거네.

$$x := x - (2x - 2)$$

(식 3.20)

그렇지.

아까 $x = 3$에서 시작하는 예가 있었는데 [식 3.20]을 사용해서 반복해서 x를 갱신하면 $g(x)$를 가장 작게 할 수 있다는 거네.

$$
\begin{aligned}
x &:= 3 - (2 \cdot 3 - 2) &&= 3 - 4 &&= -1 &&\cdots\cdots\text{1회째 갱신} \\
x &:= -1 - (2 \cdot -1 - 2) &&= -1 + 4 &&= 3 &&\cdots\cdots\text{2회째 갱신} \\
x &:= 3 - (2 \cdot 3 - 2) &&= 3 - 4 &&= -1 &&\cdots\cdots\text{3회째 갱신} \\
x &:= -1 - (2 \cdot -1 - 2) &&= -1 + 4 &&= 3 &&\cdots\cdots\text{4회째 갱신}
\end{aligned}
$$

(식 3.21)

어라, 무한 반복하고 있는 느낌이네. 루프에 빠졌나? 뭐가 잘못된 거지?

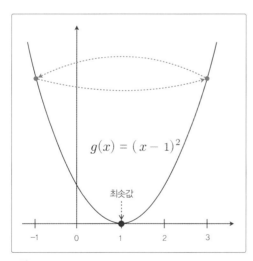

그림 3-5

[식 3.19]는 도함수의 부호와 역방향으로 움직인다는 동작만 식으로 만든 거니까 실제로는 그것만으로는 좀 부족해.

아, 그런 거야?

 지금 알고 있는 '어느 쪽 방향으로 움직일까'라는 정보 외에 '어느 정도 움직일까'라는 것도 생각할 필요가 있어.

 아무 생각 없이 하면 아까처럼 x를 너무 움직여버려서 제대로 되지 않는다는 거네?

 그렇지. 그 부분을 고려해서 [식 3.19]를 약간 수정한 것이 이거야.

$$x := x - \eta \frac{dg(x)}{dx}$$

(식 3.22)

 η가 붙었을 뿐이네. 이게 뭐야?

 에타라고 읽어. 이건 **학습률**이라고 부르는 양의 상수로, 이것으로 x를 움직이는 양을 제어하게 돼.

 아까 내 계산이 루프에 빠졌을 때는 $\eta = 1$로 학습하고 있었다는 건가?

 맞아. $\eta = 1$이면 x가 너무 크니까 이번에는 예를 들어 $\eta = 0.1$로 계산해보면 잘 될 거야.

 해볼게! 소수 계산은 좀 귀찮으니까 소수점 둘째자리 이하는 버려도 괜찮겠지?

$$
\begin{aligned}
x &:= 3 - 0.1 \cdot (2 \cdot 3 - 2) & &= 3 - 0.4 & &= 2.6 \quad \text{······ 1회째 갱신} \\
x &:= 2.6 - 0.1 \cdot (2 \cdot 2.6 - 2) & &= 2.6 - 0.3 & &= 2.3 \quad \text{······ 2회째 갱신} \\
x &:= 2.3 - 0.1 \cdot (2 \cdot 2.3 - 2) & &= 2.3 - 0.2 & &= 2.1 \quad \text{······ 3회째 갱신} \\
x &:= 2.1 - 0.1 \cdot (2 \cdot 2.1 - 2) & &= 2.1 - 0.2 & &= 1.9 \quad \text{······ 4회째 갱신}
\end{aligned}
$$

(식 3.23)

이번에는 점점 $x = 1$에 가까워지고 있어!

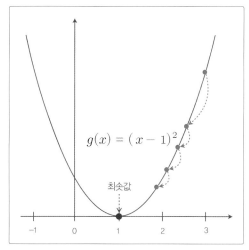

$$g(x) = (x - 1)^2$$

최솟값

-1　　0　　1　　2　　3

그림 3-6

η가 너무 크면 x가 왔다 갔다 하거나 최솟값에서 멀어져버릴 때도 있어. 이게 '발산' 하고 있는 상태야.

반대로 η가 너무 작으면 x의 이동량이 줄어서 최솟값에 가까이 가지만 그만큼 갱신 횟수가 늘게 돼. 이게 '수렴'하고 있는 상태야.

η를 작게 하지 않으면 아무리 옳은 방향으로 움직여도 최솟값에 다가갈 수 없는 거구나.

여기까지가 미분을 사용해서 최적화 문제를 푸는 방법이야. 경사하강법이라고 불리는 방법이지.

잘 만들어진 방법이네.

복적 함수 이야기로 다시 돌아갈게.

$$E(\boldsymbol{\Theta}) = \frac{1}{2} \sum_{k=1}^{n} \left(y_k - f(\boldsymbol{x}_k) \right)^2 \qquad \text{(식 3.24)}$$

이 목적 함수를 가장 작게 하는 Θ를 경사하강법으로 찾고 싶으면 어떻게 하면 좋을지 생각해보자.

음, 어떻게 하면 좋을까?

아까 본 예에서는 x를 갱신하면서 $g(x)$를 줄여 가면 되었지? 그걸 목적 함수에도 적용하면 돼.

이 경우라면 Θ를 갱신하면서 $E(\Theta)$를 줄이면 되니까 [식 3.22]를 따라 하면 이런 갱신식이 되는 건가?

$$\Theta := \Theta - \eta \frac{d}{d\Theta} E(\Theta)$$

(식 3.25)

그대로 치환하면 그렇게 되지. 하지만 조금 더 생각해보자. Θ가 뭐였는지 한 번 더 떠올려 봐.

Θ가 가중치 행렬과 편향을 정리한 것이었나?

$$\Theta = \{ \boldsymbol{W}^{(1)}, \boldsymbol{b}^{(1)}, \boldsymbol{W}^{(2)}, \boldsymbol{b}^{(2)} \}$$

(식 3.26)

그래. 그리고 그 가중치 행렬과 편향 벡터도 각각 요소를 가지고 있었지.

$$\boldsymbol{W}^{(1)} = \begin{bmatrix} w_{11}^{(1)} & w_{12}^{(1)} \\ w_{21}^{(1)} & w_{22}^{(1)} \end{bmatrix}, \quad \boldsymbol{W}^{(2)} = \begin{bmatrix} w_{11}^{(2)} & w_{12}^{(2)} \end{bmatrix}$$

$$\boldsymbol{b}^{(1)} = \begin{bmatrix} b_1^{(1)} \\ b_2^{(1)} \end{bmatrix}, \qquad\qquad \boldsymbol{b}^{(2)} = \begin{bmatrix} b_1^{(2)} \end{bmatrix}$$

(식 3.27)

아, 그랬지. $w_{ij}^{(l)}$과 $b_i^{(l)}$이 실제 가중치와 편향의 값이었어.

그러니까 지금 우리가 주목하고 있는 목적 함수 $E(\Theta)$에는 사실 변수가 9개 있어.

$g(x)$ 때는 갱신할 값이 x 하나뿐이었는데 이번에는 갱신할 값이 9개나 있다는 건가?

 그래. 변수가 2개 이상 있는 다변수 함수를 다루는 경우에도 경사하강법을 사용할 수 있지만 미분할 때는 갱신하고 싶은 변수에 집중해서 **편미분**을 하니까 조심해.

 그렇구나. 편미분을 하는구나.

 그걸 바탕으로 파라미터 갱신식은 이렇게 쓸 수 있어.

$$w_{ij}^{(l)} := w_{ij}^{(l)} - \eta \frac{\partial E(\boldsymbol{\Theta})}{\partial w_{ij}^{(l)}}$$

$$b_{i}^{(l)} := b_{i}^{(l)} - \eta \frac{\partial E(\boldsymbol{\Theta})}{\partial b_{i}^{(l)}}$$

(식 3.28)

 각각의 가중치와 편향을 갱신해가는 형태가 되는 거네.

 당연히 갱신식을 구하기 위해서는 $E(\boldsymbol{\Theta})$를 각 변수에서 편미분해야 해. 아무거나 적당한 가중치 하나를 골라볼래?

 응. 뭔가 좀 어렵지만 그럼 제1층의 가중치 $w_{11}^{(1)}$로 편미분 계산을 해볼게.

$$\frac{\partial E(\boldsymbol{\Theta})}{\partial w_{11}^{(1)}}$$

$$= \frac{\partial}{\partial w_{11}^{(1)}} \left(\frac{1}{2} \sum_{k=1}^{n} \left(y_k - f(\boldsymbol{x}_k) \right)^2 \right) \ \cdots\cdots \text{[식 3.24]를 대입}$$

(식 3.29)

$$= \frac{1}{2} \cdot \frac{\partial}{\partial w_{11}^{(1)}} \sum_{k=1}^{n} \left(y_k - f(\boldsymbol{x}_k) \right)^2 \ \cdots\cdots \text{정수를 미분 밖으로 꺼낸다.}$$

$$= \frac{1}{2} \cdot \frac{\partial}{\partial w_{11}^{(1)}} \sum_{k=1}^{n} \left(y_k - \boldsymbol{a}^{(2)} (\boldsymbol{W}^{(2)} \boldsymbol{a}^{(1)} (\boldsymbol{W}^{(1)} \boldsymbol{x} + \boldsymbol{b}^{(1)}) + \boldsymbol{b}^{(2)}) \right)^2$$

$\cdots\cdots$ [식 3.4]를 대입

그러니까, 어? 이거 어떻게 된 거지? $w_{11}^{(1)}$ 은 어디에 있는 거지? 잠깐만, 역시 어렵네.

 신경망은 층마다 비선형 활성화 함수를 통과시키고 있으니까 실제로는 크고 복잡한 합성 함수야.

 헉, 합성 함수...

 신경망의 식 $a^{(2)}(W^{(2)}a^{(1)}(W^{(1)}x + b^{(1)}) + b^{(2)})$ 의 활성화 함수에만 주목해 보면 $a^{(2)}(a^{(1)}(x))$ 처럼 함수가 겹쳐 있는 것처럼 보이지. 이런 식으로 함수가 겹 쳐진 것을 합성 함수라고 하는데 그걸 미분한다는 건 꽤 힘든 일이야.

 아무리 봐도 어떻게 미분하라는 건지 모르겠어.

 봐봐, $w_{11}^{(1)}$ 은 $W^{(1)}$ 안에 포함되어 있으니까 $a^{(1)}(W^{(1)}x + b^{(1)})$ 안에 나타나 겠지? 일반적으로 $a^{(1)}(W^{(1)}x + b^{(1)})$ 처럼 개별 함수의 미분은 어렵지 않지만 $a^{(2)}(a^{(1)}(W^{(1)}x + b^{(1)}))$ 처럼 합성 함수의 미분이 좀 어려워.

 응, 딱 봐도 힘들 것 같아. 하지만 지우는 풀 수 있는 거지?

 지금 살펴보고 있는 신경망은 2층까지만 있으니까 열심히 풀면 할 수 있겠지만 여 기서 층이 더 깊어져서 예를 들어 5층의 $a^{(5)}(a^{(4)}(a^{(3)}(a^{(2)}(a^{(1)}(x)))))$ 같은 신 경망을 생각해보면 엄청 어려울 것 같지 않아?

 아, 확실히 이건 힘들 것 같아. $w_{11}^{(1)}$ 은 첫 층의 가중치니까 함수가 겹쳐 있어서 미분 하는 게 실제로 매우 어렵다는 건가?

 적어도 나는 힘들다고 생각해.

 그럼 왜 나한테 미분하라고 한 거야.

하하. 윤서가 $w_{11}^{(1)}$을 미분하려고 할지 몰랐지. 하지만 이걸로 신경망의 미분이 꽤 어려울 것 같다는 걸 확실히 느꼈지?

 응. 지우도 어렵다고 느낄 정도니까 내가 하는 건 무리네.

 층이 깊은 신경망을 정공법으로 미분하려고 하면 엄청 어려워. 조금 고민하면 비교적 간단하게 계산할 수 있는 방법이 있으니까 같이 살펴보자.

3.6 작은 아이디어 델타

 뭐야, 더 간단한 방법이 있다고? 처음부터 그렇게 이야기했으면 좋았잖아.

 일에는 순서가 있으니까. 제대로 순서대로 이야기하면 머릿속에서 쉽게 정리되지. 아까는 조금 힘들다는 걸 느꼈고 이걸로 새로운 방법의 소중함을 느낄 수 있잖아.

 그건 그래. 처음부터 프레임워크의 편한 기능을 사용하는 것보다 조금 고생하더라도 처음부터 전부 구현해보는 게 더 깊이 이해할 수 있으니까.

 역시 윤서는 프로그래머 맞긴 하구나.

 아, 미안. 비유가 좀 이상했나?

 아냐, 알아들었어. 그거랑 똑같은 거지.

 그렇지? 그래서 어떻게 하는 거야?

아까 $w_{11}^{(1)}$처럼 입력층에 가까운 부분의 가중치를 미분하는 게 어렵다고 이야기했는데, 그걸 반대로 생각하면 출력층에 가까운 부분의 가중치는 비교적 간단하게 미분할 수 있다는 말이 돼. 우선은 거기부터 손을 대보자.

 그래. 하지만 그렇게 단순한 거야?

 층이 늘어도 간단하게 계산할 수 있다는 이점을 잘 이해할 수 있도록 지금 보고 있던 신경망을 한 층 늘린 예를 살펴볼게.

 총 3층이 있는 신경망이라는 거야?

 응. 그러니까 가중치 행렬과 편향도 3개 정의할 수 있어.

$$\boldsymbol{W}^{(1)} = \begin{bmatrix} w_{11}^{(1)} & w_{12}^{(1)} \\ w_{21}^{(1)} & w_{22}^{(1)} \end{bmatrix}, \ \boldsymbol{W}^{(2)} = \begin{bmatrix} w_{11}^{(2)} & w_{12}^{(2)} \\ w_{21}^{(2)} & w_{22}^{(2)} \end{bmatrix}, \ \boldsymbol{W}^{(3)} = \begin{bmatrix} w_{11}^{(3)} & w_{12}^{(3)} \end{bmatrix}$$

$$\boldsymbol{b}^{(1)} = \begin{bmatrix} b_1^{(1)} \\ b_2^{(1)} \end{bmatrix}, \qquad \boldsymbol{b}^{(2)} = \begin{bmatrix} b_1^{(2)} \\ b_2^{(2)} \end{bmatrix}, \qquad \boldsymbol{b}^{(3)} = \begin{bmatrix} b_1^{(3)} \end{bmatrix}$$

(식 3.30)

 이런 신경망이야.

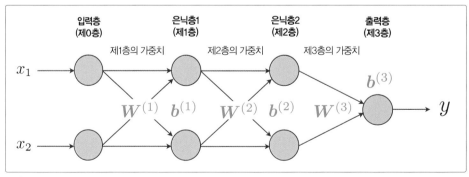

그림 3-7

이 신경망의 경우 출력층에 가장 가까운 가중치는 제3층의 가중치 $\boldsymbol{W}^{(3)}$이지?

응. 그러니까 요약하면 $w_{ij}^{(3)}$라는 가중치에서 편미분하는 건 간단하게 계산할 수 있다는 거지?

그렇지. 하지만 갑자기 $w_{ij}^{(3)}$보다는 $w_{11}^{(3)}$이라는 구체적인 가중치로 편미분해보는 게 좋을 것 같아.

$$\frac{\partial E(\boldsymbol{\Theta})}{\partial w_{11}^{(3)}}$$

(식 3.31)

그림에서는 이 부분의 가중치네.

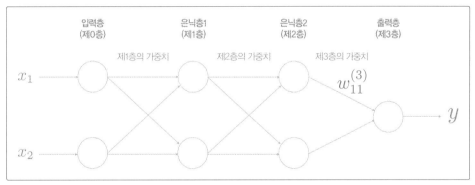

그림 3-8

맞아. 그리고 앞으로는 조금 더 간단하게 생각해볼 수 있도록 오차의 합계 $E(\boldsymbol{\Theta})$가 아니라 합계를 구하기 전의 각각의 오차인 $E_k(\boldsymbol{\Theta})$를 사용할 거야.

$$E(\boldsymbol{\Theta}) = \frac{1}{2} \sum_{k=1}^{n} \left(y_k - f(\boldsymbol{x}_k) \right)^2$$

(식 3.32)

$$E_k(\boldsymbol{\Theta}) = \frac{1}{2} \left(y_k - f(\boldsymbol{x}_k) \right)^2$$

그러니까 개별 오차 $E_k(\Theta)$를 $w_{11}^{(3)}$로 편미분하는 거지.

$$\frac{\partial E_k(\Theta)}{\partial w_{11}^{(3)}}$$

(식 3.33)

 아, 그런 거야? 오차의 합계가 아니라도 괜찮은 거구나. 그럼 처음부터 오차의 합계를 구하지 않아도 되는 거였네.

 그게 아니라 순서의 문제야. 먼저 오차의 합을 구해서 오차 전체를 편미분하는 것과 먼저 각각의 오차를 편미분해서 마지막에 합을 구하는 건 결국 같다는 거야.

$$\frac{\partial}{\partial w_{11}^{(3)}}\left(\sum_{k=1}^{n} E_k(\Theta)\right) = \sum_{k=1}^{n}\left(\frac{\partial E_k(\Theta)}{\partial w_{11}^{(3)}}\right)$$

(식 3.34)

 그렇구나, 총합과 미분은 순서를 바꿀 수 있다는 거네.

 응. 편미분 계산을 할 때 시그마 기호가 없어지니까 식이 간단해져서 이해하기 쉬울 거야.

 간단해지는 건 환영이야.

 그럼 지금부터 편미분 계산을 해보자.

 하지만 $E_k(\Theta)$를 $w_{11}^{(3)}$로 미분한다고 해도 [식 3.32]의 $E_k(\Theta)$ 안에 $w_{11}^{(3)}$이 나와 있는 건 아니잖아. 이걸 어떻게 편미분하는 거야?

 직접 편미분하는 건 어려우니까 편미분을 분할하는 전략을 사용할 거야.

편미분을 분할한다고?

하나씩 확인해보자. 우선 $w_{11}^{(3)}$이 목적 함수 $E_k(\boldsymbol{\Theta})$의 어디에 나타나는지 찾아 볼게.

그래. 여하튼 $w_{11}^{(3)}$을 찾지 못하면 미분할 수 없지.

k번째 데이터 $\boldsymbol{x}_k$를 살펴볼 때 신경망은 이런 식으로 층에서 층으로 값을 전달하면서 출력값을 계산하는 거 기억하지?

$$
\begin{aligned}
\boldsymbol{x}^{(0)} &= \boldsymbol{x}_k \quad \text{······ 입력층} \\
\boldsymbol{x}^{(1)} &= \boldsymbol{a}^{(1)}(\boldsymbol{W}^{(1)}\boldsymbol{x}^{(0)} + \boldsymbol{b}^{(1)}) \quad \text{······ 제1층} \\
\boldsymbol{x}^{(2)} &= \boldsymbol{a}^{(2)}(\boldsymbol{W}^{(2)}\boldsymbol{x}^{(1)} + \boldsymbol{b}^{(2)}) \quad \text{······ 제2층} \\
\boldsymbol{x}^{(3)} &= \boldsymbol{a}^{(3)}(\boldsymbol{W}^{(3)}\boldsymbol{x}^{(2)} + \boldsymbol{b}^{(3)}) \quad \text{······ 제3층} \\
f(\boldsymbol{x}_k) &= \boldsymbol{x}^{(3)} \quad \text{······ 출력층}
\end{aligned}
$$

(식 3.35)

그럼. 기억하고 있지

이걸 반대로 출력값 쪽에서부터 생각해보자. 잘 보고 있어.

$$
\begin{aligned}
f(\boldsymbol{x}_k) &= \boldsymbol{x}^{(3)} \quad \text{······ 출력값} \\
&= \boldsymbol{a}^{(3)}(\boldsymbol{W}^{(3)}\boldsymbol{x}^{(2)} + \boldsymbol{b}^{(3)}) \quad \text{······ 제3층} \\
&= \boldsymbol{a}^{(3)}\left(\begin{bmatrix} w_{11}^{(3)} & w_{12}^{(3)} \end{bmatrix} \begin{bmatrix} x_1^{(2)} \\ x_2^{(2)} \end{bmatrix} + \begin{bmatrix} b_1^{(3)} \end{bmatrix} \right) \quad \text{······ [식 3.30]을 대입} \\
&= a^{(3)}(w_{11}^{(3)}x_1^{(2)} + w_{12}^{(3)}x_2^{(2)} + b_1^{(3)}) \quad \text{······ 가중치와 편향 전개}
\end{aligned}
$$

(식 3.36)

[식 3.36]의 가장 마지막 행을 봐. $w_{11}^{(3)}$이 있지?

활성화 함수 $a^{(3)}$의 괄호 안에 나와 있네.

 우선 그 활성화 함수의 괄호 안 부분을 $z_1^{(3)}$로 둘게.

$$z_1^{(3)} = w_{11}^{(3)} x_1^{(2)} + w_{12}^{(3)} x_2^{(2)} + b_1^{(3)}$$ (식 3.37)

 어라, 갑자기 $z_1^{(3)}$은 뭐야?

 편미분을 분할하기 위한 준비. $z_1^{(3)}$은 활성화 함수를 통과하기 전의 제3층 첫 번째 유닛에 들어가는 입력이라고 생각하면 돼. **가중치 입력**이나 **가중치가 부여된 입력**이라고 불러도 괜찮을 것 같아.

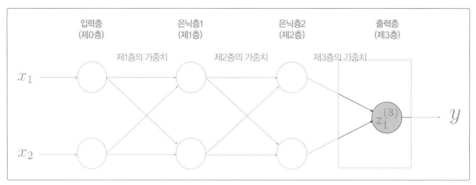

그림 3-9

 $z_1^{(3)}$을 사용하면 [식 3.32]의 오차 $E_k(\boldsymbol{\Theta})$를 이런 식으로 고쳐 쓸 수 있는 거 알아?

$$\begin{aligned} E_k(\boldsymbol{\Theta}) &= \frac{1}{2}(y_k - f(\boldsymbol{x}_k))^2 \\ &= \frac{1}{2}\left(y_k - a^{(3)}(z_1^{(3)})\right)^2 \end{aligned}$$ (식 3.38)

 응. [식 3.36]과 [식 3.37]을 조합하면 $f(\boldsymbol{x}_k) = a^{(3)}(z_1^{(3)})$이라고 할 수 있으니까 치환했다는 거지?

그렇지. 지금 우리가 $E_k(\Theta)$를 $w_{11}^{(3)}$로 편미분하고 싶은 건데 여기서 [식 3.37]과 [식 3.38]을 보면 이렇다는 것을 알 수 있지?

- $w_{11}^{(3)}$이 $z_1^{(3)}$안에 포함되어 있다.
- $z_1^{(3)}$이 $E_k(\Theta)$ 안에 포함되어 있다.

이런 식으로 어떤 것이 어떤 것의 안에 포함되어 있다는 것을 알고 있으면 이렇게 미분을 분할할 수 있어.

$$\frac{\partial E_k(\Theta)}{\partial w_{11}^{(3)}} = \frac{\partial E_k(\Theta)}{\partial z_1^{(3)}} \cdot \frac{\partial z_1^{(3)}}{\partial w_{11}^{(3)}}$$

(식 3.39)

$E_k(\Theta)$를 $z_1^{(3)}$로 편미분한 것과 $z_1^{(3)}$을 $w_{11}^{(3)}$로 편미분한 것을 각각 계산해서 곱한다고?

맞아. $E_k(\Theta)$를 $w_{11}^{(3)}$로 직접 편미분하기보다는 이렇게 분할한 뒤 편미분을 하나씩 계산하는 게 편해서 분할했어.

그렇구나. 그럼 먼저 $z_1^{(3)}$을 $w_{11}^{(3)}$로 편미분해볼게.

$$\begin{aligned}\frac{\partial z_1^{(3)}}{\partial w_{11}^{(3)}} &= \frac{\partial}{\partial w_{11}^{(3)}}\left(w_{11}^{(3)}x_1^{(2)} + w_{12}^{(3)}x_2^{(2)} + b_1^{(3)}\right) \\ &= x_1^{(2)}\end{aligned}$$

(식 3.40)

굉장히 단순한 형태가 됐네. 이거 맞는 거야?

응, 맞아.

다음은 $E_k(\Theta)$를 $z_1^{(3)}$로 편미분하면 되지?

응. 그렇지만 그 부분은 계산하지 말고 여기서는 문자를 사용해서 치환해두자.

$$\delta_1^{(3)} = \frac{\partial E_k(\boldsymbol{\Theta})}{\partial z_1^{(3)}}$$

(식 3.41)

어휴, 또 새로운 문자가 나왔네.

델타라는 문자야. $\delta_1^{(3)}$ 자체가 어떤 건지 말로 표현하는 건 어렵지만 제3층의 첫 번째 유닛의 출력값과의 작은 오차 정도로 생각하면 돼.

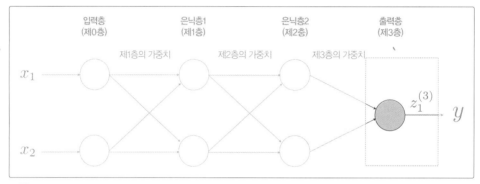

그림 3-10

δ는 매우 작은 변화량을 나타낼 때 사용하는 경우가 많은 문자야. 여기서도 그런 의미로 사용하고 있어.

음. 뭔지 잘 모르겠지만 가중치가 부여된 입력의 편미분에 $\delta_1^{(3)}$이라는 이름을 붙였다고 생각해도 되나?

그래. 그렇게 생각해도 돼. 그러니까 분할한 뒤 편미분한 결과인 [식 3.40]과 [식 3.41]을 사용하면 결국 $E_k(\boldsymbol{\Theta})$를 $w_{11}^{(3)}$로 편미분하는 식은 이렇게 나타낼 수 있어.

$$\frac{\partial E_k(\boldsymbol{\Theta})}{\partial w_{11}^{(3)}} = \delta_1^{(3)} \cdot x_1^{(2)}$$

(식 3.42)

오, 식이 간단해졌네.

 그리고 지금은 $w_{11}^{(3)}$에 대해 살펴보고 있지만 $w_{12}^{(3)}$에도 같은 방식을 사용할 수 있어.

 $w_{12}^{(3)}$는 신경망의 이 부분의 가중치지? 첨자가 바뀌는 것뿐이고 같은 방식을 사용한 다는 거구나.

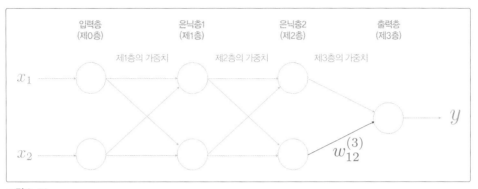

그림 3-11

 그렇게 하면 제3층의 가중치 $w_{11}^{(3)}$, $w_{12}^{(3)}$로 편미분하는 건 이렇게 나타낼 수 있어.

$$\frac{\partial E_k(\boldsymbol{\Theta})}{\partial w_{11}^{(3)}} = \delta_1^{(3)} \cdot x_1^{(2)}$$

$$\frac{\partial E_k(\boldsymbol{\Theta})}{\partial w_{12}^{(3)}} = \delta_1^{(3)} \cdot x_2^{(2)}$$

(식 3.43)

 뭔가 규칙성이 있는 것처럼 보이네.

 맞아. 같은 방식으로 $w_{ij}^{(l)}$가 $E_k(\boldsymbol{\Theta})$의 어디에 나타나는지 찾아서 미분을 분할하는 전략을 취하면 사실 $w_{ij}^{(l)}$로 편미분하는 건 이런 식으로 일반화할 수 있어.

$$\frac{\partial E_k(\boldsymbol{\Theta})}{\partial w_{ij}^{(l)}} = \delta_i^{(l)} \cdot x_j^{(l-1)} \quad \left(\delta_i^{(l)} = \frac{\partial E_k(\boldsymbol{\Theta})}{\partial z_i^{(l)}} \right)$$

(식 3.44)

$\delta_i^{(l)}$와 $x_j^{(l-1)}$만 있는 단순한 식이 되었네.

 $x_j^{(l-1)}$는 순전파를 공부할 때 계산했던 값이니까 이미 알고 있지? 그러니까 $\delta_i^{(l)}$만 계산할 수 있으면 편미분 결과도 알 수 있어.

 가중치 자체로 편미분하는 것보다 가중치가 부여된 입력으로 편미분한 델타를 계산하는 쪽이 더 간단한 거야?

 그래. 이 델타를 구하기 위한 계산법이 신경망 학습의 핵심이야.

 그럼 지금부터는 델타를 어떻게 구하는지 알아봐야겠네.

 그래야지. $z_i^{(l)}$나 $\delta_i^{(l)}$라는 문자는 입력층 이외의 각 유닛에 링크되는 값이야.

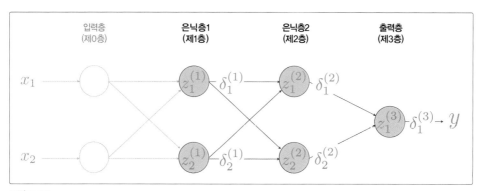

그림 3-12

 이 값들을 잘 사용하면 각 가중치로 편미분을 간단하게 계산할 수 있어.

 그런데 잘 사용한다는 게 무슨 뜻이야? 전혀 상상이 안 돼.

지금부터 델타 계산 방법을 같이 살펴보자.

 응. 근데 잠깐만, 뭔가 이야기의 흐름에서 점점 멀어져버리는 것 같아서 머릿속을 좀 정리해야 할 것 같아.

 그러네. 본질을 놓치지 않기 위해서도 본래의 목적과 지금부터 걸어가는 길을 여기서 다시 한 번 확인해두는 편이 좋을 것 같아.

 응. 시작은 신경망의 학습 방법 이야기였지.

 지금까지의 흐름을 정리하면 이렇게 표현할 수 있어.

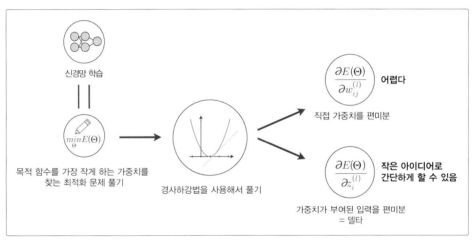

그림 3-13

 우와, 이런 식으로 정리하니까 훨씬 쉽게 이해돼!

 최적화 문제를 경사하강법으로 풀기 위해 가중치로 편미분할 필요가 있는데 [식 3.44]에서 가중치 $w_{ij}^{(l)}$로 직접 편미분해서 계산하는 것보다도 가중치가 부여된 입력 $z_i^{(l)}$로 편미분하는 편이 간단하다는 거지.

$z_i^{(l)}$로 편미분을 구하면 간접적으로 $w_{ij}^{(l)}$의 편미분을 구할 수 있다는 거네?

 맞아!

 이제는 다음 이야기를 진행해도 될 것 같아. 어떻게 델타를 구하는지 살펴볼 거지?

 맞아. 콘셉트는 '델타 재활용'.

3.7 델타 계산

3.7.1 출력층의 델타

 델타 계산은 크게 '출력층'과 '은닉층' 두 종류로 나눌 수 있어. 우선은 출력층의 델타부터 살펴보자.

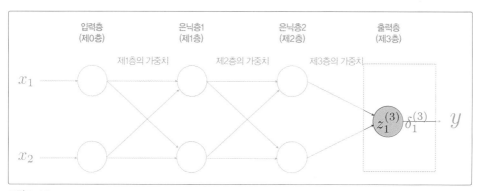

그림 3-14

$$\delta_1^{(3)} = \frac{\partial E_k(\mathbf{\Theta})}{\partial z_1^{(3)}}$$

(식 3.45)

이건 어떻게 풀면 돼?

[식 3.38]을 떠올려 봐. $E_k(\mathbf{\Theta})$ 식을 v라는 문자를 사용해서 이런 식으로 표현해 볼게.

$$v = y_k - a^{(3)}(z_1^{(3)})$$
$$E_k(\mathbf{\Theta}) = \frac{1}{2}v^2$$

(식 3.46)

[식 3.46]을 보면 다음과 같다는 걸 알 수 있지.

- $z_1^{(3)}$이 v에 포함되어 있다.
- v가 $E_k(\mathbf{\Theta})$에 포함되어 있다.

그러므로 이런 식으로 분할할 수 있어.

$$\frac{\partial E_k(\mathbf{\Theta})}{\partial z_1^{(3)}} = \frac{\partial E_k(\mathbf{\Theta})}{\partial v} \cdot \frac{\partial v}{\partial z_1^{(3)}}$$

(식 3.47)

그리고 분할 후 각각 편미분을 계산하면 되는 거네?

다음은 $E_k(\mathbf{\Theta})$를 v로 미분하는 부분이야.

$$\frac{\partial E_k(\mathbf{\Theta})}{\partial v} = \frac{\partial}{\partial v}\left(\frac{1}{2}v^2\right) \quad \cdots\cdots \text{[식 3.46]을 대입}$$
$$= v$$

(식 3.48)

엄청 간단해졌다.

$\frac{1}{2}$이 약분되어서 결과적으로 v만 남았지? 이게 [식 3.17]에서 $\frac{1}{2}$을 곱했던 이유야.

여기로 이어지는 거구나.

다음은 v를 $z_1^{(3)}$로 미분하는 부분이야.

$$\frac{\partial v}{\partial z_1^{(3)}} = \frac{\partial}{\partial z_1^{(3)}} \left(y_k - a^{(3)}(z_1^{(3)}) \right) \quad \cdots\cdots [\text{식 3.46}]\text{을 대입}$$

$$= -a'^{(3)}(z_1^{(3)}) \qquad\qquad\qquad (\text{식 3.49})$$

$a'^{(3)}(z_1^{(3)})$은 뭐야?

미분의 또 다른 표기 방법이야. $g(x)$를 x로 미분할 때는 $\frac{dg(x)}{dx}$라고 쓰지만 $g'(x)$라고 써도 같은 뜻이야.

아, 생각났다. 미분은 표기 방법이 2개 있었지? 이쪽은 프라임이라고 했었나?

그렇지. 그러니까 $\frac{\partial a^{(3)}(z_1^{(3)})}{\partial z_1^{(3)}}$과 $a'^{(3)}(z_1^{(3)})$은 같은 거야. 이번에는 표기를 간단하게 하고 싶어서 이 표기 방법을 사용했어.

그런 거였구나.

그래서 [식 3.45]에서 [식 3.49]까지 정리하면 결국 $\delta_1^{(3)}$은 이렇게 돼.

$$\begin{aligned} \delta_1^{(3)} &= \frac{\partial E_k(\boldsymbol{\Theta})}{\partial z_1^{(3)}} \\ &= \frac{\partial E_k(\boldsymbol{\Theta})}{\partial v} \cdot \frac{\partial v}{\partial z_1^{(3)}} \\ &= v \cdot -a'^{(3)}(z_1^{(3)}) \\ &= \left(y_k - a^{(3)}(z_1^{(3)}) \right) \cdot -a'^{(3)}(z_1^{(3)}) \\ &= \left(a^{(3)}(z_1^{(3)}) - y_k \right) \cdot a'^{(3)}(z_1^{(3)}) \end{aligned}$$

(식 3.50)

그럼 이번에는 $a'^{(3)}(z_1^{(3)})$을 계산해야 되네?

 응. 하지만 $a'^{(3)}(z_1^{(3)})$은 합성 함수의 미분이 아냐. 처음에 말했던 것처럼 개별 함수라면 계산이 그렇게 어렵지 않아.

 아, 그러고 보니 그런 말을 했었네.

 예를 들어 $a^{(3)}$이 시그모이드 함수라면 미분은 이렇게 된다는 걸 이미 알고 있지.

$$a'^{(3)}(z_1^{(3)}) = (1 - a^{(3)}(z_1^{(3)})) \cdot a^{(3)}(z_1^{(3)})$$ (식 3.51)

 게다가 활성화 함수로 사용되는 함수는 정말 아무거나 괜찮다는 게 아니라 어느 정도 정해진 것이 있어. 어떤 활성화 함수든 미분 결과를 미리 알고 있다는 전제가 있어야 해.

 그렇구나, 나도 조금 생각해봤는데 활성화 함수의 형태에 따라서 미분한 다음의 형태가 바뀌게 되니까 여기서 구체적인 함수 형태는 언급하지 않는 게 좋을 것 같아.

 그 말 그대로야. 그래서 여기서는 $a'^{(3)}(z_1^{(3)})$은 그대로 두고 다음을 진행해보자.

3.7.2 은닉층의 델타

은닉층의 델타를 살펴보자.

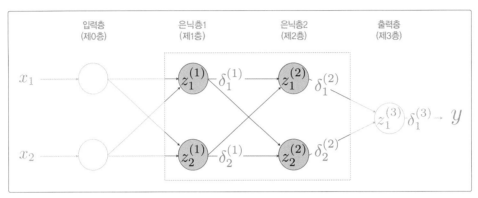

그림 3-15

지금 살펴보고 있는 신경망에서는 이 4개의 델타를 계산해야 되지?

$$\delta_1^{(2)} = \frac{\partial E_k(\boldsymbol{\Theta})}{\partial z_1^{(2)}}, \quad \delta_2^{(2)} = \frac{\partial E_k(\boldsymbol{\Theta})}{\partial z_2^{(2)}} \quad \cdots\cdots \text{제2층의 델타}$$

$$\delta_1^{(1)} = \frac{\partial E_k(\boldsymbol{\Theta})}{\partial z_1^{(1)}}, \quad \delta_2^{(1)} = \frac{\partial E_k(\boldsymbol{\Theta})}{\partial z_2^{(1)}} \quad \cdots\cdots \text{제1층의 델타}$$

(식 3.52)

이 델타를 구하는 방법은 유닛에서 나오고 있는 화살표를 보고 편미분을 분할하는 걸 생각해보는 거야.

화살표를 보고 편미분을 분할한다고?

우선은 제2층의 첫 번째 델타 $\delta_1^{(2)}$을 예로 들어 설명할게. 여기서는 $z_1^{(2)} \rightarrow z_1^{(3)}$이라고 화살표가 나와 있지?

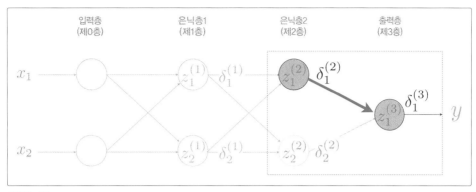

그림 3-16

 이건 바꾸어 말하면 이런 식으로 표현할 수 있어. 그러면 미분을 분할할 수 있을 것 같지 않아?

- $z_1^{(2)}$가 $z_1^{(3)}$ 안에 포함되어 있다.
- $z_1^{(3)}$이 $E_k(\mathbf{\Theta})$ 안에 포함되어 있다.

 그렇구나. 이 흐름은 지금까지 미분을 분할할 때 나왔던 거네.

$$\frac{\partial E_k(\mathbf{\Theta})}{\partial z_1^{(2)}} = \frac{\partial E_k(\mathbf{\Theta})}{\partial z_1^{(3)}} \cdot \frac{\partial z_1^{(3)}}{\partial z_1^{(2)}}$$

(식 3.53)

 맞아, 그런 식으로 분할할 수 있어. 그럼 제2층의 2번째 델타 $\delta_2^{(2)}$도 같은 방식으로 분할할 수 있겠지?

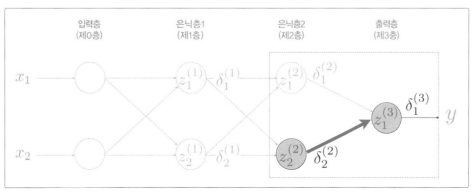

그림 3-17

이런 식으로 분할할 수 있다는 거지? [식 3.53]의 $z_1^{(2)}$이 $z_2^{(2)}$로 바뀌었지만.

$$\frac{\partial E_k(\boldsymbol{\Theta})}{\partial z_2^{(2)}} = \frac{\partial E_k(\boldsymbol{\Theta})}{\partial z_1^{(3)}} \cdot \frac{\partial z_1^{(3)}}{\partial z_2^{(2)}}$$

(식 3.54)

 좋은데.

 그럼 다음에도 지금처럼 분할한 후에 편미분을 1개씩 계산해나가면 되는 거지?

 그래. 하지만 그전에 제1층의 델타도 화살표를 따라가 보자.

 응? 그쪽 먼저?

 제1층의 첫 번째 델타 $\delta_1^{(1)}$의 경우 $z_1^{(1)} \rightarrow z_1^{(2)}$과 $z_1^{(1)} \rightarrow z_2^{(2)}$라는 2개의 화살표가 있지?

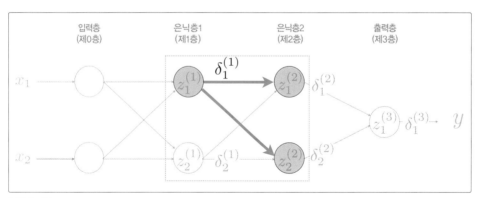

그림 3-18

 응. 제1층의 경우 화살표가 2개 있어.

 이걸 아까처럼 바꿔서 말해보자.

- $z_1^{(1)}$이 $z_1^{(2)}$과 $z_2^{(2)}$ 안에 포함되어 있다.
- $z_1^{(2)}$과 $z_2^{(2)}$가 $E_k(\boldsymbol{\Theta})$ 안에 포함되어 있다.

응? $z_1^{(2)}$과 $z_2^{(2)}$는 화살표를 따라가 보면 $z_1^{(3)}$ 안에 포함된다고 할 수 있는 거 아냐?

그래. 그렇지만 $z_1^{(3)}$이 $E_k(\boldsymbol{\Theta})$에 포함되어 있는 거니까 결국은 $z_1^{(2)}$과 $z_2^{(2)}$도 $E_k(\boldsymbol{\Theta})$ 안에 포함되어 있다고 할 수 있어.

아, 그런가

이런 모양으로 만들면 아까처럼 미분을 분할할 수 있어.

하지만 [그림 3-18]처럼 포함되어 있는 곳이 복수인 경우에는 어떻게 되는 거야? 아까는 화살표가 1개만 있었잖아.

화살표가 복수인 경우에는 각 화살표를 바탕으로 미분을 분할하고 마지막으로 분할한 것을 더해주면 돼.

이렇게 화살표마다 분할해서 각각 더한다는 뜻인가?

$$\frac{\partial E_k(\boldsymbol{\Theta})}{\partial z_1^{(1)}} = \frac{\partial E_k(\boldsymbol{\Theta})}{\partial z_1^{(2)}} \cdot \frac{\partial z_1^{(2)}}{\partial z_1^{(1)}} + \frac{\partial E_k(\boldsymbol{\Theta})}{\partial z_2^{(2)}} \cdot \frac{\partial z_2^{(2)}}{\partial z_1^{(1)}}$$

(식 3.55)

맞아! 그렇게 하는 거야. 시그마를 사용해서 정리하면 이렇게 돼.

$$\frac{\partial E_k(\boldsymbol{\Theta})}{\partial z_1^{(1)}} = \sum_{r=1}^{2} \left(\frac{\partial E_k(\boldsymbol{\Theta})}{\partial z_r^{(2)}} \cdot \frac{\partial z_r^{(2)}}{\partial z_1^{(1)}} \right)$$

(식 3.56)

시그마 위쪽의 숫자는 화살표 수인가?

응. 하지만 전결합 신경망은 유닛들이 모두 이어져 있으니까 실제로 다음 층에 포함되어 있는 유닛 수라고 할 수 있어.

그렇구나. 구하고 싶은 델타의 다음 층의 유닛 수구나.

 여기까지 왔으니까 제1층 2번째의 델타 $\delta_2^{(1)}$도 같은 방식으로 생각해볼 수 있겠지?

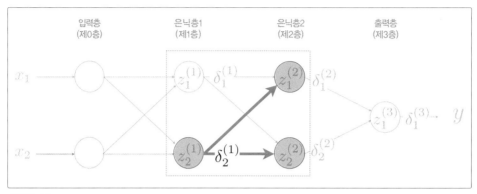

그림 3-19

 [식 3.56]의 $z_1^{(1)}$이 $z_2^{(1)}$로 바뀌었을 뿐이라는 거네.

$$\frac{\partial E_k(\boldsymbol{\Theta})}{\partial z_2^{(1)}} = \sum_{r=1}^{2} \left(\frac{\partial E_k(\boldsymbol{\Theta})}{\partial z_r^{(2)}} \cdot \frac{\partial z_r^{(2)}}{\partial z_2^{(1)}} \right)$$

(식 3.57)

 그렇지. 이걸로 각 층, 각 유닛의 델타가 모두 나왔어. 알기 쉽게 화살표가 1개만 있는 경우도 시그마를 사용해서 표현해봤어.

$$\frac{\partial E_k(\boldsymbol{\Theta})}{\partial z_1^{(2)}} = \sum_{r=1}^{1} \left(\frac{\partial E_k(\boldsymbol{\Theta})}{\partial z_r^{(3)}} \cdot \frac{\partial z_r^{(3)}}{\partial z_1^{(2)}} \right) \quad \cdots\cdots \text{제2층의 1번째 델타}$$

$$\frac{\partial E_k(\boldsymbol{\Theta})}{\partial z_2^{(2)}} = \sum_{r=1}^{1} \left(\frac{\partial E_k(\boldsymbol{\Theta})}{\partial z_r^{(3)}} \cdot \frac{\partial z_r^{(3)}}{\partial z_2^{(2)}} \right) \quad \cdots\cdots \text{제2층의 2번째 델타}$$

$$\frac{\partial E_k(\boldsymbol{\Theta})}{\partial z_1^{(1)}} = \sum_{r=1}^{2} \left(\frac{\partial E_k(\boldsymbol{\Theta})}{\partial z_r^{(2)}} \cdot \frac{\partial z_r^{(2)}}{\partial z_1^{(1)}} \right) \quad \cdots\cdots \text{제1층의 1번째 델타}$$

$$\frac{\partial E_k(\boldsymbol{\Theta})}{\partial z_2^{(1)}} = \sum_{r=1}^{2} \left(\frac{\partial E_k(\boldsymbol{\Theta})}{\partial z_r^{(2)}} \cdot \frac{\partial z_r^{(2)}}{\partial z_2^{(1)}} \right) \quad \cdots\cdots \text{제1층의 2번째 델타}$$

(식 3.58)

이것도 규칙성이 있을 것 같은 식인데.

 그래. 사실 규칙성이 있어서 문자를 사용해서 정리할 수 있으니까 일부러 전부 같은 형식으로 모아본 거야.

 그렇구나. 잠깐만, 음... 여기서 변수인 건 유닛 번호, 층, 다음 층의 유닛 수 이렇게 3개니까 각각 $i, l, m^{(l+1)}$이라고 두는 건 어때?

$$\frac{\partial E_k(\boldsymbol{\Theta})}{\partial z_i^{(l)}} = \sum_{r=1}^{m^{(l+1)}} \left(\frac{\partial E_k(\boldsymbol{\Theta})}{\partial z_r^{(l+1)}} \cdot \frac{\partial z_r^{(l+1)}}{\partial z_i^{(l)}} \right)$$ (식 3.59)

 맞아! 그걸로 충분해. 여기까지 왔으니까 거의 마지막이네. 분할 후의 편미분을 각각 계산하기만 하면 돼. 우선 오른쪽부터 살펴보자.

$$\frac{\partial z_r^{(l+1)}}{\partial z_i^{(l)}}$$ (식 3.60)

 원래 z가 뭐였는지 기억하고 있어?

 활성화 함수를 통과하기 전에 가중치가 부여된 입력이었지?

 맞아. [식 3.37]을 떠올려볼래? 그걸 바탕으로 생각하면 $z_r^{(l+1)}$은 이런 형태를 하고 있는 거지.

$$z_r^{(l+1)}$$
$$= w_{r1}^{(l+1)} x_1^{(l)} + \cdots + w_{ri}^{(l+1)} x_i^{(l)} + \cdots$$ (식 3.61)
$$= w_{r1}^{(l+1)} a^{(l)}(z_1^{(l)}) + \cdots + w_{ri}^{(l+1)} a^{(l)}(z_i^{(l)}) + \cdots$$

이 $z_r^{(l+1)}$을 $z_i^{(l)}$로 편미분하는 거니까 $z_i^{(l)}$가 포함되어 있지 않은 항은 미분 과정에서 사라져버리게 돼.

그렇다면 $z_i^{(l)}$가 포함되어 있는 항만 미분해주면 된다는 건가?

$$\frac{\partial z_r^{(l+1)}}{\partial z_i^{(l)}} = w_{ri}^{(l+1)} a'^{(l)}(z_i^{(l)})$$

(식 3.62)

그렇지. $a'^{(l)}(z_i^{(l)})$는 아까도 말했던 것처럼 활성화 함수에 따라서 미분 뒤에 모양이 바뀌니까 구체적인 형태는 구하지 않아.

그럼 다음은 이쪽의 계산만 해버리면 되는 거네?

$$\frac{\partial E_k(\boldsymbol{\Theta})}{\partial z_r^{(l+1)}}$$

(식 3.63)

그거 사실 지금까지 여러 번 나왔는데, 알고 있어?

응? 그랬었나.

목적 함수 $E_k(\boldsymbol{\Theta})$를 가중치가 부여된 입력으로 편미분한다. 이건 델타를 말하는 거잖아.

그, 그렇구나! 그렇다는 건 [식 3.63]은 $l+1$층 째의 델타를 말하는 거네.

$$\frac{\partial E_k(\boldsymbol{\Theta})}{\partial z_r^{(l+1)}} = \delta_r^{(l+1)}$$

(식 3.64)

어라, 하지만 지금은 은닉층의 델타를 구하는 계산을 하고 있었던 거잖아. 그런데 그 델타의 계산에서 또 델타를 사용한다고? 점점 복잡해지네.

 [식 3.59], [식 3.62], [식 3.64]를 정리하면 결국 은닉층의 델타는 이런 식으로 나타 낼 수 있어.

$$\delta_i^{(l)} = \sum_{r=1}^{m^{(l+1)}} \left(\delta_r^{(l+1)} \cdot w_{ri}^{(l+1)} a'^{(l)}(z_i^{(l)}) \right)$$

(식 3.65)

 윤서가 말한 것처럼 델타 계산에 델타를 사용할 수 있어. 하지만 그건 다른 층의 델 타를 사용하지.

 앗, 그렇구나! l층의 델타와 $l+1$층의 델타는 서로 별개인 거구나!

3.8 백프로퍼게이션

 이제 슬슬 정리해보자.

 [식 3.50]과 [식 3.65]로부터 출력층과 은닉층의 델타는 각각 이런 식으로 나타낼 수 있지. L은 신경망의 층수를 나타내는 문자야.

$$\delta_i^{(L)} = \left(a^{(L)}(z_i^{(L)}) - y_k \right) \cdot a'^{(L)}(z_i^{(L)}) \quad \cdots\cdots \text{출력층의 델타}$$

$$\delta_i^{(l)} = \sum_{r=1}^{m^{(l+1)}} \left(\delta_r^{(l+1)} \cdot w_{ri}^{(l+1)} a'^{(l)}(z_i^{(l)}) \right) \quad \cdots\cdots \text{은닉층의 델타}$$

(식 3.66)

[식 3.66]의 은닉층의 델타 계산에서 층을 나타내는 첨자 부분에 주목해줄래? 제 l 층의 델타를 구하기 위해 그 다음의 제 $l + 1$ 층의 델타가 사용되고 있지?

 $\delta_i^{(l)}$ 와 $\delta_r^{(l+1)}$ 부분 말이지?

 뒤 층부터 순서대로 델타를 계산하면 이미 계산된 델타를 재활용할 수 있어.

- 우선 제3층(출력층)의 델타를 구한다.
- 제2층의 델타를 구하는 경우 하나 뒤의 제3층의 델타를 재활용할 수 있다.
- 제1층의 델타를 구하는 경우 하나 뒤의 제2층의 델타를 재활용할 수 있다.

 그렇구나. 이게 처음에 지우가 말했던 '델타 재활용'이라는 콘셉트인 거지?

 $E(\Theta)$ 의 $w_{ij}^{(l)}$ 에서 편미분을 간접적으로 구하기 위해 델타를 계산하고 그 델타를 뒤 층에서부터 재활용하면서 계산할 수 있다는 거지.

 처음에 '층이 늘어나도 괜찮다'는 말을 했었는데, 층이 10개 있거나 유닛이 100개 있는 큰 신경망에서도 괜찮은 거야?

 그래. 층이 깊어지면 또 다른 문제가 있지만 뒤쪽에서 델타를 구하는 계산 방법은 아무리 신경망이 커도 그대로 적용할 수 있어.

 오, 이걸 생각해낸 사람 정말 똑똑하네.

 역사를 만들어온 분들께 감사해야 할 것 같아.

 어, 잠깐만. 델타를 구하고 끝나는 건 아니지? 신경망의 학습 방법을 알고 싶어.

오는 길이 꽤 멀고 여러 계산이 이어졌네. 우리가 무엇을 목적으로 어디를 가려고 했는지 마지막으로 한 번 더 정리하자.

아까 지우가 그린 전체 그림이 나올 순서네. [그림 3-13]이었지?

신경망의 학습을 위해 경사하강법을 사용해서 가중치를 갱신하고 싶다. 이게 본래의 목적이었지?

그래. 이 갱신식을 사용해서 가중치를 갱신하기 위해 목적 함수 $E_k(\mathbf{\Theta})$를 가중치로 편미분한 값을 계산하고 싶었지.

$$w_{ij}^{(l)} := w_{ij}^{(l)} - \eta \frac{\partial E_k(\mathbf{\Theta})}{\partial w_{ij}^{(l)}} \quad \text{······[식 3.28]에서}\qquad \text{(식 3.67)}$$

다만 가중치에서 직접적으로 편미분을 하는 건 힘드니까 [식 3.44]에서 이야기했던 것처럼 델타를 사용해서 간접적으로 편미분을 계산할 수 있도록 식을 변형했었지.

$$\frac{\partial E_k(\mathbf{\Theta})}{\partial w_{ij}^{(l)}} = \delta_i^{(l)} \cdot x_j^{(l-1)} \quad \text{······[식 3.44]에서}\qquad \text{(식 3.68)}$$

그래. 그리고 그 델타를 구하기 위한 방법이 바로 지금 했던 뒤 층부터 델타를 재활용하는 방식이었고.

모두 정리하면 갱신식은 이런 식으로 쓸 수 있어.

$$\delta_i^{(L)} = \left(a^{(L)}(z_i^{(L)}) - y_k \right) a'^{(L)}(z_i^{(L)}) \quad \text{······ 출력층의 델타}$$

$$\delta_i^{(l)} = a'^{(l)}(z_i^{(l)}) \sum_{r=1}^{m^{(l+1)}} \delta_r^{(l+1)} w_{ri}^{(l+1)} \quad \begin{array}{l}\text{······ 은닉층의 델타}\\ \text{([식 3.66]에서 변형)}\end{array}$$

$$w_{ij}^{(l)} := w_{ij}^{(l)} - \eta \cdot \delta_i^{(l)} \cdot x_j^{(l-1)} \quad \text{······ 가중치 갱신식}$$

$$b_i^{(l)} := b_i^{(l)} - \eta \cdot \delta_i^{(l)} \quad \text{······ 편향 갱신식}$$

(식 3.69)

참고로 지금까지 편향 이야기는 안 했지만 편향도 가중치와 같은 방식으로 생각해 볼 수 있어. 지금까지의 이야기에서 가중치 부분을 편향으로 치환하기만 하면 돼.

 이걸로 신경망의 가중치와 편향을 학습할 수 있게 되었네!

 지금까지 살펴봤던 것처럼 델타를 뒤 층에서 계산하면서 가중치와 편향을 갱신하는 방법을 백프로퍼게이션 또는 오차역전파법이라고 부르고 있어 매우 중요한 방법이니까 꼭 기억해둬.

 이게 그 유명한 오차역전파법이구나!

 델타를 1개 유닛에 대한 작은 오차라고 생각하면 그 오차가 출력층에서 입력층을 향해 역방향으로 전파되어가는 모양에서 그런 이름이 붙여졌어.

 그러네. 델타를 출력층부터 계산해왔어.

 오차가 뒤 층에서 앞 층으로 흘러가는 것 같은 모습이 포워드나 순전파와 대비되어서 백워드나 역전파라고 불러.

 와~ 순전파와 역전파. 알기 쉬워서 좋네.

 오늘도 계산이 많아서 조금 힘들었지. 모두 잘 이해했어?

 애매한 부분이 몇 군데 있지만 집에 가서 복습할게.

 정말 열심히 공부하네.

 지우야 항상 고마워!

기울기 소실이란?

 있잖아, 전에 활성화 함수에 어떤 함수를 사용하면 좋은지 이야기했던 거 기억나?

 응, 기억나지. 활성화 함수가 없으면 아무리 층을 겹쳐도 단층 퍼셉트론과 같아지니까 비선형 함수를 사용해야 한다는 거지?

 맞아. 그게 나는 비선형 함수면 어떤 것이든 괜찮다고 생각하고 있었는데 아무래도 그건 아닌 것 같아서.

 활성화 함수로 사용되는 건 어느 정도 정해져 있잖아. 시그모이드 함수라든가.

 응. 그래도 왜 비선형 함수 중에서도 시그모이드 함수가 자주 사용되는지 궁금하지 않아?

 생각해본 적 없지만 듣고 보니까 궁금하네.

 오늘 대학에서 교수님과 이야기했었는데 여러 가지 재미있는 걸 배웠어. 누나한테도 이야기해주고 싶어.

 무슨 이야기인데? 듣고 싶어.

기울기의 존재

 퍼셉트론을 떠올려볼래? 입력과 가중치와 편향을 계산한 뒤 그 결과의 부호를 보고 0인지 1인지를 출력하는 함수에 통과시키지.

응, 그 0이나 1을 출력하는 것이 계단 함수라고 했었지.

$$f_{step}(x) = \begin{cases} 0 & (x \leq 0) \\ 1 & (x > 0) \end{cases}$$

(식 3.70)

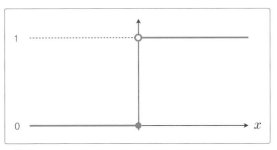

그림 3-20

 맞아. 그래서 퍼셉트론이 이 계단 함수를 사용하고 있으면 '퍼셉트론을 쌓은 신경망도 마찬가지로 계단 함수를 사용할 수 없을까?'라는 게 처음에 궁금하게 생각한 부분이야. 계단 함수도 비선형이니까.

 아, 그거라면 요전에 계단 함수를 사용한 신경망으로 선형분리 불가능한 문제를 풀 수 있었어.[*]

 순전파 계산만 할 수 있었던 거 아냐? 계단 함수를 사용하면 순전파는 할 수 있지만 역전파는 할 수 없어. 그러니까 학습을 할 수 없다는 거야.

 학습을 할 수 없군. 그리고 보니 지우도 계단 함수는 활성화 함수로 사용하지 않는다고 했어. 내가 계단 함수를 사용해서 계산했을 때는 정답인 가중치를 알고 있는 상태에서 순전파 계산을 했던 것뿐이었네.

 그래서 교수님께 물어봤더니 활성화 함수는 비선형이라는 것 외에도 미분 가능하고 경사가 어느 정도 있는 함수여야 한대.

※ 2.5절 및 2.10절을 참조하세요.

경사라는 건 함수가 어느 정도 기울어져 있느냐 하는 거지? 계단 함수에는 경사가 없다는 거구나.

실제로 계단 함수는 0 또는 1의 정수니까 미분은 항상 0이 되지. 엄밀히 말하면 $x = 0$ 위치에서는 미분을 할 수 없지만 실제로 사용하는 상황에서는 미분을 0이라고 생각해도 될 것 같아.

$$\frac{df_{step}(x)}{dx} = 0 \qquad \text{(식 3.71)}$$

확실히 [그림 3-20]의 계단 함수의 그래프에는 경사가 없고 전부 평탄하네.

그때 문제가 되는 것이 파라미터의 갱신이야. 신경망의 학습은 경사하강법을 사용하니까 목적 함수를 가중치로 편미분하지.

$$w_{ij} := w_{ij} - \eta \frac{\partial E(\boldsymbol{\Theta})}{\partial w_{ij}} \qquad \text{(식 3.72)}$$

그리고 그 편미분은 오차역전파법의 델타를 사용해서 구하는데 어떤 층의 델타에도 활성화 함수의 미분이 포함되어 있어.

$$\frac{\partial E(\boldsymbol{\Theta})}{\partial w_{ij}} = \delta_i^{(l)} \cdot x_j^{(l-1)}$$

$$\delta_i^{(L)} = \left(a^{(L)}(z_i^{(L)}) - y_k \right) a'^{(L)}(z_i^{(L)}) \quad \text{······ 출력층의 델타} \qquad \text{(식 3.73)}$$

$$\delta_i^{(l)} = a'^{(l)}(z_i^{(l)}) \sum_{r=1}^{m^{(l+1)}} \delta_r^{(l+1)} w_{ri}^{(l+1)} \quad \text{······ 은닉층의 델타}$$

활성화 함수에 계단 함수를 사용했을 경우 이 식의 $a'^{(L)}(z_i^{(L)})$나 $a'^{(l)}(z_i^{(l)})$ 부분이 계단 함수의 미분이 되어 0이 되어버려.

그렇구나! 그곳의 미분이 0이면 델타도 0이 되고 결과적으로 파라미터에 의한 편미분도 0이 되어 결국은 파라미터가 갱신되지 않는구나.

 그래. 전혀 학습을 할 수 없게 돼. 그래서 여기서 시그모이드 함수가 나오는 거지. 이 함수는 값이 0에서 1 범위로 한정되어 있어 계단 함수와 비슷해.

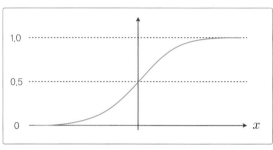

그림 3-21

 그렇구나. 비슷하지만 크게 다른 건 시그모이드 함수 쪽은 전체적으로 완만한 경사가 있다는 거야.

 맞아. 실제로 시그모이드 함수의 미분은 0이 아니고, 활성화 함수에 시그모이드 함수를 사용하면 결과적으로 델타도 편미분도 0이 되지 않고 학습이 가능하지.

 완만한 경사가 있는 것이 중요하다는 거구나. 경사하강법이라는 이름이 붙어 있을 정도니까 기울기가 없으면 안 되는 건 생각해보면 당연한 거네.

 하지만 여기서 또 재미있는 부분이 있어. 시그모이드 함수에도 문제는 있대.

 아, 하지만 활성화 함수로서 유명한 것 같고 어떤 문제인지 모르겠지만 허용 가능한 정도의 문제인 거 아냐?

 그게 말이야, 이 문제는 신경망에 2번째 겨울을 가져온 하나의 원인일지도 모른다고 여겨질 정도의 큰 문제였대.

기울기 소실

 전에 역사 이야기를 했을 때도 말했지만 기울기 소실이라는 문제가 발생하지.

 그래, 이야기했었지. 기울기 소실이 발생하면 기울기가 사라져버리는 거야?

 시그모이드 함수는 x가 0에서 가까운 부분이면 기울기가 있지만 x가 크거나 작거나 하면 점점 기울기가 없어져.

 아~ 그러고 보니 [그림 3-21]의 한참 왼쪽이나 한참 오른쪽은 결국 계단 함수와 마찬가지로 평탄하게 되어 있네?

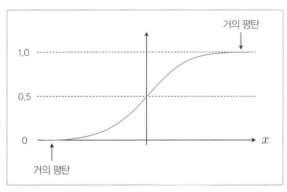

그림 3-22

 그렇게 되면 미분값도 0에 가까워져서 계단 함수의 경우와 마찬가지로 신경망의 학습이 되지 않는구나.

 맞아. 그게 기울기 소실 문제야. 심층 신경망 학습으로 오차를 역전파시키려 할 때 실제로 이 문제가 일어나.

 그런 문제가 있구나. 그럼 시그모이드 함수는 거의 안 쓰이는 거야?

시그모이드 함수는 완만하고 미분도 간단하니까 다른 곳에서 보완해가면서 사용하고 있는 것 같아.

 활성화 함수로서 유명하다고 해서 그게 만능이라는 건 아니라는 거구나.

 최근 시그모이드 함수보다 더 좋은 활성화 함수가 있대. 기울기가 없어지지 않도록 고안된 함수.

 어! 그런 것이 있구나. 무슨 함수야?

 이름만 들었는데 ReLU라는 함수래. 렐루라고 발음하지. 자세히 듣지는 못했고 대신 조사해오라고 숙제를 받았어.

 ReLU… 들어본 적이 없는 이름이네. 기억해뒀다가 나중에 친구한테 자세히 물어볼게.

 고마워. 나도 따로 조사해볼게.

CHAPTER 4

합성곱 신경망을 배우자

윤서는 드디어 '합성곱 신경망'에 도전하는 것 같습니다. 첨자가 많은 수식이 가득 등장하기 때문에 읽기 어려울 수도 있지만 무엇을 나타내고 있는지 확인할 수 있으면 두렵지 않습니다. [표 4-2]를 여러 번 확인하면서 읽어주세요.

4.1 이미지 처리에 강한 합성곱 신경망

 오늘은 합성곱 신경망을 공부해볼까?

 역시 지우야. 딱 내가 공부하고 싶은 걸 맞추었네.

 이쯤 되면 합성곱 신경망을 공부하고 싶어 하지 않을까 했는데 역시 그랬군.

 합성곱 신경망은 이미지 관련 분야에서 응용되는 사례가 많지?

 응. 최근에 컴퓨터 비전 분야가 성공적인 결과를 많이 내고 있는데, 그 배경에서 합성곱 신경망의 활약은 뺄 수 없는 부분이야.

 그렇구나. 게다가 이미지 처리는 한눈에 알 수 있고 화려하니까 재미있을 것 같아.

 응. 나도 학교에서 컴퓨터 비전을 전공했으니까 그 즐거움은 잘 알고 있어.

 난 예전부터 패션 사이트를 운영하고 있는데 이미지가 많이 쌓여 있으니 그걸로 뭔가 해보고 싶다고 계속 생각했었어.

 예쁜 데이터가 모여 있으니까 뭔가 아이디어가 있으면 재미있는 걸 할 수 있을 것 같네!

 이런 생각을 하는 것만으로도 두근거려.

 합성곱 신경망은 이미지 처리에서 큰 성과를 내고 있으니까 거기에만 주목하기 쉽지만 최근에는 실제로 자연어 처리에도 응용하고 있어.

어, 정말? 자연어와 이미지는 전혀 다른 거잖아. 자연어 처리에 응용한다니 전혀 상상이 안 돼.

 혹시 궁금하면 나중에 조사해봐. 어떻게 적용하고 어떤 성과가 나오고 있는지. 꽤 재미있을 거야.

 그건 그렇고, 우선은 합성곱 신경망이 어떤 건지 알고 싶어.

 그래. 합성곱 신경망의 기본부터 시작하자.

 좋아, 그럼 도넛 사올게.

 앗, 내 것도.

4.2 합성곱 필터

 자, 이건 지우 꺼.

 고마워!

 합성곱 신경망이 컴퓨터 비전의 성공에서 없어서는 안 되는 존재라고 이야기했었는데, 그걸 사용해서 구체적으로 어떤 걸 할 수 있을 것 같아?

 음... 사진에 찍혀 있는 게 어떤 건지 판별하는 거 맞지? 이미지 안에 있는 게 개인지 고양이인지 토끼인지 알려주는 것 같은 거.

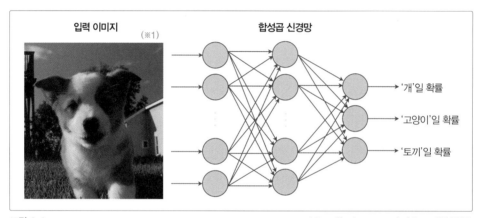

그림 4-1
※1 : https://pxhere.com/ja/photo/898839

 맞아. 가장 일반적인 건 '분류' 태스크지.

 아, 분류구나.

 물론 다른 것도 할 수 있지만 우선은 분류를 중심으로 이야기해볼게.

그런데 도대체 '합성곱'이라는 게 뭐야?

 당연히 궁금하겠지. 하지만 합성곱을 자세히 살펴보기 전에 이미지 필터 처리의 사고방식을 이해하는 것이 좋아.

 필터 처리?

 예를 들어 이미지를 흐리게 하거나 이미지의 윤곽을 조사하는 윤곽선 검출 등의 처리를 말하는 거야.

 그게 합성곱 신경망과 관계있어?

 물론. 이미지에 필터를 적용하면 실제로 어떤 식으로 처리되는지 알고 있어?

 잘 몰라. 이미지 처리에 대한 전문 지식이 필요한 거 아냐?

 전문 지식 없이도 충분히 이해할 수 있어. 그럼 간단한 예로 설명해볼게. 우선 이미지 데이터는 행렬처럼 가로와 세로에 수치가 나열되어 있는 것으로 볼 수 있어.

0.00	0.00	0.00	0.00	0.00	0.00	0.00
0.00	0.00	0.00	0.50	0.00	0.00	0.00
0.00	0.00	0.50	1.00	0.50	0.00	0.00
0.00	0.50	1.00	1.00	1.00	0.50	0.00
0.00	0.00	0.50	1.00	0.50	0.00	0.00
0.00	0.00	0.00	0.50	0.00	0.00	0.00
0.00	0.00	0.00	0.00	0.00	0.00	0.00

그림 4-2

 이 이미지에 포함되어 있는 수치는 0~1 사이의 실수로 이걸 회색조 이미지로 보고 1에 가까울수록 검정색, 0에 가까울수록 흰색이라고 해석할게. 그럼 0.5는 회색이 되겠지?

회색조 이미지의 수치를 실제 이미지로 나타내면 이런 모양이 되는 건가?

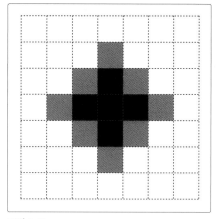

그림 4-3

 그렇지. 이 이미지에 필터를 적용하고 싶을 때는 별도로 필터 배열을 준비하면 돼. 예를 들면 이런 식으로.

이미지 배열								필터 배열		
0.00	0.00	0.00	0.00	0.00	0.00	0.00		0.11	0.11	0.11
0.00	0.00	0.00	0.50	0.00	0.00	0.00		0.11	0.11	0.11
0.00	0.00	0.50	1.00	0.50	0.00	0.00		0.11	0.11	0.11
0.00	0.50	1.00	1.00	1.00	0.50	0.00				
0.00	0.00	0.50	1.00	0.50	0.00	0.00				
0.00	0.00	0.00	0.50	0.00	0.00	0.00				
0.00	0.00	0.00	0.00	0.00	0.00	0.00				

그림 4-4

 이 필터 배열을 **커널**이라고 부르기도 하는데 나는 필터라는 이름으로 이야기를 진행할게.

 필터 배열? 그게 뭐야?

이미지에 필터를 적용한다는 건 이런 조작을 반복해서 한다는 거야.

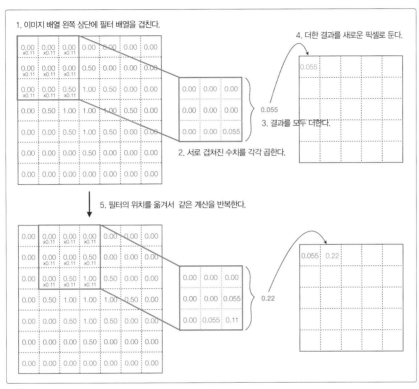

그림 4-5

 이렇게 하는 거구나. 겹치고 곱해서 새로운 이미지를 만드는 느낌이네.

 이 필터가 이미지 오른쪽 하단에 도착할 때까지 [그림 4-5]의 과정을 반복하는 거야.

 그런데 이 과정을 거치고 나면 어떻게 되는 거야?

오른쪽 하단까지 필터를 적용한 이미지와 원본 이미지를 비교해볼게.

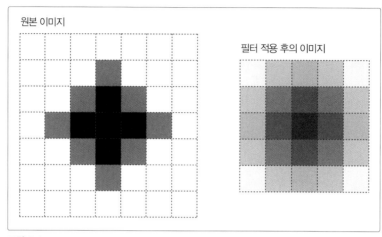

원본 이미지

필터 적용 후의 이미지

그림 4-6

 필터가 3×3이었으니까 필터 적용 후의 이미지가 전체적으로 한 칸 작아졌지만 원본 이미지를 조금 흐리게 만든 것이 되었지?

 진짜 그러네. 잉크가 번진 것 같은 느낌이야.

 사실 [그림 4-4]의 필터는 주변 픽셀의 평균값을 구해서 이미지를 흐리게 해주는 필터야.

 이미지 처리 소프트웨어에는 '흐리게'라는 처리가 있는데 혹시 이런 필터 처리를 안에서 하고 있는 건가?

 아마 그럴 거야. 참고로 0.11이라는 수치는 $\frac{1}{9}$을 소수로 나타내고 소수점 둘째자리 이하를 버린 건데, 9개 픽셀의 평균을 구하는 계산을 하고 있는 거지.

$$\frac{1}{9}p_1 + \frac{1}{9}p_2 + \cdots + \frac{1}{9}p_9$$

(식 4.1)

그런 거구나.

이게 필터를 적용하는 방식이야.

지금 본 예는 흐리게 하기 위한 필터였지만 0.11이라는 수치를 바꾸면 다른 효과를
적용하는 필터가 된다는 거지?

그렇지. 필터 종류는 흐리게 하는 것 이외에도 노이즈 제거나 윤곽선 검출 등 여러
종류가 있으니까 흥미 있다면 조사해 봐도 좋을 거야.

응? 필터 종류를 조금 더 깊게 살펴보지 않을 거야?

합성곱 신경망의 내용을 이해하는 데 필터의 종류는 관계가 없어. 필터를 적용하는
방식이 중요해.

아, 그렇지. 지금 합성곱이 무엇인지 이야기하고 있었지.

합성곱 신경망에서는 지금까지 필터라고 말했던 배열을 **합성곱 필터**나 **합성곱 행렬**이
라고 불러. 그걸 이미지에 적용하는 방식을 **합성곱**이라고 하니까 기억해둬.

오, 여기서 합성곱이라는 단어가 등장하는 거구나!

합성곱 신경망은 이 합성곱 필터를 많이 준비하고, 각 필터마다 합성곱 처리를 반복
하는 거야.

어떤 종류의 필터가 필요한 거야? 아까 본 흐리게 하는 필터도 포함되는 거야?

사실 필터의 수치는 미리 준비하는 게 아니라 합성곱 신경망에 의해 학습되는 거야.

뭐라고?

 나중에 다시 이야기하겠지만 필터는 말하자면 특징 검출기라고 생각할 수 있어.

 그래? 그렇다면 흐리게 하는 필터도 특징 검출기인가?

 흐리게 하는 경우의 예라서 특징 검출기를 상상하기 어려울 수도 있겠지만 아까 이야기한 것처럼 그것 이외에도 자주 사용하는 필터가 여러 개 있어.

흐리게			세로 윤곽선			가로 윤곽선			전방향 윤곽선		
0.11	0.11	0.11	0	1	0	0	0	0	0	1	0
0.11	0.11	0.11	0	-1	0	0	-1	1	1	-4	1
0.11	0.11	0.11	0	0	0	0	0	0	0	1	0

그림 4-7

 흐리게 하는 필터 이외에는 윤곽선을 검출하는 것들인데 그 윤곽선을 특징이라고 생각할 수도 있지.

 그런가.

 예를 들어 숫자 이미지를 떠올려볼래? 윤곽선에 초점을 맞추는 것만으로도 이런 예들을 생각해볼 수 있어.

- '1'이라는 숫자는 세로 방향의 윤곽선이 많을 것이다.
- '0'이라는 숫자는 세로 및 곡선의 윤곽선이 존재할 것이다.
- '4'라는 숫자는 각각 가로, 세로, 대각선 방향의 윤곽선이 존재할 것이다.

 지금 여기에서는 '세로 방향', '가로 방향', '곡선', '대각선 방향' 이렇게 4종류의 특징이 나왔는데 윤곽선에 한정하지 않아도 이런 건 아주 많이 생각해낼 수 있어.

그러네. 그런 의미에서는 흐리게 하는 것도 주변의 픽셀이 균등한지 그렇지 않은지 판단할 수 있는 특징으로 볼 수 있겠네.

 필터라는 건 특징을 포착할 수 있는 것으로 어떤 필터가 어떤 특징을 포착하는지는 그 필터가 가지고 있는 값에 의해 바뀌지.

 아, 그런 거구나.

 복잡한 특징을 다루는 필터를 사람이 아주 많이 설계하는 건 거의 불가능하니까 그 필터의 값을 학습시키자는 것이 합성곱 신경망의 아이디어야.

 필터의 값을 학습시킨다는 말은 합성곱 신경망의 합성곱 필터가 전결합 신경망에서 말하는 가중치 행렬과 같은 거라는 거야?

 응. 그렇게 이해해도 괜찮아.

 그런 거구나. 조금은 알 것 같아.

 실제로 합성곱 신경망의 움직임을 한번 따라가 볼까?

4.3 특징맵

합성곱 신경망의 동작을 이해하기 위해 우선 적당한 입력 이미지와 합성곱 필터 3개 준비할게.

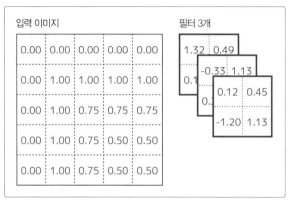

그림 4-8

합성곱 필터의 값은 적당히 아무 값이나 정하는 거야?

맞아. 내가 적당히 수치를 채워 넣었어. 실제로 이런 수치는 학습에 의해 최적화되지만 지금은 학습을 생각하지 말고 합성곱 신경망의 동작을 이해하는 데 중점을 두자.

응, 알았어.

참고로 여기서는 설명을 위해 적당히 2×2 필터를 3개 준비했는데, 사이즈와 개수는 큰 의미가 없어.

사이즈와 개수는 우리 마음대로 정해도 되는 거야?

응, 괜찮아. 전결합 신경망의 은닉층 수나 뉴런 수 같은 것도 직접 정하는 부분이었던 거와 마찬가지야.

그렇구나.

 여기서 준비한 합성곱 필터 3개를 사용해서 입력 이미지를 합성하면 어떻게 될 것 같아?

 합성곱 필터가 3개 있으니까 합성곱하면 이미지도 3개 생기나?

 맞아. 합성곱 신경망에서는 합성곱 필터를 적용한 후의 이미지를 **특징맵**이라고 부르니까 여기서도 그렇게 부를게.

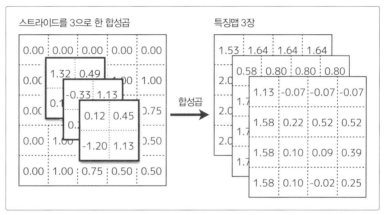

그림 4-9

 이 특징맵에는 아까 이야기한 것처럼 이미지의 특징을 나타내는 정보가 담겨 있다고 생각하면 돼. 예를 들면 이런 정보지.

- 이미지 안의 어떤 부분이 어떤 모양인가?
- 이미지 안의 어떤 부분이 어느 정도 밝은가?
- 이미지 안의 어떤 부분이 어느 정도 어두운가?

 처음에 흐리게 하는 필터를 적용해봤을 때도 그랬지만 특징맵이 작아져버리는 건 괜찮은 거야?

응, 그건 괜찮아. 하지만 특징맵의 사이즈를 조절하고 싶으면 **패딩**이라는 방법을 사용하면 돼. 그리고 **스트라이드**라는 파라미터도 있어.

패딩과 스트라이드?

패딩은 필터 사이즈에 따라 입력 이미지의 외곽을 특정 숫자로 채워서 사이즈를 크게 만드는 처리를 말하는 거야. 채우는 수는 기본적으로 0을 사용해.

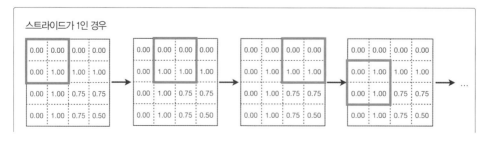

그림 4-10 패딩

이렇게 하면 가장자리 쪽도 입력할 수 있으니까 특징맵이 작아지지 않게 되겠네.

그리고 스트라이드라는 건 필터를 움직이는 폭을 말하는 거야.

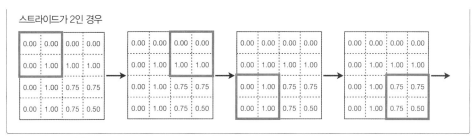

그림 4-11 스트라이드

 필터를 얼마만큼 움직일 건지 정하는 거구나. 지금까지는 필터를 스트라이드 1로 움직였던 거네?

 그렇지. 스트라이드 2나 3처럼 건너뛰면서 움직일 수도 있는데 그 경우에는 특징맵이 작아져.

 그렇구나. 패팅과 스트라이드를 사용하면 특징맵의 사이즈를 크거나 작게 조절할 수 있을 것 같아.

4.4 활성화 함수

 [그림 4-9]의 이야기로 돌아갈게. 지금 특징맵 3개를 가지고 있는 상태인데, 이 결과를 활성화 함수에 통과시킬 거야.

 오, 활성화 함수. 전결합 신경망 때도 나왔잖아.

 그때는 시그모이드 함수를 예로 들었었는데 최근에는 특히 ReLU 함수를 활성화 함수로 쓰는 경우가 많아.

 ReLU? 이름은 들어본 적 있어!

어! 들어본 적 있어? ReLU라는 건 Rectified Linear Unit의 이니셜을 딴 건데 이런 식으로 나타내.

$$a(x) = \max(0, x) \qquad \text{(식 4.2)}$$

 max는 큰 쪽의 수를 선택한다는 의미야?

 응. 수식의 일종이야. 요약하면 x가 양수인 경우 이외에는 모두 0이 된다는 함수야. 그래프는 이런 모습을 하고 있어.

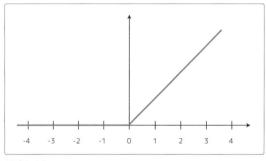

그림 4-12

 여러 활성화 함수 중에서도 ReLU는 매우 좋은 성능을 보이고 있는 데다 사용하기도 쉬워. 기울기 소실이라는 문제는 알고 있어? ReLU는 그 문제가 일어나지 않게 해줘.

 기울기 소실은 그래프의 평탄한 곳에서 미분이 0이 되어서 학습이 안 되는 문제지?

 맞아. ReLU의 그래프 형태를 보면 알 수 있는 것처럼 x가 양수인 경우에는 미분 결과가 언제나 1이지. 그래서 x가 양수인 유닛에서는 기울기가 소실되는 경우가 없어.

 그럼 합성곱 신경망에서도 활성화 함수로 ReLU를 사용하는 게 좋겠네?

 물론 ReLU를 사용할 거야.

4.5 풀링

 활성화 함수를 적용한 다음에는 풀링이라는 과정으로 옮겨갈 거야.

 들어본 적 없는 새로운 단어네.

 풀링은 간단히 말하면 특징맵의 사이즈를 작게 하기 위한 처리야. 가장 일반적인 풀링은 특정 범위 안의 최댓값을 추출하는 건데 max 풀링 ^{맥스 풀링} 또는 **최댓값 풀링**이라고 불러.

 무슨 말인지 잘 모르겠어.

 맥스 풀링의 예는 이거야.

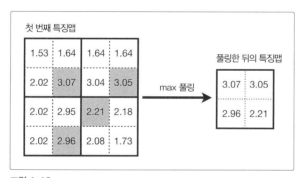

그림 4-13

 특징맵 전체를 각각 2×2 범위로 분할하고, 그 4칸 안에서 가장 큰 값을 꺼내는 처리야.

 근데 왜 이런 걸 하는 거야?

풀링 처리를 하면 특징맵에서 추출된 특징이 이미지 변형이나 이동 등의 영향을 덜 받게 돼.

 4칸 중에서 가장 큰 값을 추출하는 걸로 그런 효과가 나오는 거야?

 덧붙이면 2×2라는 사이즈도 우리가 정할 수 있는 파라미터야. 필터 사이즈나 개수와 같은 파라미터지.

 4칸으로 고정되어 있는 게 아니라 분할 사이즈를 자유롭게 변경할 수 있는 거구나.

 참고로 최근에는 풀링 처리를 하지 않는 패턴도 늘고 있어. 이러한 경향은 자주 바뀌니까 변화에 귀를 기울이고 있을 필요가 있어.

 그렇구나. 그럼 풀링은 단어를 기억해두는 정도로 충분할까?

 음… 최근에는 사용하지 않는 경우가 늘고 있지만 예전부터 계속 사용해왔고 이해해두면 손해 볼 일은 없을 거야.

 아, 그렇구나. 잠시 기억할 게 줄어서 잘됐다고 생각했었지.

 하하하. 윤서다워.

4.6 합성곱층

 잠깐, 지금까지의 처리 과정을 다시 한 번 살펴보자. 4단계가 있었지?

1 합성곱 필터를 적당한 개수로 준비한다.

2 입력 이미지에 합성곱 필터를 적용해서 특징맵을 얻는다.

3 특징맵을 활성화 함수(주로 ReLU)에 통과시킨다.

4 활성화 함수를 적용한 다음 특징맵에 풀링 처리를 한다.

 합성곱 필터, 특징맵, ReLU, 풀링. 다 새로운 방식이네.

 일반적인 합성곱 신경망에서는 이 4가지 처리를 세트로 해서 하나의 층으로 두고 이것을 여러 층 겹쳐서 사용해.

 풀링 후의 특징맵이 다음 층의 입력 이미지가 되고, 다시 다른 합성곱 필터를 적용하면서 새로운 특징맵을 만든다는 거야?

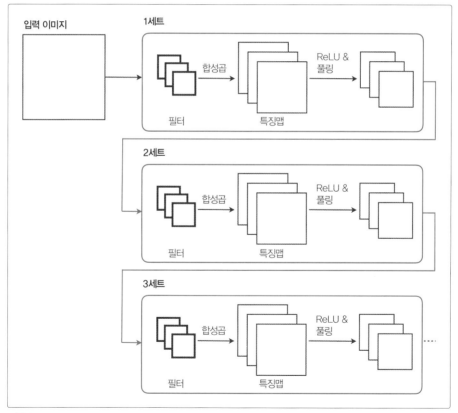

그림 4-14

맞아. 그리고 얕은 층과 깊은 층에서 다룰 수 있는 특징의 성질이 달라.

층	특징의 성질
제1층	국소적인 특징. 가로, 세로, 대각선 등의 단순한 윤곽선이나 명암 등
제2층	보다 넓은 범위의 특징. 단순한 도형의 윤곽 등
제3층	보다 거시적인 특징. 단순한 물체의 윤곽이나 패턴의 모양 등
제4층	더욱 고차원적인 특징. 복잡한 물체 등

표 4-1

 이건 어디까지나 특징의 이미지를 떠올려 보는 걸 돕기 위한 거니까 너무 믿지는 마.

 처음에는 단순한 특징을 파악하고 층이 깊어질수록 그것들을 조합해서 점점 높은 레벨의 특징을 파악해가는 느낌이네. 대단한데!

 그렇게 얻은 높은 레벨의 특징을 입력으로 [그림 4-14]의 마지막 세트 뒤에 전결합 신경망을 연결해서 분류 결과를 출력하지.

 그게 합성곱 신경망이라는 거잖아. 뭔가 엄청 복잡할 것 같은 신경망이네.

 계산량은 엄청 많지만 입력 이미지와 가중치를 곱해서 더한 뒤 활성화 함수를 통과시키는 과정을 반복하는 것뿐이니까 전결합 신경망 때와 비슷해.

 음, 그래? 합성곱 신경망 특유의 새로운 사고방식도 있고, 나는 전결할 신경망과 닮았다는 생각이 전혀 안 들어.

 유닛 간 연결 방법이나 가중치의 표현이 조금 다를 뿐 본질적으로는 같은 신경망이야.

 그러고 보니 전결합 신경망 때 자주 등장했던 동그란 유닛이 선으로 연결된 그림이 나오지 않았네.

지금까지는 유닛의 그림을 그릴 때 입력을 1차원으로 두고 유닛을 세로 1열로 늘어놓았지. 그에 비해 이미지는 각 픽셀이 입력값이 되는 가로세로 2차원이니까 표현 방법을 조금 바꿔야 해.

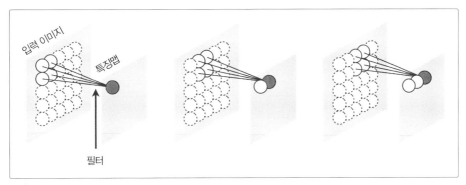

그림 4-15

 아, 가로세로에 유닛이 늘어서 있는 상태라고 생각하면 되는 거구나! 이렇게 하니 전결합 때 자주 나왔던 유닛들이 연결되어 있는 느낌을 떠올릴 수 있으니까 좋네.

 이 그림을 보면 유닛을 잇는 선 전체가 필터로 되어 있어서 각 선에 연결된 가중치가 필터값이 되는 느낌이야.

 맞아. 이러면 유닛을 잇는 선에 가중치가 연결되어 있는 이미지를 떠올릴 수 있어.

 다만 이 그림을 볼 때 가중치가 필터마다 공유되고 있다는 점에 주의해.

 응? 무슨 말이야?

 전결합 신경망에는 유닛들을 잇는 선마다 다른 가중치가 부여되어 있었잖아? 하지만 합성곱 신경망은 선마다 가중치가 부여되어 있는 건 아니야.

 아, 그렇구나. 이미지의 왼쪽 위에서 오른쪽 아래에 걸쳐서 같은 필터를 적용하고 있는 거니까 같은 필터의 가중치를 사용해서 계산되는 거구나.

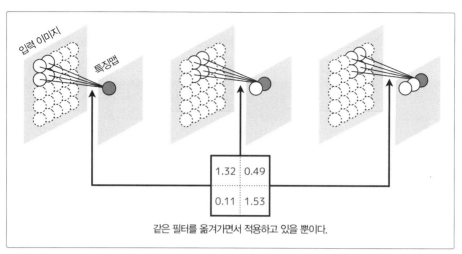

같은 필터를 옮겨가면서 적용하고 있을 뿐이다.

그림 4-16

 그렇지. 합성곱 신경망의 경우 가중치가 유닛을 잇는 선 단위가 아니라 합성곱 필터 단위로 연결되어 있어.

 응, 그걸 이해하고 나니 이 입체적으로 표현한 그림이 알기 쉬워지네.

 [그림 4-9]와 [그림 4-13]도 이렇게 다시 그릴 수 있어.

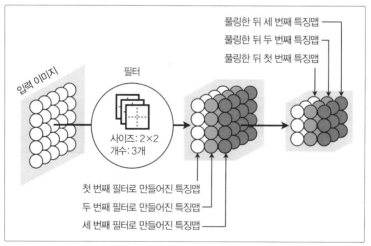

그림 4-17

특징맵이 여러 개 겹쳐 있는 모습도 잘 확인할 수 있네.

 이렇게 겹쳐진 것을 채널이라고 표현하는 경우도 많아. [그림 4-17]의 경우 입력 이미지에는 채널이 1개, 특징맵에는 채널이 3개 있는 게 돼.

 이미지를 RGB로 표현할 때도 각 R, G, B를 채널이라고 했었지? 색상 레이어가 존재하는 느낌. 그것과 비슷해.

 바로 그거야. 신경망 유닛이 레이어로 중첩되어 있는 상태.

 지금까지는 회색조라는 전제로 이야기했지만 컬러 이미지는 입력 이미지 R, G, B의 3채널이 되기도 하는 건가?

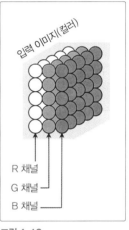

그림 4-18

 그렇지. 합성곱 신경망의 컬러 이미지는 RGB 3색을 각각의 채널로 취급하는 경우가 많아.

 컬러면 입력 유닛 수가 3배가 되는 거네. 큰일이다.

 복수의 채널이 있는 경우를 고려해서 지금부터는 유닛뿐만 아니라 합성곱 필터도 입체적으로 생각하는 것이 좋을 것 같아.

 뭐야, 합성곱 필터가 2차원이 아니었어?

필터를 제대로 적용하기 위해서는 입력 채널 수와 같은 수의 레이어를 가진 합성곱 필터가 필요해. 그러니까 윤서가 예로 들었던 R, G, B 3채널을 가진 컬러 이미지를 합성곱하려면 필터 쪽에서도 R, G, B에 대응하는 채널을 가지고 있어야 해.

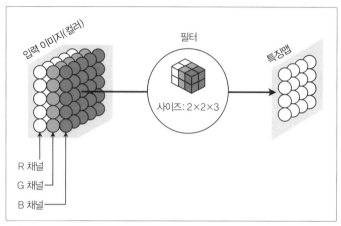

그림 4-19

아, 그렇구나. 흰 유닛과 흰 필터, 흐린 파랑 유닛과 흐린 파랑 필터, 진한 파랑 유닛과 진한 파랑 필터 각각의 위치에서 유닛과 필터를 곱해서 그걸 전부 더하는 거야?

응. [그림 4-19]에는 필터가 1개밖에 없지만 마찬가지로 여러 개 있는 경우도 생각해볼 수 있어.

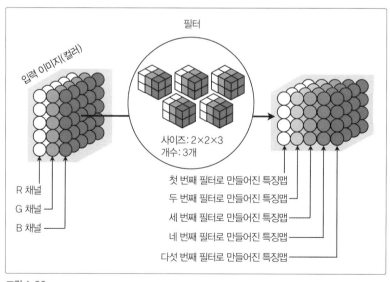

그림 4-20

이건 입력 이미지뿐만 아니라 특징맵을 입력으로 합성곱하는 경우도 마찬가지야.

합성곱 필터에도 입력 채널 수와 같은 수의 채널을 준비할 필요가 있으니까 필터 수가 이번에는 특징맵의 채널 수가 되는 건가?

그렇지. 필터 수와 특징맵의 채널 수는 연동하고 있어. 나중에 실제로 수식으로도 표현해서 계산할 거니까 그때 다시 복습하자.

그러고 보니 마지막 특징맵을 전결합 신경망에 연결하는 것도 있었던 것 같은데 그건 어떻게 하는 거야?

채널, 세로, 가로의 3차원으로 구성된 특징맵을 세로 1열로 전개한 후 나머지는 이전에 했던 전결합 신경망과 마찬가지로 계산하면 돼.

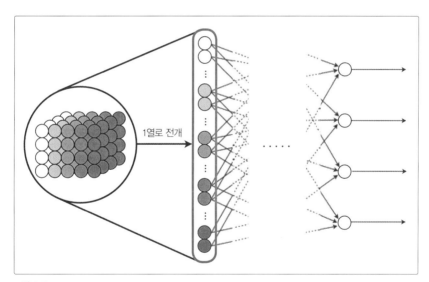

그림 4-21

아, 세로로 전개하는 거구나. 그래, 세로로 나열하면 그 뒤에 전결합 신경망을 연결할 수 있을 것 같아.

이제 합성곱 신경망의 개요를 어느 정도 파악한 것 같아?

대충 어떤 건지는 이해한 것 같아.

그럼 지금까지 이해한 걸 바탕으로 이번에는 순전파와 역전파를 이야기해보자. 이걸 이해하고 나면 프로그래밍 언어로 구현할 수 있어.

4.7 합성곱층의 순전파

추상적으로 생각하면 아무래도 이해하기 어려우니까 합성곱 신경망의 구체적인 예를 하나 준비했어.

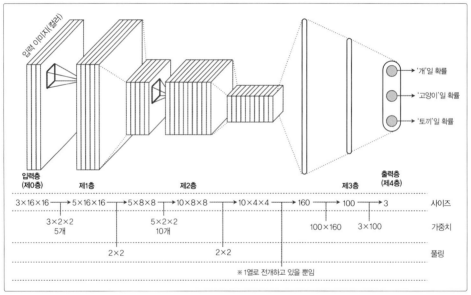

그림 4-22

합성곱층이 2개, 전결합층이 2개인 합성곱 신경망이네.

참고로 합성곱을 하기 전과 후에 이미지 사이즈가 변하지 않았는데 그건 패딩을 적용했기 때문이야. 그러니까 풀링 때만 사이즈가 작아져.

어! 그러네. 제1층의 합성곱 다음에도 16×16 사이즈 그대로고 제2층의 합성곱 다음에도 8×8 사이즈 그대로네.

 여기서 합성곱층에 주목하여 입력 이미지는 x, 필터는 가중치로 보고 w, 활성화 함수에 통과시키기 전의 특징맵은 z라는 문자를 사용해서 표현할게.

 전결합 신경망에 맞추는 느낌이네. 그렇게 하니까 알기 쉬워서 좋아.

 그렇게 하는 게 좋겠지? 우선 입력 이미지는 채널, 세로, 가로의 3차원으로 구성되어 있으니까 $x_{(c,i,j)}$라는 표기를 사용해.

 [그림 4-22]의 예에서 입력 이미지는 16×16 사이즈와 3개의 채널을 가지고 있으니까 그림에 써 넣으면 이렇게 돼.

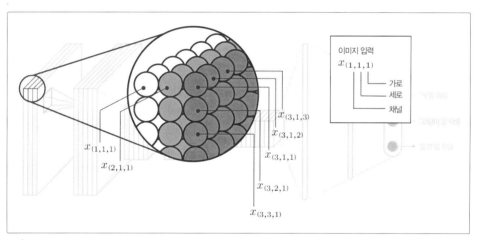

그림 4-23

 c가 채널, i가 세로 방향, j가 가로 방향인 건가? 전결합 신경망 때도 그랬지만 첨자 3개는 좀 기억하기 어려워.

 i와 j는 인덱스로 자주 사용되는 문자, c는 채널의 영어 표기인 'channel'의 이니셜이니까 이 부분은 참고 사항으로 기억해두면 좋을 거야.

 그 부분은 대충 알겠는데 그래도 역시 첨자는 언제 봐도 익숙해지지 않을 것 같아.

확실히 익숙해지는 데 시간은 필요할지도 모르겠네. 합성곱 필터도 마찬가지로 채널, 세로, 가로 3개와 거기에 더해서 몇 번째 필터인지 나타내는 인덱스도 필요하니까 첨자는 전부 4개야. $w^{(k)}_{(c,u,v)}$ 라는 표기를 사용해.

 [그림 4-22]에서는 $3 \times 2 \times 2$ 사이즈의 필터가 5개 있으니까 전부 그리지 못했지만 확대해서 보면 이렇게 돼.

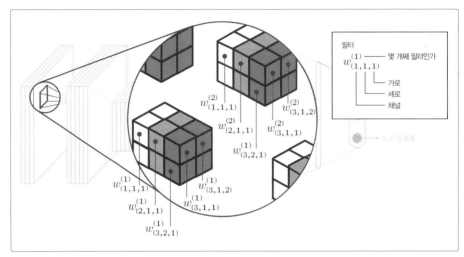

그림 4-24

 이번에는 첨자가 4개네. c가 채널, u가 세로 방향, v가 가로 방향, k가 합성곱 필터의 인덱스인가?

 응. u와 v도 인덱스와 좌표로 사용되는 경우가 많아. k는 커널의 영어 표기 'kernel'의 이니셜을 딴 거야.

 아, 합성곱 필터는 커널이라고도 불린다 했었지.

 그리고 그림에는 그리기 어려워서 문자 표기만 보여주겠지만 필터에 대응하는 편향도 고려해볼 수 있어.

 그러고 보니까 전결합 신경망 때도 편향이 있었어. 그때는 층의 유닛마다 편향을 정의했었지?

맞아. 합성곱 신경망의 경우는 합성곱 필터마다 편향을 정의하니까 $b^{(k)}$라고 표기할게.

 가중치를 필터 단위로 정의하니까 편향도 필터 단위로 정의한다는 거네.

 그리고 마지막은 특징맵이야. 이것도 채널, 세로, 가로의 3차원이야. 세로와 가로의 위치는 입력 이미지와 대응하고 채널은 필터와 대응하니까 $z^{(k)}_{(i,j)}$라는 표기를 사용해.

 [그림 4-22]의 예에서는 16×16 사이즈의 특징맵이 5개 생성되지?

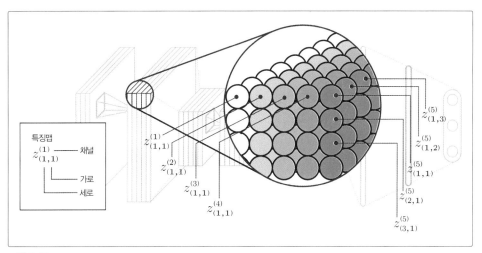

그림 4-25

 x 때처럼 $z_{(i,j,k)}$ 라고 아래쪽에 3개를 나열할 수는 없는 거야?

 w와 마찬가지로 k를 오른쪽 위에 붙여야 특징맵 채널에 합성곱 필터의 인덱스가 대응하고 있다는 걸 쉽게 알 수 있지 않아?

 아, 대응하고 있는 걸 명시하기 위해서구나.

표기의 문제이니까 $z_{(i,j,k)}$ 라고 해도 틀린 건 아니지만 문자가 많아지면 복잡해질 수밖에 없으니까 가능한 한 이해하기 쉬운 표기로 하고 싶어서 그렇게 한 거야.

 그렇구나.

 실제로 프로그래밍할 때는 배열에 넣으면 되니까 표기가 중요한 건 지금처럼 수식을 살펴볼 때뿐이야.

 아무튼 이걸로 필요한 문자는 전부 준비된 거지?

문자	정의	첨자
$x_{(c,i,j)}$	입력 이미지	c = 채널, i = 세로, j = 가로
$w_{(c,u,v)}^{(k)}$	합성곱 필터	k = 필터 번호, c = 채널, u = 세로, v = 가로
$b^{(k)}$	편향	k = 필터 번호
$z_{(i,j)}^{(k)}$	특징맵	k = 필터 번호 = 특징맵의 채널, i = 세로, j = 가로

표 4-2 이외에도 203쪽에서는 오른쪽 위에 2번째 첨자로 '몇 층째인가'를 나타내는 문자가 들어갑니다.

 시험삼아서 $z_{(2,2)}^{(5)}$ 가 어떻게 계산되는지 x 와 w 와 b 를 사용해서 써볼 수 있어?

 윽, 연습문제다. 왼쪽 위첨자가 5니까 5번째 필터에서 출력된 특징맵이네. 그러니까 한 번에 생각하려고 하면 혼란스러우니까 입력 이미지와 필터를 채널별로 분해해볼게.

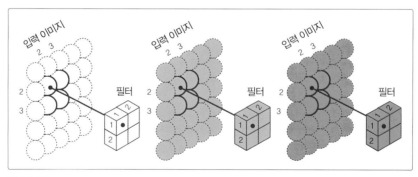

그림 4-26

이런 식으로 x의 $(2,2)$와 5번째의 필터 $w^{(5)}$의 $(1,1)$을 채널마다 대응시켜 겹친 상태에서 $w^{(5)}$와 x의 각 요소를 곱해서 더하면 되는 거지?

 맞아. 분해해서 생각하는 게 이해하기 쉬울 거야.

 필터가 2×2 사이즈고 채널이 3개 그리고 편향이 1개 있으니까 전부 합쳐서 13개. 항이 조금 많네.

$$
\begin{aligned}
z_{(2,2)}^{(5)} = {} & w_{(1,1,1)}^{(5)} x_{(1,2,2)} + w_{(1,1,2)}^{(5)} x_{(1,2,3)} + w_{(1,2,1)}^{(5)} x_{(1,3,2)} + w_{(1,2,2)}^{(5)} x_{(1,3,3)} + \\
& w_{(2,1,1)}^{(5)} x_{(2,2,2)} + w_{(2,1,2)}^{(5)} x_{(2,2,3)} + w_{(2,2,1)}^{(5)} x_{(2,3,2)} + w_{(2,2,2)}^{(5)} x_{(2,3,3)} + \\
& w_{(3,1,1)}^{(5)} x_{(3,2,2)} + w_{(3,1,2)}^{(5)} x_{(3,2,3)} + w_{(3,2,1)}^{(5)} x_{(3,3,2)} + w_{(3,2,2)}^{(5)} x_{(3,3,3)} + \\
& b^{(5)}
\end{aligned}
$$

(식 4.3)

 잘 보면 규칙성이 있으니까 시그마를 사용해서 간결하게 쓸 수 있어.

 확실히 규칙성은 있는 것 같은데 첨자가 너무 많아서 어떤 거와 어떤 게 연관되어 있는지 모르겠어.

 좀 어려웠나? 이렇게 정리할 수 있어. 윤서가 쓴 식과 잘 비교해 봐.

$$
z_{(2,2)}^{(5)} = \sum_{c=1}^{3} \sum_{u=1}^{2} \sum_{v=1}^{2} w_{(c,u,v)}^{(5)} x_{(c,2+u-1,2+v-1)} + b^{(5)}
$$

(식 4.4)

 굉장하네. 나 3중 시그마 처음 봤어.

 첫 시그마가 필터 채널의 총합, 다음 시그마가 필터 가로 방향의 총합, 마지막 시그마가 필터 세로 방향의 총합을 나타내고 있어.

아무튼 [식 4.3]과 [식 4.4]가 같은 것이라는 거네.

응. 조금 더 일반화하면 합성곱 필터의 사이즈를 $m \times m$, 채널 수를 C로 두고 아까 윤서가 [표 4-2]에서 정리한 특징맵의 i, j, k를 사용하면 이렇게 쓸 수 있어.

$$z_{(i,j)}^{(k)} = \sum_{c=1}^{C} \sum_{u=1}^{m} \sum_{v=1}^{m} w_{(c,u,v)}^{(k)} x_{(c,i+u-1,j+v-1)} + b^{(k)} \qquad \text{(식 4.5)}$$

온통 문자네.

특징맵을 만든 후에는 그걸 활성화 함수에 통과시키지. 활성화 함수를 통과시킨 값은 a로 나타내고 여기서는 ReLU를 사용한다는 전제로 이야기를 진행할게.

$$a_{(i,j)}^{(k)} = \max(0, z_{(i,j)}^{(k)}) \qquad \text{(식 4.6)}$$

그러고 나서 맥스 풀링을 적용하지. 풀링 처리로 선택된 값을 p로 나타내고 커널 사이즈를 2×2로 하여 주위 4칸 중에서 최댓값을 선택하고 있는데 이해돼?

$$p_{(i,j)}^{(k)} = \max(a_{(2(i-1)+1,2(j-1)+1)}^{(k)} \quad \text{...... 왼쪽 위 칸}$$
$$, a_{(2(i-1)+2,2(j-1)+1)}^{(k)} \quad \text{...... 왼쪽 아래 칸}$$
$$, a_{(2(i-1)+1,2(j-1)+2)}^{(k)} \quad \text{...... 오른쪽 위 칸} \qquad \text{(식 4.7)}$$
$$, a_{(2(i-1)+2,2(j-1)+2)}^{(k)} \quad \text{...... 오른쪽 아래 칸}$$
$$)$$

풀링으로 선택된 유닛이 [그림 4-22]에서는 이 부분이야.

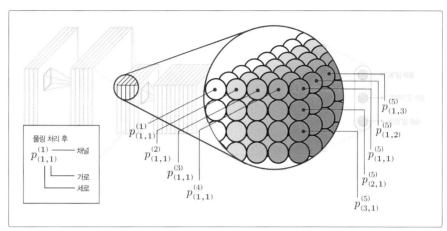

그림 4-27

 [식 4.7]은 첨자에도 계산이 포함되어 있어서 이해하기 어려워. 자세히 보면 알 수 있을 것 같지만.

 조금 무리해서 썼으니까 이해하기 어려울 수도 있겠다. 풀링 동작 방식을 알고 있다면 커널 사이즈 m_p로 $a_{(i,j)}^{(k)}$ 주변을 풀링한다는 의미를 담아서 이런 식으로 써도 돼.

$$p_{(i,j)}^{(k)} = P_{m_p}\bigl(a_{(i,j)}^{(k)}\bigr)$$

(식 4.8)

 오, 이건 짧아서 좋다.

 일반적인 표기 방법은 아니지만 혹시 윤서가 어렵다고 느낀다면 의미가 전달되는 방식으로 스스로 이해하기 쉽게 변형해도 돼.

 문자로 정의하면 이런 자유로움이 있어서 좋은 것 같아.

아무튼 이걸로 합성곱층에 필요한 특징맵, 활성화 함수, 풀링의 식이 모두 나왔어.

$$z_{(i,j)}^{(k)} = \sum_{c=1}^{C} \sum_{u=1}^{m} \sum_{v=1}^{m} w_{(c,u,v)}^{(k)} x_{(c,i+u-1,j+v-1)} + b^{(k)} \quad \text{...... 합성곱}$$

$$a_{(i,j)}^{(k)} = \max(0, z_{(i,j)}^{(k)}) \quad \text{...... 활성화 함수}$$

$$p_{(i,j)}^{(k)} = P_{m_p}(a_{(i,j)}^{(k)}) \quad \text{...... 풀링}$$

(식 4.9)

이걸로 모든 (i, j)의 조합을 계산하면 되는 거지?

그래. 그리고 [식 4.9]의 마지막 출력 $p_{(i,j)}^{(k)}$가 다음 합성곱층의 입력이 돼.

$$x_{(c,i,j)}^{(1)} = p_{(i,j)}^{(k)}$$

(식 4.10)

제1층에서 온 입력이라는 의미로 x의 오른쪽 위에 층을 나타내는 첨자를 붙이고 있어. 그리고 합성곱 필터의 인덱스 k를 채널의 c로 바꾸었으니까 주의해.

아, [식 4.9]의 세트를 반복하는 거네. 그럼 다른 문자도 층을 나타내는 첨자가 필요한 거 아냐?

처음부터 층 정보를 넣으면 첨자가 너무 많아서 복잡해지니까 설명할 때는 일부러 넣지 않았어.

아, 확실히 복잡하네. 하긴 층 정보가 없을 때도 첨자가 너무 많다고 생각했었으니까.

그래도 여기까지 오면서 조금 익숙해지지 않았어? 전결합 신경망 때와 마찬가지로 문자의 오른쪽 위에 층 정보도 넣어볼게.

$$z^{(k,1)}_{(i,j)} = \sum_{c=1}^{3} \sum_{u=1}^{2} \sum_{v=1}^{2} w^{(k,1)}_{(c,u,v)} x^{(0)}_{(c,i+u-1,j+v-1)} + b^{(k,1)} \text{ ...... 합성곱(제1층)}$$

$$a^{(k,1)}_{(i,j)} = \max(0, z^{(k,1)}_{(i,j)}) \text{ ...... 활성화 함수(제1층)}$$

$$p^{(k,1)}_{(i,j)} = P_2(a^{(k,1)}_{(i,j)}) \text{ ...... 풀링(제1층)}$$

$$x^{(1)}_{(c,i,j)} = p^{(k,1)}_{(i,j)} \quad (k = c) \text{ ...... 제1층에서 제2층으로 입력}$$

(식 4.11)

$$z^{(k,2)}_{(i,j)} = \sum_{c=1}^{5} \sum_{u=1}^{2} \sum_{v=1}^{2} w^{(k,2)}_{(c,u,v)} x^{(1)}_{(c,i+u-1,j+v-1)} + b^{(k,2)} \text{ ...... 합성곱(제2층)}$$

$$a^{(k,2)}_{(i,j)} = \max(0, z^{(k,2)}_{(i,j)}) \text{ ...... 활성화 함수(제2층)}$$

$$p^{(k,2)}_{(i,j)} = P_2(a^{(k,2)}_{(i,j)}) \text{ ...... 풀링(제2층)}$$

$$x^{(2)}_{(c,i,j)} = p^{(k,2)}_{(i,j)} \quad (k = c) \text{ ...... 제2층에서 제3층으로 입력}$$

$x^{(0)}$은 그대로 해석하면 제0층에서의 입력이라는 의미가 되지만 단순하게 입력 이미지라고 생각하면 돼.

그런데 첨자가 진짜 많아. 뭐 처음부터 첨자가 많았으니까, 이제는 첨자가 늘어도 그런가보다 하는 느낌이지만.

첨자가 많은 것에 좀 익숙해졌어?

하하, 아니. 눈이 아파. 그래도 뭔가 조금은 익숙해진 것 같기도 해.

하하하.

4.8 전결합층의 순전파

그럼 마지막으로 전결합 신경망으로 이어지는 부분이야. [그림 4-21]에서 세로 1열로 전개한다고 했었는데, 이를 다르게 말하면 열벡터로 변환한다는 거야.

$$
\boldsymbol{x}^{(2)} =
\begin{bmatrix}
x^{(2)}_{(1,1,1)} \\
x^{(2)}_{(1,1,2)} \\
x^{(2)}_{(1,1,3)} \\
\vdots \\
x^{(2)}_{(c,i,j)} \\
\vdots
\end{bmatrix}
$$

(식 4.12)

[그림 4-22]에서는 이 부분을 말하는 거지?

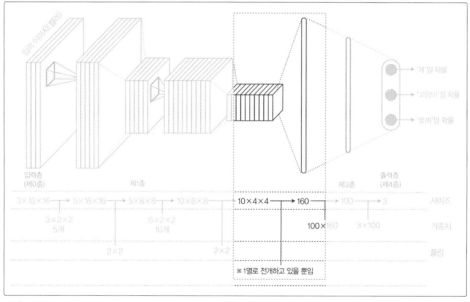

그림 4-28

거기서 1열로 전개하면 앞서 전결합 신경망에서 했던 것과 같은 방법으로 계산을 해서 처리를 진행할 수 있어.

$$\boldsymbol{x}^{(3)} = \boldsymbol{a}^{(3)}(\boldsymbol{W}^{(3)}\boldsymbol{x}^{(2)} + \boldsymbol{b}^{(3)}) \ \cdots\cdots \text{1열로 전개한 곳에서 제3층으로}$$

$$\boldsymbol{x}^{(4)} = \boldsymbol{a}^{(4)}(\boldsymbol{W}^{(4)}\boldsymbol{x}^{(3)} + \boldsymbol{b}^{(4)}) \ \cdots\cdots \text{제3층에서 출력층으로}$$ (식 4.13)

$$\boldsymbol{y} = \boldsymbol{x}^{(4)}$$

 마지막 $\boldsymbol{y}$가 합성곱 신경망이 출력한 분류 결과라는 거네?

 그렇지. 다만 분류일 때는 분류되는 레이블 수만큼 출력층의 유닛도 늘어난다는 건 기억하고 있지?

 아, 응. 출력층의 각 유닛이 출력하는 값을 각각 개별 레이블의 확률로 대응시키는 거였지?

 그때 생각해봐야 할 것이 확률로 해석하기 위해 출력값의 합이 1이 되어야 한다는 부분이었지.

 아, 그런 이야기도 했었지. 그러고 보니 어떻게 출력의 합계가 1로 한정되는 거지?

 사실 분류할 때는 출력층의 활성화 함수로 소프트맥스라고 불리는 함수를 사용해. [식 4.13]에서는 $\boldsymbol{a}^{(4)}$가 소프트맥스 함수야. 출력층의 가중치가 부여된 입력을 $\boldsymbol{z}^{(4)} = \boldsymbol{W}^{(4)}\boldsymbol{x}^{(3)} + \boldsymbol{b}^{(4)}$라고 하면 그중에서 i번째의 가중치가 부여된 입력을 $z_i^{(4)}$라고 하고 거기에 소프트맥스 함수를 적용하면 이런 식이 돼.

$$a^{(4)}(z_i^{(4)}) = \frac{\exp(z_i^{(4)})}{\sum_j \exp(z_j^{(4)})}$$ (식 4.14)

 식이 어려워 보이네.

 식에 exp가 포함되어 있어서 복잡해보이지만 잘 생각해보면 단순한 비율 계산이야. $\boldsymbol{z}$의 모든 요소의 합계를 분모로 두고 주목하고 있는 요소를 분자로 두는 거야.

비율 계산이구나. exp가 붙어 있긴 하지만 z 전체에서 z_i의 비율이 어느 정도인지 계산한다는 건가?

그렇지. 예를 들어 소프트맥스 함수를 통과하는 가중치가 부여된 입력이 이렇다고 해볼게.

$$\boldsymbol{z}^{(4)} = \boldsymbol{W}^{(4)}\boldsymbol{x}^{(3)} + \boldsymbol{b}^{(4)} = \begin{bmatrix} 1.32 \\ 0.20 \\ -1.87 \end{bmatrix} \begin{matrix} \cdots\cdots \text{ 개 유닛} \\ \cdots\cdots \text{ 고양이 유닛} \\ \cdots\cdots \text{ 토끼 유닛} \end{matrix} \qquad \text{(식 4.15)}$$

그러면 소프트맥스 함수를 사용해서 각 유닛이 출력하는 값은 이런 식으로 계산할 수 있어.

$$a^{(4)}(z_1^{(4)}) = \frac{\exp(1.32)}{\exp(1.32) + \exp(0.20) + \exp(-1.87)} = 0.731\cdots$$

$$a^{(4)}(z_2^{(4)}) = \frac{\exp(0.20)}{\exp(1.32) + \exp(0.20) + \exp(-1.87)} = 0.239\cdots \qquad \text{(식 4.16)}$$

$$a^{(4)}(z_3^{(4)}) = \frac{\exp(-1.87)}{\exp(1.32) + \exp(0.20) + \exp(-1.87)} = 0.030\cdots$$

확실히 비율을 계산하고 있는 느낌이네. 전부 합하면 1이 될 것 같고.

$$a^{(4)}(z_1^{(4)}) + a^{(4)}(z_2^{(4)}) + a^{(4)}(z_3^{(4)}) = 0.731 + 0.239 + 0.030 = 1 \qquad \text{(식 4.17)}$$

여기서 각 유닛의 확률이 계산되니까 최종적으로 합성곱 신경망의 출력 $\boldsymbol{y}$는 이런 모양의 벡터가 돼.

$$\boldsymbol{y} = \begin{bmatrix} 0.731 \\ 0.239 \\ 0.030 \end{bmatrix} \qquad \text{(식 4.18)}$$

비율 계산이라고 생각하면 그렇게 어렵지 않지?

음, 그렇긴 하지만 그럼 왜 exp를 사용하는 거야? 비율 계산이라면 그냥 $\boldsymbol{z}$의 모든 요소를 더해서 그걸로 z_i를 나누면 되는 거 아냐?

$$a^{(4)}\left(z_i^{(4)}\right) = \frac{z_i^{(4)}}{\sum_j z_j^{(4)}}$$

(식 4.19)

계산 결과에 따라서는 x_i가 음수가 되는 경우도 있잖아. [식 4.15]에서는 일부러 토끼 유닛이 음수가 되도록 만들었고, 그러면 단순히 요소를 더해서 나누기만 해서는 안 돼.

아, 그렇구나. 음수일 때를 고려하는 거구나. 하지만 그럴 때는 예를 들어 절댓값을 취하면 되잖아.

$$a^{(4)}\left(z_1^{(4)}\right) = \frac{|1.32|}{|1.32| + |0.20| + |-1.87|} = 0.389\cdots$$

$$a^{(4)}\left(z_2^{(4)}\right) = \frac{|0.20|}{|1.32| + |0.20| + |-1.87|} = 0.059\cdots$$

(식 4.20)

$$a^{(4)}\left(z_3^{(4)}\right) = \frac{|-1.87|}{|1.32| + |0.20| + |-1.87|} = 0.552\cdots$$

어라, 개와 토끼의 결과가 역전해버렸네. 이건 안 되겠다.

원래는 값이 클수록 높은 확률을 부여하고 싶은데 절댓값을 취하거나 제곱을 하면 절댓값이 클수록 높은 확률이 부여되어버려.

어떻게든 편하게 해보려고 했던 게 잘못이었네. 미안.

그 외에도 미분하기 쉽거나 함수가 비선형이거나 등 여러 가지 이유가 있지만, 어쨌든 분류를 하는 신경망은 대부분 마지막에 [식 4.14]의 소프트맥수 함수를 통과한다는 건 기억해둬.

응, 알았어.

 이 소프트맥스 함수의 출력으로 합성곱 신경망의 순전파 처리는 끝났어.

 [식 4.11]의 합성곱층 부분은 잘 생각해보면 덧셈, 곱셈, max 계산 정도밖에 하고 있지 않네.

 맞아. 그래서 그대로 구현하는 거라면 전혀 어렵지 않아. 하지만 계산량이 너무 많으니까 그런 부분을 효율화하는 테크닉이 필요해.

4.9 역전파

4.9.1 합성곱 신경망의 역전파

 합성곱 신경망의 구조와 순전파의 계산을 이해했으니 이제 학습 방법을 알아보자.

 전결합 신경망에서는 오차역전파법을 사용해서 가중치를 갱신했었는데 합성곱 신경망도 같은 방법을 사용하면 안 되는 거야?

 합성곱 신경망의 구성을 떠올려볼래? 전반에는 합성곱 필터, ReLU, 풀링층이 몇 개 있었고 후반에는 전결합 신경망이 이어졌었지?

 응, 그랬지.

 후반의 전결합층은 실체가 전결합 신경망이니까 완전히 같은 방법으로 학습할 수 있지만 전반의 합성곱층은 구조가 다르니까 수식도 조금 달라져.

그럼 지금부터 합성곱층의 학습 방법에 초점을 맞춰서 살펴볼 거야?

 응. 하지만 전체적인 흐름은 전결합 신경망을 학습할 때와 같으니까 그걸 따라가면서 이야기를 할게.

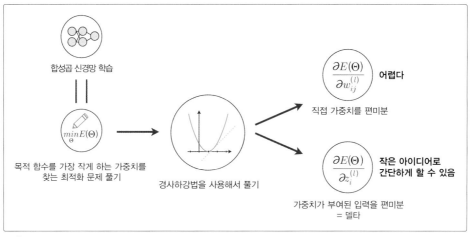

그림 4-29

 아, 이거 전에 사용했던 그림이다.

 수식이 조금 다르다고 했지만 경사하강법으로 학습시키는 건 같아. 가중치를 직접 편미분하기보다는 가중치가 부여된 입력을 간접적으로 편미분하는 게 간단하다는 부분도 마찬가지야.

 그런 거구나. 새로운 방법이 나올 거라고 생각했는데 좀 안심이다.

 [그림 4-29]에 나와 있는 대로 작업한다면 우선 무엇을 해야 할까?

 어, 뭐였지? 오차를 정의하는 건가?

그래. 거기부터 시작하자.

4.9.2 오차

우선 학습 데이터를 준비하고 합성곱 신경망을 정의하는 것부터 시작
할게.

응.

우선 학습 데이터와 그 짝이 되는 정답 데이터를 적당하게 준비해. 예를 들어 개, 고
양이, 토끼로 분류하려고 하는 경우에는 이런 식으로 준비하면 돼.

이미지 x	분류	정답 데이터 t
(※2)	개	$\begin{bmatrix} 1 \\ 0 \\ 0 \end{bmatrix}$
(※3)	고양이	$\begin{bmatrix} 0 \\ 1 \\ 0 \end{bmatrix}$
(※4)	토끼	$\begin{bmatrix} 0 \\ 0 \\ 1 \end{bmatrix}$

표 4-3   ※2 : https://pxhere.com/ja/photo/898839
          ※3 : https://pxhere.com/ja/photo/1434179
          ※4 : https://pxhere.com/ja/photo/978252

여기서 x는 단순한 열벡터라기보다는 [그림 4-23]과 같이 입체적인 형태를 하고 있다는 걸 생각해둬.

 응, 알았어.

 합성곱 신경망은 [그림 4-22]와 같은 것을 사용하고 그걸 $f(x)$라고 표기할게.

 $f(x)$의 내용은 [식 4.11]과 [식 4.13]이지?

 맞아. 그리고 $f(x)$가 출력하는 값은 y라고 표기하고 그걸 각 레이블마다의 확률을 나타내는 열벡터라고 할게. [표 4-3]의 학습 데이터에 맞추면 벡터의 요소는 3개야.

$$f(\boldsymbol{x}) = \boldsymbol{y} = \begin{bmatrix} y_1 \\ y_2 \\ y_3 \end{bmatrix} \begin{array}{l} \cdots\cdots x \text{가 개일 확률} \\ \cdots\cdots x \text{가 고양이일 확률} \\ \cdots\cdots x \text{가 토끼일 확률} \end{array} \qquad \text{(식 4.21)}$$

 [식 4.18]과 비슷한 느낌이네.

 여기서 정답 데이터 t와 합성곱 신경망 $f(x)$의 출력값 y 사이의 오차를 정의할게.

 나도 기억나. t와 y의 오차를 제곱해서 $\frac{1}{2}$을 곱하는 거지?

 물론 전에 사용한 제곱오차도 괜찮지만 이번에는 다른 방법으로 오차를 정의하려고 해.

 어? 오차가 뺄셈 이외에도 다른 게 있는 거야?

이번에는 교차 엔트로피$^{(※5)}$라는 값을 사용하려고 해.

$$\sum_{p=1}^{3} t_p \cdot \log \frac{1}{y_p} \quad \left(\boldsymbol{t} = \begin{bmatrix} t_1 \\ t_2 \\ t_3 \end{bmatrix}, \ \boldsymbol{y} = \begin{bmatrix} y_1 \\ y_2 \\ y_3 \end{bmatrix} \right) \qquad \text{(식 4.22)}$$

교, 교차... 엔트로...?

크로스 엔트로피라고 다른 이름으로 부르는 경우도 많아.

음, 이름도 처음 들어보고, 식을 봐도 전혀 오차처럼 안 보이는데 이게 정말 오차를 나타내고 있는 거야?

교차 엔트로피라는 값은 2개의 확률분포 $P(\omega)$와 $Q(\omega)$ 사이에 정의되는 것으로 그 2개의 확률 분포가 같을 때 $P(\omega) = Q(\omega)$로 가장 작아지는 거야.

무슨 말인지 전혀 모르겠어.

교차 엔트로피를 너무 깊게 이해하려고 하면 조금 길어지니까 지금은 '교차 엔트로피 값을 오차로 사용할 수 있다'는 정도로 이해해도 돼.

왜 제곱오차가 아니라 이런 이상한 함수를 오차로 사용하는 거야?

제곱오차와 비교해서 교차 엔트로피는 학습 초기 단계에도 학습 속도가 빠른 특징을 가지고 있으니까. 그게 하나의 장점이야.

학습 속도가 빠르다는 건 학습에 시간이 덜 걸리게 된다는 건가?

※5 교차 엔트로피는 4장의 칼럼에서 소개하고 있습니다.

그렇게 생각할 수도 있겠지만 본질적으로는 가중치가 갱신되는 방식에 차이가 있어. 학습 초기 상태는 가중치가 난수로 초기화되어 있으니까 신경망의 상태가 정답에서 멀어져 있는 경우가 대부분이야.

 교차 엔트로피의 경우 정답에서 멀면 멀수록 가중치의 위치를 많이 움직이는데 그렇게 되면 결과적으로 목적 함수의 값이 작아질 때까지의 갱신 횟수가 제곱오차와 비교해서 적어져.

 그럼 처음부터 제곱오차가 아니라 교차 엔트로피를 가르쳐주면 좋았잖아.

 기본부터 시작하는 게 중요하기 때문이지.

 그건 그렇지. 교차 엔트로피는 나중에 자세하게 조사해봐야겠네.

 아무튼 이 교차 엔트로피를 목적 함수로 해서 $E(\boldsymbol{\Theta})$로 표기할게. 참고로 $\log \frac{1}{y_p} = -\log y_p$ 로 변형할 수 있으니까 나중에 계산하기 쉽도록 그 형식으로 해둘게.

$$E(\boldsymbol{\Theta}) = \sum_{p=1}^{n} t_p \cdot \log \frac{1}{y_p}$$

$$= -\sum_{p=1}^{n} t_p \cdot \log y_p$$

(식 4.23)

 여기서 $\boldsymbol{\Theta}$에는 합성곱 필터의 가중치와 편향, 그리고 전결합층의 가중치와 편향이 모두 포함되어 있다고 생각해.

$$\begin{aligned}
\boldsymbol{\Theta} = \{ & w_{(1,1,1)}^{(1,1)}, \cdots, w_{(3,2,2)}^{(5,1)}, b^{(1,1)}, \cdots, b^{(5,1)}, \\
& w_{(1,1,1)}^{(1,2)}, \cdots, w_{(5,2,2)}^{(10,2)}, b^{(1,2)}, \cdots, b^{(10,2)}, \\
& \boldsymbol{W}^{(3)}, \boldsymbol{b}^{(3)}, \\
& \boldsymbol{W}^{(4)}, \boldsymbol{b}^{(4)} \}
\end{aligned}$$

(식 4.24)

파라미터의 총수가 엄청 많아질 것 같네. 도대체 몇 개나 있는 거야?

[그림 4-22]의 '가중치' 항목 수를 전부 더하면 돼. 아, 그림에는 써넣지 않았지만 편향도 있어.

파라미터	사이즈
제1층의 합성곱 필터	5×3×2×2 = 60개
제1층의 편향	5개
제2층의 합성곱 필터	10×5×2×2 = 200개
제2층의 편향	10개
제3층의 가중치 행렬	100×160 = 16000개
제3층의 편향	100개
제4층의 가중치 행렬	3×100 = 300개
제4층의 편향	3개

표 4-4

우와~ 엄청 많네.

그래도 이걸로 오차를 정의할 수 있으니까.

그럼 다음은 [식 4.23]의 오차 $E(\Theta)$가 가장 작아지는 Θ를 찾는 거야?

그렇지. 경사하강법을 사용해서. 여기에 쓴 각 파라미터의 갱신식을 구할 수 있으면 합성곱 신경망을 학습시킬 수 있어.

$$w_{ij}^{(l)} := w_{ij}^{(l)} - \eta \frac{\partial E(\Theta)}{\partial w_{ij}^{(l)}} \quad \text{...... 전결합층 가중치}$$

$$b_{i}^{(l)} := b_{i}^{(l)} - \eta \frac{\partial E(\Theta)}{\partial b_{i}^{(l)}} \quad \text{...... 전결합층 편향}$$

(식 4.25)

$$w^{(k,l)}_{(u,v,c)} := w^{(k,l)}_{(u,v,c)} - \eta \frac{\partial E(\boldsymbol{\Theta})}{\partial w^{(k,l)}_{(u,v,c)}} \quad \text{...... 합성곱 필터 가중치}$$

(식 4.26)

$$b^{(k,l)} := b^{(k,l)} - \eta \frac{\partial E(\boldsymbol{\Theta})}{\partial b^{(k,l)}} \quad \text{...... 합성곱 필터 편향}$$

4.9.3 전결합층의 갱신식

[식 4.25]의 전결합층 가중치와 전결합층 편향의 갱신식은 전에 전결합층 신경망의 오차역전파법을 배웠을 때 계산했던 걸 그대로 사용할 수 있는 거야?

$$\delta^{(L)}_i = \left(a^{(L)}(z^{(L)}_i) - y_k \right) a'^{(L)}(z^{(L)}_i) \quad \text{...... 출력층 델타}$$

$$\delta^{(l)}_i = a'^{(l)}(z^{(l)}_i) \sum_{r=1}^{m^{(l+1)}} \delta^{(l+1)}_r w^{(l+1)}_{ri} \quad \text{...... 은닉층 델타}$$

(식 4.27)

$$w^{(l)}_{ij} := w^{(l)}_{ij} - \eta \cdot \delta^{(l)}_i \cdot x^{(l-1)}_j \quad \text{...... 가중치 갱신식}$$

$$b^{(l)}_i := b^{(l)}_i - \eta \cdot \delta^{(l)}_i \quad \text{...... 편향 갱신식}$$

([식 3.69]에서)

기본적으로는 그런데 지금은 $E(\boldsymbol{\Theta})$로 제곱오차 대신 교차 엔트로피를 사용하고 있으니까 조금 결과가 바뀌는 부분이 있어.

아, 그렇구나. $E(\boldsymbol{\Theta})$의 내용이 달랐지. 그럼 전결합층에서도 목적 함수에 교차 엔트로피를 사용할 때의 갱신식을 구해야 하네.

응. 하지만 출력층 델타의 결과가 변하는 것뿐이니까 거기만 다시 계산하면 돼.

그것뿐이야?

델타는 목적 함수 $E(\Theta)$를 각 층의 가중치가 부여된 입력 $z_i^{(k)}$로 편미분한 것이었지?

응. 이런 모습이었나?

$$\delta_i^{(k)} = \frac{\partial E(\Theta)}{\partial z_i^{(k)}}$$

(식 4.28)

맞아. 하지만 $E(\Theta)$를 $z_i^{(k)}$로 직접적으로 편미분하는 것은 출력층뿐이고 그 앞의 은닉층에서는 전에 계산했던 델타를 재활용해. 즉, 역전파시킬 뿐이고 실제로 편미분하는 건 아니지.

아, 그게 오차역전파법이었지. 그럼 출력층의 델타 $\delta_i^{(4)}$만 생각하면 되네.

응. 그리고 이번 출력층의 활성화 함수로 소프트맥스 함수를 사용하고 있는데, 교차 엔트로피와 소프트맥스 함수를 조합해서 사용하면 사실 출력층의 델타를 매우 간단하게 계산할 수 있게 돼.

그래? 어떤 형태가 되는 거야?

같이 계산해볼까?

$$
\begin{aligned}
\delta_i^{(4)} &= \frac{\partial E(\Theta)}{\partial z_i^{(4)}} \\
&= \frac{\partial}{\partial z_i^{(4)}}\left(-\sum_{p=1}^{n} t_p \cdot \log y_p\right) \quad \cdots\cdots \text{[식 4.23]을 대입} \\
&= -\sum_{p=1}^{n}\left(\frac{\partial}{\partial z_i^{(4)}} t_p \cdot \log y_p\right) \quad \cdots\cdots \text{시그마와 편미분을 바꾸어 넣기} \\
&= -\sum_{p=1}^{n}\left(\frac{\partial}{\partial y_p} t_p \cdot \log y_p\right) \cdot \left(\frac{\partial y_p}{\partial z_i^{(4)}}\right) \quad \cdots\cdots \text{편미분을 분할}
\end{aligned}
$$

(식 4.29)

한 번에 너무 나가면 어려울 테니까 우선은 편미분을 분할하는 곳까지만 알아보자. 지금까지는 괜찮아?

마지막 행은 왜 그런 식으로 분할할 수 있는 거야?

y_p는 [식 4.21]로 표시된 벡터 $\boldsymbol{y}$의 요소를 나타내는데, [식 4.16]에서 했던 이야기를 떠올려보면 이건 소프트맥스 함수의 출력 결과라는 건 알겠어?

$$y_p = a^{(4)}(z_p^{(4)}) = \frac{\exp(z_p^{(4)})}{\sum_j \exp(z_j^{(4)})}$$

(식 4.30)

y_p의 첨자 p가 몇 번째 인덱스이든 소프트맥스 함수의 분모에는 반드시 $z_i^{(4)}$가 포함되니까 이렇게 바꾸어 말할 수 있어.

- $z_i^{(4)}$가 y_p 안에 포함되어 있다.
- y_p가 $t_p \cdot \log y_p$ 안에 포함되어 있다.

편미분을 분할할 때 언제나 등장하는 흐름이네. 그러니까 [식 4.29]는 2개의 편미분으로 분할할 수 있는 거구나.

그럼 실제로 미분을 해보자. 우선 [식 4.29]의 마지막 행의 왼쪽부터 시작하자. $\log x$의 미분이 $\frac{1}{x}$인 걸 생각하면 그렇게 어렵지 않지?

$\log y_p$를 미분하면 $\frac{1}{y_p}$이 된다는 거지. 이거 맞아?

$$\frac{\partial}{\partial y_p} t_p \cdot \log y_p = \frac{t_p}{y_p}$$

(식 4.31)

맞아. 다음은 오른쪽의 y_p를 $z_i^{(4)}$로 편미분하는 부분을 보자. 이게 소프트맥스 함수의 미분이야.

식이 너무 어려워. 어떻게 미분하지...

소프트맥스 함수의 미분은 $p = i$일 때와 $p \neq i$일 때로 나누어서 하는데, 이런 결과가 된다는 것을 알고 있으니까 이걸 그대로 사용할 수 있어.

$$\frac{\partial y_p}{\partial z_i^{(4)}} = \begin{cases} y_i(1 - y_i) & (p = i) \\ -y_p y_i & (p \neq i) \end{cases}$$

(식 4.32)

오~ 소프트맥스 함수의 미분은 소프트맥스 함수 그 자체를 사용해서 나타낼 수 있구나.

조금 신기하지? 아무튼 이걸로 분할 후의 편미분 결과를 각각 알았으니까 [식 4.31]과 [식 4.32]를 [식 4.29]에 대입해서 계산을 진행할 수 있어.

i나 p라는 문자가 포함된 채로 계산하면 조금 어려우니까 구체적인 값을 넣어서 계산해보자. 예를 들어 [식 4.21]처럼 3차원 출력이 있다는 전제로 $i = 2$인 경우를 생각해보면 이런 결과가 돼.

$$\delta_2^{(4)} = -\sum_{p=1}^{3} \left(\frac{\partial}{\partial y_p} t_p \cdot \log y_p \right) \cdot \left(\frac{\partial y_p}{\partial z_2^{(4)}} \right)$$

$$= -\sum_{p=1}^{3} \left(\frac{t_p}{y_p} \right) \cdot \left(\frac{\partial y_p}{\partial z_2^{(4)}} \right) \quad \text{······ [식 4.31]을 대입}$$

$$= -\left(\frac{t_1}{y_1} \cdot \frac{\partial y_1}{z_2^{(4)}} \right) - \left(\frac{t_2}{y_2} \cdot \frac{\partial y_2}{z_2^{(4)}} \right) - \left(\frac{t_3}{y_3} \cdot \frac{\partial y_3}{z_2^{(4)}} \right) \quad \text{······ 시그마를 전개}$$

$$= -\left(\frac{t_1}{y_1} \cdot -y_1 y_2 \right) - \left(\frac{t_2}{y_2} \cdot y_2(1 - y_2) \right) - \left(\frac{t_3}{y_3} \cdot -y_3 y_2 \right) \quad \text{······ [식 4.32]를 대입}$$

$$= t_1 y_2 - t_2 + t_2 y_2 + t_3 y_2 \quad \text{······ 약분}$$

(식 4.33)

$$= -t_2 + y_2(t_1 + t_2 + t_3) \quad \text{······ } y_2 \text{로 묶음}$$

$$= -t_2 + y_2 \sum_{p=1}^{3} t_p \quad \text{······ 시그마로 정리}$$

$$= -t_2 + y_2 \quad \text{······ 확률의 합이므로 1}$$

그리고 지금은 $i = 2$라고 생각한 거니까 다시 i로 되돌리면 마지막에는 이런 결과가 돼.

$$\delta_i^{(4)} = -t_i + y_i \qquad \text{(식 4.34)}$$

이게 교차 엔트로피와 소프트맥스 함수를 조합했을 때 출력층의 델타야?

그래.

놀랄 정도로 간단한 형태가 되었네.

이걸로 전결합층 델타를 다시 계산하는 건 끝났어.

4.9.4 합성곱 필터의 갱신식

전결합층의 가중치 갱신은 델타까지 포함해서 계산할 수 있었으니까 이제 남은 건 [식 4.26]의 합성곱 필터의 가중치 갱신식이야.

필터의 가중치도 전결합층의 가중치와 마찬가지로 가중치를 직접적으로 편미분하는 건 어려우니까 가중치가 부여된 입력을 편미분할 수 있도록 분할하는 거야?

맞아. 사고방식은 같아. 합성곱층의 경우는 가중치가 부여된 입력이라기보다는 특징맵을 편미분하는 것이 돼.

구체적인 가중치 하나를 예로 들어 생각해보는 것이 좋을 것 같아. [그림 4-22]의 제2층에는 $5 \times 2 \times 2$ 사이즈의 가중치 필터가 10개 있는데 첫 번째 필터의 가장 첫 번째 가중치 $w_{(1,1,1)}^{(1,2)}$를 예로 들어볼게.

$w^{(1,2)}_{(1,1,1)}$ 에서의 편미분을 분할해서 특징맵의 편미분이 가능하도록 한다는 거지?

$$\frac{\partial E(\boldsymbol{\Theta})}{\partial w^{(1,2)}_{(1,1,1)}}$$

(식 4.35)

 그렇지. 분할하기 위해 우선 가중치 $w^{(1,2)}_{(1,1,1)}$ 이 합성곱 신경망의 식 안에서 어디에 나오는지 찾고 싶은데 할 수 있겠어?

 지금 주목하고 있는 건 제2층의 첫 번째 필터의 가중치니까 제2층의 특징맵의 첫 번째 채널 안에 포함되어 있는 거지?

$$z^{(1,2)}_{(i,j)} = \sum_{c=1}^{5} \sum_{u=1}^{2} \sum_{v=1}^{2} w^{(1,2)}_{(c,u,v)} x^{(1)}_{(c,i+u-1,j+v-1)} + b^{(1,2)}$$

(식 4.36)

([식 4.9]에서)

 응. 그 식 안 어디에 $w^{(1,2)}_{(1,1,1)}$ 이 포함되어 있는지 잘 생각해봐.

 합성곱 처리는 같은 필터를 이미지의 왼쪽 위부터 오른쪽 아래까지 반복해서 적용해 나가니까 모든 $z^{(1,2)}_{(i,j)}$ 안에 나오게 돼. 맞지?

$$z^{(1,2)}_{(1,1)} = w^{(1,2)}_{(1,1,1)} x^{(1)}_{(1,1,1)} + w^{(1,2)}_{(1,1,2)} x^{(1)}_{(1,1,2)} + \cdots$$

$$z^{(1,2)}_{(1,2)} = w^{(1,2)}_{(1,1,1)} x^{(1)}_{(1,1,2)} + w^{(1,2)}_{(1,1,2)} x^{(1)}_{(1,1,3)} + \cdots$$

$$z^{(1,2)}_{(1,3)} = w^{(1,2)}_{(1,1,1)} x^{(1)}_{(1,1,3)} + w^{(1,2)}_{(1,1,2)} x^{(1)}_{(1,1,4)} + \cdots$$

$$\vdots$$

$$z^{(1,2)}_{(8,8)} = w^{(1,2)}_{(1,1,1)} x^{(1)}_{(1,8,8)} + w^{(1,2)}_{(1,1,2)} x^{(1)}_{(1,8,9)} + \cdots$$

(식 4.37)

 맞아. 따라서 이렇게 말할 수 있어.

- $w^{(1,2)}_{(1,1,1)}$ 가 $z^{(1,2)}_{(1,1)}, z^{(1,2)}_{(1,2)}, z^{(1,2)}_{(1,3)}, \cdots$ 안에 포함되어 있다.
- $z^{(1,2)}_{(1,1)}, z^{(1,2)}_{(1,2)}, z^{(1,2)}_{(1,3)}, \cdots$ 가 $E(\boldsymbol{\Theta})$ 안에 포함되어 있다.

오, 등장했다. 편미분을 분할할 때의 흐름.

그럼 이 경우 [식 4.35]는 어떤 식으로 분할할 수 있을까?

포함되는 곳이 여러 개인 경우에는 분할 후의 편미분을 더하면 되잖아.

$$\frac{\partial E(\mathbf{\Theta})}{\partial w_{(1,1,1)}^{(1,2)}} = \frac{\partial E(\mathbf{\Theta})}{\partial z_{(1,1)}^{(1,2)}} \frac{\partial z_{(1,1)}^{(1,2)}}{\partial w_{(1,1,1)}^{(1,2)}} + \frac{\partial E(\mathbf{\Theta})}{\partial z_{(1,2)}^{(1,2)}} \frac{\partial z_{(1,2)}^{(1,2)}}{\partial w_{(1,1,1)}^{(1,2)}} + \frac{\partial E(\mathbf{\Theta})}{\partial z_{(1,3)}^{(1,2)}} \frac{\partial z_{(1,3)}^{(1,2)}}{\partial w_{(1,1,1)}^{(1,2)}} + \cdots \quad \text{(식 4.38)}$$

그렇게 하는 건 맞는데 시그마를 사용하면 이렇게 정리할 수 있어.

$$\frac{\partial E(\mathbf{\Theta})}{\partial w_{(1,1,1)}^{(1,2)}} = \sum_{i=1}^{8} \sum_{j=1}^{8} \frac{\partial E(\mathbf{\Theta})}{\partial z_{(i,j)}^{(1,2)}} \frac{\partial z_{(i,j)}^{(1,2)}}{\partial w_{(1,1,1)}^{(1,2)}} \quad \text{(식 4.39)}$$

그리고 지금은 구체적으로 머릿속에 그려보기 위해 $w_{(1,1,1)}^{(1,2)}$ 이라는 특정 가중치를 살펴보고 있지만 일반화해서 다른 가중치도 살펴보도록 하자.

[식 4.39]의 $w_{(1,1,1)}^{(1,2)}$ 을 $w_{(c,u,v)}^{(k,l)}$ 로 치환하면 되는 건가?

그렇지. 특징맵의 가로세로 사이즈를 $d \times d$ 라고 하고 대응하는 z 의 첨자도 치환하면 $w_{(c,u,v)}^{(k,l)}$ 에서의 편미분은 이런 식으로 나타낼 수 있어.

$$\frac{\partial E(\mathbf{\Theta})}{\partial w_{(c,u,v)}^{(k,l)}} = \sum_{i=1}^{d} \sum_{j=1}^{d} \frac{\partial E(\mathbf{\Theta})}{\partial z_{(i,j)}^{(k,l)}} \frac{\partial z_{(i,j)}^{(k,l)}}{\partial w_{(c,u,v)}^{(k,l)}} \quad \text{(식 4.40)}$$

여전히 첨자가 많네. 하지만 식을 찬찬히 살펴보면 이해할 수 있을 거야.

지금부터 [식 4.40]의 분할된 우변을 계산하고 싶은데 우선은 $z_{(i,j)}^{(k,l)}$를 $w_{(c,u,v)}^{(k,l)}$로 편미분하는 계산을 해보자.

 첨자가 많아서 엄청 어려울 것 같아.

 $z_{(i,j)}^{(k,l)}$는 (i,j)의 위치를 기준으로 합성곱한 결과니까 w와 x의 곱셈이 이런 식으로 늘어서게 되지.

$$z_{(i,j)}^{(k,l)}$$
$$= w_{(1,1,1)}^{(k,l)} x_{(1,i,j)}^{(l-1)} + w_{(1,1,2)}^{(k,l)} x_{(1,i,j+1)}^{(l-1)} + \cdots +$$
$$\quad w_{(2,1,1)}^{(k,l)} x_{(2,i,j)}^{(l-1)} + w_{(2,1,2)}^{(k,l)} x_{(2,i,j+1)}^{(l-1)} + \cdots + \qquad \text{(식 4.41)}$$
$$\quad \vdots$$
$$\quad w_{(c,1,1)}^{(k,l)} x_{(c,i,j)}^{(l-1)} + w_{(c,1,2)}^{(k,l)} x_{(c,i,j+1)}^{(l-1)} + \cdots + w_{(c,u,v)}^{(k,l)} x_{(c,i+u-1,j+v-1)}^{(l-1)} + \cdots$$

 이걸 $w_{(c,u,v)}^{(k,l)}$로 편미분하는 거니까 $w_{(c,u,v)}^{(k,l)}$가 포함되어 있지 않은 항은 전부 사라져.

 $w_{(c,u,v)}^{(k,l)}$에 곱해진 $x_{(c,i+u-1,j+v-1)}^{(l-1)}$만 남는 거야?

$$\frac{\partial z_{(i,j)}^{(k,l)}}{\partial w_{(c,u,v)}^{(k,l)}} = x_{(c,i+u-1,j+v-1)}^{(l-1)} \qquad \text{(식 4.42)}$$

 그래 맞아. 그리고 [식 4.40] 우변의 $E(\mathbf{\Theta})$를 $z_{(i,j)}^{(k,l)}$로 편미분하는 부분을 보자. 이 게 합성곱층의 델타야.

$$\delta_{(i,j)}^{(k,l)} = \frac{\partial E(\mathbf{\Theta})}{\partial z_{(i,j)}^{(k,l)}} \qquad \text{(식 4.43)}$$

[식 4.42]와 [식 4.43]을 합치면 [식 4.39]는 이렇게 나타낼 수 있어.

$$\frac{\partial E(\boldsymbol{\Theta})}{\partial w^{(k,l)}_{(c,u,v)}} = \sum_{i=1}^{d} \sum_{j=1}^{d} \delta^{(k,l)}_{(i,j)} \cdot x^{(l-1)}_{(c,i+u-1,j+v-1)} \tag{식 4.44}$$

δ와 x만 남았네. 이번에는 시그마가 2개 붙어 있지만 [식 3.44]일 때와 같아.

맞아. [식 3.44]와 같아. 합성곱층의 델타도 전결합층의 델타와 마찬가지로 전 층에서 구한 델타를 재활용해서 계산을 쉽게 할 수 있으니까 마지막으로 역전파하는 방법을 살펴보자.

전결합 신경망 때는 출력층과 은닉층으로 나누어서 생각했었잖아. 이번에도 그렇게 하는 거야?

합성곱 신경망의 구조를 생각했을 때 합성곱층 다음에 오는 층이 이렇게 2종류 있으니까 그것들을 각각 살펴보자.

- 합성곱층에 접속되는 합성곱층의 경우(합성곱층에서 역전파되는 경우)
- 전결합층에 접속되는 합성곱층의 경우(전결합층에서 역전파되는 경우)

그렇구나. 합성곱층은 전결합층과 이어지는 부분이 있으니까 그건 나누어서 생각해야 하는구나.

4.9.5 풀링층의 델타

합성곱층의 역전파를 살펴볼 때 주의해야 하는 것이 풀링 처리 부분이야.

아, 풀링은 특징맵을 작아지게 했었지? 혹시 삭제된 유닛을 어떻게 취급하는지에 대한 이야기인가?

맞아. 풀링 처리를 통과하지 못한 유닛은 거기서 버려지지. 출력층 계산에 사용되지 않으니까 역전파도 할 수 없어.

 역전파를 할 수 없다는 건 델타 계산을 할 수 없다는 거야?

 그런 셈이야. 그래서 풀링을 통과하지 못한 유닛에 관한 델타는 모두 0으로 계산해.

 그런데 단순히 0으로 계산하는 걸로 괜찮은 거야?

 예를 들어 [그림 4-22]의 첫 합성곱층에서 $z_{(3,3)}^{(1,1)}$에서 $z_{(4,4)}^{(1,1)}$ 범위의 풀링을 하고 $z_{(3,3)}^{(1,1)}$만 남았을 경우

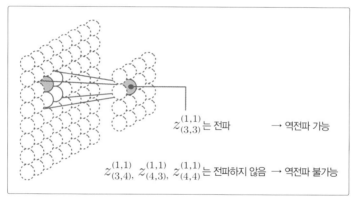

그림 4-30

- $\delta_{(3,3)}^{(1,1)}$은 다음 층에서 역전파되는 델타를 사용해서 계산 가능
- $\delta_{(3,4)}^{(1,1)}, \delta_{(4,3)}^{(1,1)}, \delta_{(4,4)}^{(1,1)}$는 모두 0으로 함

 이런 식으로 처리하지.

 그렇구나. 그럼 풀링 사이즈가 크면 거의 모든 유닛이 0이 되겠네.

그래. 아무튼 풀링을 통과한 유닛과 통과하지 못한 유닛으로 나누어 생각할 필요가 있다는 건 기억해둬.

 응, 알았어.

 그럼 그걸 염두에 두고 지금부터는 풀링을 통과한 유닛으로 한정해서 이야기를 진행할게.

4.9.6 전결합층에 접속된 합성곱층의 델타

 역전파 이야기니까 뒤 층부터 살펴보는 게 자연스럽겠지?

 그럼 전결합층에 접속된 합성곱층부터 살펴보는 거야? [그림 4-22]에서는 이 부분을 말하는 거지?

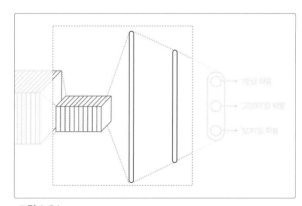

그림 4-31

 예를 들어 구체적인 델타로서 $\delta^{(1,2)}_{(1,1)}$을 살펴보자. 어떻게 하면 될까?

 가중치가 부여된 입력으로 목적 함수 $E(\mathbf{\Theta})$를 편미분하면 되잖아. 합성곱층에서 나오는 건 풀링에서 선택된 유닛뿐이니까 [식 4.11]에서 정의한 $p^{(1,2)}_{(1,1)}$이 가중치가 부여된 입력이 될 거고.

$$\delta^{(1,2)}_{(1,1)} = \frac{\partial E(\mathbf{\Theta})}{\partial p^{(1,2)}_{(1,1)}}$$

(식 4.45)

맞아, 그걸로 충분해. [그림 4-22]의 제2층의 풀링 사이즈는 2×2니까 $p_{(1,1)}^{(1,2)}$이라 는 건 $z_{(1,1)}^{(1,2)}$, $z_{(1,2)}^{(1,2)}$, $z_{(2,1)}^{(1,2)}$, $z_{(2,2)}^{(1,2)}$ 중 하나라는 거지. 예를 들어 풀링에서 $z_{(1,1)}^{(1,2)}$이 선 택된 경우 사실상 $p_{(1,1)}^{(1,2)} = z_{(1,1)}^{(1,2)}$이 되니까 그것만 고려하면 돼.

$$\delta_{(1,1)}^{(1,2)} = \frac{\partial E(\mathbf{\Theta})}{\partial z_{(1,1)}^{(1,2)}} \qquad \delta_{(1,2)}^{(1,2)} = \frac{\partial E(\mathbf{\Theta})}{\partial z_{(1,2)}^{(1,2)}} = 0$$

$$\delta_{(2,1)}^{(1,2)} = \frac{\partial E(\mathbf{\Theta})}{\partial z_{(2,1)}^{(1,2)}} = 0 \quad \delta_{(2,2)}^{(1,2)} = \frac{\partial E(\mathbf{\Theta})}{\partial z_{(2,2)}^{(1,2)}} = 0$$

(식 4.46)

그런 거구나. 그럼 수식을 생각할 때는 $p_{(1,1)}^{(1,2)}$로 편미분한다기 보다는 $z_{(1,1)}^{(1,2)}$로 편미 분한다고 생각하는 게 좋은 건가?

그래. 수식은 $z_{(1,1)}^{(1,2)}$로 편미분하는 걸 생각해보자.

그렇다고는 해도 유닛을 시각화할 때도 $z_{(1,1)}^{(1,2)}$을 사용하면 특징맵 부분과 뒤섞여서 복잡해질 것 같으니까 그림에서는 그대로 $p_{(1,1)}^{(1,2)}$을 사용해서 이야기를 진행할게.

처음 하던 이야기로 돌아갈게. 특징맵 을 1열로 전개하는 부분은 이런 식으로 시각화할 수 있는데, 그중에서 $p_{(1,1)}^{(1,2)}$은 여기에 있지.

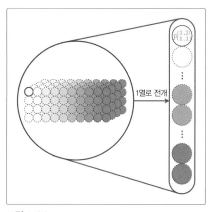

그림 4-32

응. 아래첨자가 $(1, 1)$이니까 1열로 전개하면 가장 위에 온다는 거네.

순서는 그렇게 중요하지 않아. 윤서가 생각해봤으면 하는 건 $p_{(1,1)}^{(1,2)}$이 다음 층의 어떤 유닛과 연결되어 있을까라는 부분이야.

어떤 유닛과 연결되어 있냐고?

전에 유닛에서 나온 화살표를 따라가면서 편미분을 분할했던 거 기억나?

아, 그 말이구나. $p_{(1,1)}^{(1,2)}$이 어디에 포함되어 있는지 확인하고 그걸 바탕으로 편미분을 분할하는 거지? 그러니까. $p_{(1,1)}^{(1,2)}$의 다음 층은 전결합층이니까 그곳의 모든 유닛이 이어져 있는 건가?

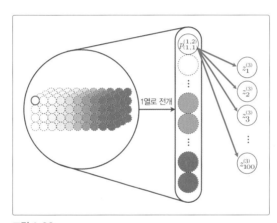

그림 4-33

그렇지! [그림 4-33]은 이렇게 바꿔서 말할 수 있어.

- $p_{(1,1)}^{(1,2)}$, 즉 $z_{(1,1)}^{(1,2)}$이 $z_1^{(3)}$, $z_2^{(3)}$, $z_3^{(3)}$, $\cdots$, $z_{100}^{(3)}$ 안에 포함되어 있다.
- $z_1^{(3)}$, $z_2^{(3)}$, $z_3^{(3)}$, $\cdots$, $z_{100}^{(3)}$이 $E(\mathbf{\Theta})$ 안에 포함되어 있다.

그러니까 이런 식으로 편미분을 분할할 수 있다는 거지?

$$\frac{\partial E(\mathbf{\Theta})}{\partial z_{(1,1)}^{(1,2)}} = \sum_{r=1}^{100} \frac{\partial E(\mathbf{\Theta})}{\partial z_r^{(3)}} \frac{\partial z_r^{(3)}}{\partial z_{(1,1)}^{(1,2)}}$$

(식 4.47)

오~ 윤서 점점 익숙해지고 있네.

헤헤, 벌써 여러 번 하고 있으니까.

[식 4.47]은 $z_{(1,1)}^{(1,2)}$이라는 구체적인 값을 넣어서 살펴본 것이니까 제$l+1$층의 전결합층의 유닛 수를 $m^{(l+1)}$이라고 하면 일반화할 수 있지?

$$\frac{\partial E(\Theta)}{\partial z_{(i,j)}^{(k,l)}} = \sum_{r=1}^{m^{(l+1)}} \frac{\partial E(\Theta)}{\partial z_r^{(l+1)}} \frac{\partial z_r^{(l+1)}}{\partial z_{(i,j)}^{(k,l)}} \qquad \text{(식 4.48)}$$

이 식의 우변을 계산하면 되는 거네.

[식 4.48]의 $z_r^{(l+1)}$을 $z_{(i,j)}^{(k,l)}$로 미분하는 부분은 [식 3.61]과 [식 3.62]를 떠올려봐. 그곳에서와 완전히 같은 계산이 나와.

$$\frac{\partial z_r^{(l+1)}}{\partial z_{(i,j)}^{(k,l)}} = w_{(r,k,i,j)}^{(l+1)} a'^{(l)}\left(z_{(i,j)}^{(k,l)}\right) \qquad \text{(식 4.49)}$$

$w_{(r,k,i,j)}^{(l+1)}$는 풀링 이후의 $p_{(i,j)}^{(k,l)}$와 전결합층 $z_r^{(l+1)}$ 사이를 잇는 선의 가중치라고 생각하면 돼.

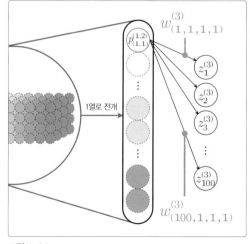

그림 4-34

아무튼 첨자는 많지만 사고방식은 같다는 건가?

 그리고 [식 4.48]의 $E(\boldsymbol{\Theta})$를 $z_r^{(l+1)}$로 편미분하는 부분은 윤서도 이미 알고 있지?

 가중치가 부여된 입력으로 목적 함수를 편미분했으니까 델타를 말하는 거지?

$$\frac{\partial E(\boldsymbol{\Theta})}{\partial z_r^{(l+1)}} = \delta_r^{(l+1)}$$

(식 4.50)

 그래. 그리고 [식 4.48]에서 [식 4.50]까지 합치면 전결합층으로 이어지는 부분의 델타는 이렇게 표현할 수 있어.

$$
\begin{aligned}
\delta_{(i,j)}^{(k,l)} &= \frac{\partial E(\boldsymbol{\Theta})}{\partial z_{(i,j)}^{(k,l)}} \\
&= \sum_{r=1}^{m^{(l+1)}} \delta_r^{(l+1)} \cdot w_{(r,k,i,j)}^{(l+1)} a'^{(l)}\!\left(z_{(i,j)}^{(k,l)}\right) \\
&= a'^{(l)}\!\left(z_{(i,j)}^{(k,l)}\right) \sum_{r=1}^{m^{(l+1)}} \delta_r^{(l+1)} w_{(r,k,i,j)}^{(l+1)}
\end{aligned}
$$

(식 4.51)

 [식 4.51]의 층을 나타내는 첨자 l에 주목해줄래? 좌변의 제l층의 델타를 계산하는데 우변의 $l+1$층의 델타를 사용하고 있지?

 응. $\delta_{(i,j)}^{(k,l)}$와 $\delta_r^{(l+1)}$ 부분이지?

 여기서도 역전파법의 방식이 사용되고 있어.

4.9.7 합성곱층에 접속된 합성곱층의 델타

 마지막은 '합성곱층에 접속된 합성곱층'이야.

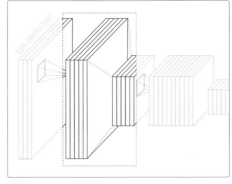

그림 4-35

 여기서는 $p_{(2,2)}^{(1,1)}$를 살펴볼게. 예를 들어 $z_{(3,3)}^{(1,1)}$이 풀링을 통과했던 유닛이라고 하면 풀어야 할 식은 이거지.

$$\delta_{(3,3)}^{(1,1)} = \frac{\partial E(\boldsymbol{\Theta})}{\partial z_{(3,3)}^{(1,1)}} \qquad \text{(식 4.52)}$$

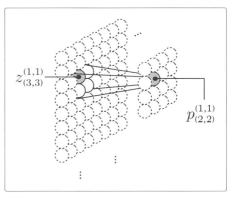

그림 4-36

 어라, $(1, 1)$이 아니고 $(3, 3)$ 위치에 있는 델타네.

 응, 그 위치가 설명하기 더 편해. 그리고 유닛을 전부 그리면 수가 너무 많고 힘들기 때문에 조금 생략했고, 쉽게 이해할 수 있도록 이후의 그림에서는 다른 채널은 생략하고 첫 번째 채널만 그리고 있다는 것을 주의해서 봐.

 그럼 채널 번호는 별로 관계가 없다는 거야?

 설명 과정에서는 생략해도 괜찮아.

아, 그렇구나.

 그럼 아까와 같은 흐름으로 $p_{(2,2)}^{(1,1)}$ 가 어디에 포함되어 있는지 조사해보자.

 그러니까 이번에는 합성곱층이 뒤에 이어지는 부분이니까 전결합층과 달리 유닛마다가 아니라 필터 단위로 연결되어 있지?

 단순하게 전부 연결되어 있는 것에 비하면 조금 더 복잡하지. 여기서는 합성곱 필터의 동작과 연동시켜서 생각해야 해.

 필터는 왼쪽 위에서부터 순서대로 적용해가는 거니까, 그러니까… 응응? 왠지 혼란스러워졌어.

 간단한 그림을 그려서 동작을 확인해보자.

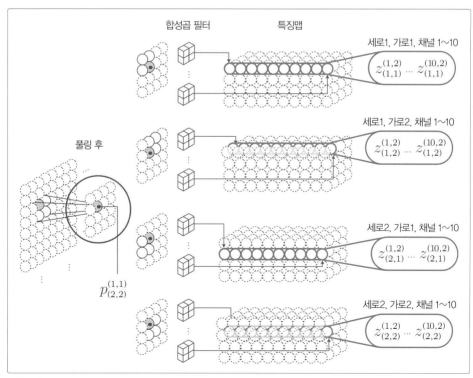

그림 4-37

입력 채널과 합성곱 필터 채널은 각각 대응하고 있으니까 필터 채널도 첫 번째만 그렸어. 합성곱 필터가 10개니까 출력되는 특징맵의 채널도 10개라는 점을 주의해.

 그렇구나. 그렇다고 해도 $p_{(2,2)}^{(1,1)}$가 포함될 유닛이 엄청 많이 있을 것 같아. 이거 위에서부터 순서대로 보는 거지?

 합성곱 계산을 할 때 $p_{(2,2)}^{(1,1)}$가 결과에 포함되는 필터의 위치를 열거한 거야.

 2×2 필터니까 전부 4개 위치가 겹쳐서 합성곱 계산에 들어간다는 거네.

 응. 필터를 옮길 때 필터의 모든 위치에서 겹치는 모습을 보여주고 싶어서 처음에 $(2, 2)$의 위치를 예로 고른 거야.

 그랬구나. $(1, 1)$ 위치면 필터의 왼쪽 위 부분은 확실히 겹치지 않게 돼.

 그래서 [그림 4-37]의 모습을 말로 표현하면 조금 길지만 이와 같아.

$$p_{(2,2)}^{(1,1)}, \ \text{즉} \ z_{(3,3)}^{(1,1)} \text{이} \quad \begin{matrix} z_{(1,1)}^{(1,2)}, \cdots, z_{(1,1)}^{(10,2)} \\ z_{(1,2)}^{(1,2)}, \cdots, z_{(1,2)}^{(10,2)} \\ z_{(2,1)}^{(1,2)}, \cdots, z_{(2,1)}^{(10,2)} \\ z_{(2,2)}^{(1,2)}, \cdots, z_{(2,2)}^{(10,2)} \end{matrix} \quad \text{안에 포함되어 있다.}$$

$$\begin{matrix} z_{(1,1)}^{(1,2)}, \cdots, z_{(1,1)}^{(10,2)} \\ z_{(1,2)}^{(1,2)}, \cdots, z_{(1,2)}^{(10,2)} \\ z_{(2,1)}^{(1,2)}, \cdots, z_{(2,1)}^{(10,2)} \\ z_{(2,2)}^{(1,2)}, \cdots, z_{(2,2)}^{(10,2)} \end{matrix} \quad \text{가} \ E(\boldsymbol{\Theta}) \ \text{안에 포함되어 있다.}$$

우와, 굉장하네.

 항은 많지만 지금까지 해왔던 방식으로 충실하게 쫓아가면 분할 자체는 어렵지 않을 거야.

 이렇게 하는 건가?

$$\frac{\partial E(\boldsymbol{\Theta})}{\partial z_{(3,3)}^{(1,1)}} = \frac{\partial E(\boldsymbol{\Theta})}{\partial z_{(1,1)}^{(1,2)}} \cdot \frac{\partial z_{(1,1)}^{(1,2)}}{\partial z_{(3,3)}^{(1,1)}} + \cdots + \frac{\partial E(\boldsymbol{\Theta})}{\partial z_{(1,1)}^{(10,2)}} \cdot \frac{\partial z_{(1,1)}^{(10,2)}}{\partial z_{(3,3)}^{(1,1)}} +$$

$$\frac{\partial E(\boldsymbol{\Theta})}{\partial z_{(1,2)}^{(1,2)}} \cdot \frac{\partial z_{(1,2)}^{(1,2)}}{\partial z_{(3,3)}^{(1,1)}} + \cdots + \frac{\partial E(\boldsymbol{\Theta})}{\partial z_{(1,2)}^{(10,2)}} \cdot \frac{\partial z_{(1,2)}^{(10,2)}}{\partial z_{(3,3)}^{(1,1)}} +$$

$$\frac{\partial E(\boldsymbol{\Theta})}{\partial z_{(2,1)}^{(1,2)}} \cdot \frac{\partial z_{(2,1)}^{(1,2)}}{\partial z_{(3,3)}^{(1,1)}} + \cdots + \frac{\partial E(\boldsymbol{\Theta})}{\partial z_{(2,1)}^{(10,2)}} \cdot \frac{\partial z_{(2,1)}^{(10,2)}}{\partial z_{(3,3)}^{(1,1)}} +$$

$$\frac{\partial E(\boldsymbol{\Theta})}{\partial z_{(2,2)}^{(1,2)}} \cdot \frac{\partial z_{(2,2)}^{(1,2)}}{\partial z_{(3,3)}^{(1,1)}} + \cdots + \frac{\partial E(\boldsymbol{\Theta})}{\partial z_{(2,2)}^{(10,2)}} \cdot \frac{\partial z_{(2,2)}^{(10,2)}}{\partial z_{(3,3)}^{(1,1)}}$$

(식 4.53)

 조금 더 생각해서 정리해야 할 것 같아.

 시그마를 사용해서? 어떻게 정리해야 할지 잘 모르겠어.

 하하. 이 수식은 다른 수식보다 정리하기 힘들 수도 있겠네. 제 $l + 1$층의 합성곱 필터 수를 $K^{(l+1)}$, 사이즈를 $m^{(l+1)} \times m^{(l+1)}$, 특징맵 (i, j)의 위치에 대응하는 풀링의 위치를 (p_i, p_j)라고 하면 이런 식으로 일반화할 수 있어.

$$\frac{\partial E(\boldsymbol{\Theta})}{\partial z_{(i,j)}^{(k,l)}} = \sum_{q=1}^{K^{(l+1)}} \sum_{r=1}^{m^{(l+1)}} \sum_{s=1}^{m^{(l+1)}} \frac{\partial E(\boldsymbol{\Theta})}{\partial z_{(p_i-r+1,p_j-s+1)}^{(q,l+1)}} \cdot \frac{\partial z_{(p_i-r+1,p_j-s+1)}^{(q,l+1)}}{\partial z_{(i,j)}^{(k,l)}} \quad \text{(식 4.54)}$$

지금까지 그림에서는 첫 번째 채널 $k = 1$로 고정해서 봤었는데 [식 4.54]의 우변에 서는 k에 의존하는 부분이 없으니까 신경 쓰지 않아도 돼.

 [식 4.53]과 [식 4.54]는 같은 걸 표현하고 있는 거지?

 응. 각각 $(i, j) = (3, 3), (p_i, p_j) = (2, 2), (k, l) = (1, 1), K^{(l+1)} = 10, m^{(l+1)} = 2$ 라는 값을 대입하면 같은 식이 돼. 천천히 비교해봐.

 아무튼 첨자가 많아서 힘드네.

 결과만 먼저 말하면 [식 4.54]의 $z^{(q,l+1)}_{(p_i-r+1),(p_j-s+1)}$ 을 $z^{(k,l)}_{(i,j)}$ 로 편미분하는 부분은 이렇게 돼.

$$\frac{\partial z^{(q,l+1)}_{(p_i-r+1,p_j-s+1)}}{\partial z^{(k,l)}_{(i,j)}} = w^{(q,l+1)}_{(k,r,s)} \cdot a'^{(l)}\left(z^{(k,l)}_{(i,j)}\right) \qquad \text{(식 4.55)}$$

 [식 4.54]의 $E(\boldsymbol{\Theta})$를 $z^{(q,l+1)}_{(p_i-r+1,p_j-s+1)}$ 로 편미분하는 부분은 이미 알고 있지?

 델타 말이지?

$$\frac{\partial E(\boldsymbol{\Theta})}{\partial z^{(q,l+1)}_{(p_i-r+1,p_j-s+1)}} = \delta^{(q,l+1)}_{(p_i-r+1,p_j-s+1)} \qquad \text{(식 4.56)}$$

 [식 4.54]에서 [식 4.56]까지 합치면 합성곱층에 이어져 있는 부분의 델타는 이렇게 나타낼 수 있어.

$$\delta_{(i,j)}^{(k,l)} = \sum_{q=1}^{K^{(l+1)}} \sum_{r=1}^{m^{(l+1)}} \sum_{s=1}^{m^{(l+1)}} \delta_{(p_i-r+1,\,p_j-s+1)}^{(q,l+1)} \cdot w_{(k,r,s)}^{(q,l+1)} \cdot a'^{(l)}\big(p_{(i,j)}^{(k,l)}\big)$$

(식 4.57)

$$= a'^{(l)}\big(p_{(i,j)}^{(k,l)}\big) \sum_{q=1}^{K^{(l+1)}} \sum_{r=1}^{m^{(l+1)}} \sum_{s=1}^{m^{(l+1)}} \delta_{(p_i-r+1,\,p_j-s+1)}^{(q,l+1)} w_{(k,r,s)}^{(q,l+1)}$$

아무리 봐도 무슨 말을 하고 있는 건지 전혀 모르겠어.

역시 이건 좀 복잡하네.

참고로 델타의 첨자 중 $p_i - r + 1$이나 $p_j - s + 1$이 마이너스가 되는 경우도 있는데 이때는 $\delta_{(p_i-r+1,\,p_j-s+1)}^{(q,l+1)} = 0$이라고 해도 돼.

아, 그렇구나. 가장자리 쪽, 예를 들면 $(1,1)$의 위치에서 필터의 일부가 겹치지 않는 경우 말이지?

맞아. 그런 경우를 말하는 거야.

4.9.8 파라미터 갱신식

슬슬 합성곱 신경망의 역전파에 대해 지금까지 이야기했던 것 정리할게.

그래, 좋아.

우선 원래 목적은 합성곱 신경망의 학습 방법을 찾는 거였지?

응. 전결합 신경망과 마찬가지로 오차역전파법으로 델타를 계산하면서 경사하강법으로 파라미터를 갱신하는 거지?

그 말대로야. 마지막 부분은 델터의 역전파 방법을 살펴봤는데 전부 4개의 델타가 나왔었지?

$$\delta_i^{(L)} = -t_i + y_i \quad \cdots\cdots \text{출력층}$$

$$\delta_i^{(l)} = a'^{(l)}\big(z_i^{(l)}\big) \sum_{r=1}^{m^{(l+1)}} \delta_r^{(l+1)} w_{ri}^{(l+1)} \quad \cdots\cdots \text{은닉층}$$

$$\delta_{(i,j)}^{(k,l)} = a'^{(l)}\big(z_{(i,j)}^{(k,l)}\big) \sum_{r=1}^{m^{(l+1)}} \delta_r^{(l+1)} w_{(r,k,i,j)}^{(l+1)} \quad \cdots\cdots \text{전결합층에 접속된 합성곱층}$$

(식 4.58)

$$\delta_{(i,j)}^{(k,l)} = a'^{(l)}\big(z_{(i,j)}^{(k,l)}\big) \sum_{q=1}^{K^{(l+1)}} \sum_{r=1}^{m^{(l+1)}} \sum_{s=1}^{m^{(l+1)}} \delta_{(p_i-r+1,p_j-s+1)}^{(q,l+1)} w_{(k,r,s)}^{(q,l+1)}$$

$$\cdots\cdots \text{합성곱층에 접속된 합성곱층}$$

엄청 복잡한 식이었지.

그랬었지.

출력층 이외의 식에서는 모두 제l층의 델타를 구하는 데 제$l+1$층의 델타를 사용하니까 가장 위 출력층의 델타만 계산하면 다음은 모두 역전파 가능하다는 건 이해했지?

계산은 어려웠지만 전부 델타를 역전파시켜서 계산할 수 있는 건 굉장했어. 힘든 편미분 계산을 직접 하지 않아도 되잖아.

마지막으로 파라미터의 갱신식을 정리할게. 델타 계산을 열심히 했던 것은 애초에 경사하강법에서 파라미터인 가중치를 갱신하고 싶어서였으니까.

아, 그렇지. 갱신식을 구하는 것이 합성곱 신경망을 학습시키기 위한 마지막 목표인 거네.

 경사하강법을 사용해서 파라미터를 갱신하는 식에서는 파라미터로 목적 함수 $E(\mathbf{\Theta})$를 편미분해야 했었지?

$$w_{ij}^{(l)} := w_{ij}^{(l)} - \eta \frac{\partial E(\mathbf{\Theta})}{\partial w_{ij}^{(l)}} \quad \text{······ 전결합층 가중치}$$

$$b^{(l)} := b^{(l)} - \eta \frac{\partial E(\mathbf{\Theta})}{\partial b^{(l)}} \quad \text{······ 전결합층 편향}$$

$$w_{(c,u,v)}^{(k,l)} := w_{(c,u,v)}^{(k,l)} - \eta \frac{\partial E(\mathbf{\Theta})}{\partial w_{(c,u,v)}^{(k,l)}} \quad \text{······ 합성곱 필터 가중치}$$

$$b^{(k,l)} := b^{(k,l)} - \eta \frac{\partial E(\mathbf{\Theta})}{\partial b^{(k,l)}} \quad \text{······ 합성곱 필터 편향}$$

(식 4.59)

 그리고 각 파라미터로 목적 함수 $E(\mathbf{\Theta})$를 편미분한 결과는 이렇게 돼.

$$\frac{\partial E(\mathbf{\Theta})}{\partial w_{ij}^{(l)}} = \delta_i^{(l)} \cdot x_j^{(l-1)}$$

$$\frac{\partial E(\mathbf{\Theta})}{\partial b^{(l)}} = \delta_i^{(l)}$$

$$\frac{\partial E(\mathbf{\Theta})}{\partial w_{(c,u,v)}^{(k,l)}} = \sum_{i=1}^{d} \sum_{j=1}^{d} \delta_{(i,j)}^{(k,l)} \cdot x_{(c,i+u-1,j+v-1)}^{(l-1)}$$

$$\frac{\partial E(\mathbf{\Theta})}{\partial b^{(k,l)}} = \sum_{i=1}^{d} \sum_{j=1}^{d} \delta_{(i,j)}^{(k,l)}$$

(식 4.60)

 마지막으로 [식 4.59]와 [식 4.60]을 정리하면 갱신식은 델타를 사용해서 이렇게 쓸 수 있어.

$$w_{ij}^{(l)} := w_{ij}^{(l)} - \eta \delta_i^{(l)} x_j^{(l-1)}$$ ⋯⋯ 전결합층 가중치

$$b^{(l)} := b^{(l)} - \eta \delta_i^{(l)}$$ ⋯⋯ 전결합층 편향

$$w_{(c,u,v)}^{(k,l)} := w_{(c,u,v)}^{(k,l)} - \eta \sum_{i=1}^{d} \sum_{j=1}^{d} \delta_{(i,j)}^{(k,l)} x_{(c,i+u-1,j+v-1)}^{(l-1)}$$ ⋯⋯ 합성곱 필터 가중치

(식 4.61)

$$b^{(k,l)} := b^{(k,l)} - \eta \sum_{i=1}^{d} \sum_{j=1}^{d} \delta_{(i,j)}^{(k,l)}$$ ⋯⋯ 합성곱 필터 편향

 이 식을 이용해서 가중치와 편향을 갱신해 나가면 합성곱 신경망을 학습시킬 수 있는 거구나.

 그렇지. 수식만 보면 매우 복잡해보이지만 엔지니어 입장에서는 실제로 구현으로 옮겨보는 쪽이 더 깊이 이해할 수 있을지도 모르겠네.

 아무래도 그렇지. 나도 그럴 것 같아.

 내가 가르쳐줄 수 있는 합성곱 신경망의 구조와 학습 방법은 이 정도야.

 오늘도 식의 변형이나 미분 계산이 엄청 등장해서 벌써 지쳤어.

 좀 힘들었지?

 지금까지 계속 이론을 공부해 왔는데 아까 지우도 말한 것처럼 실제로 구현해보고 싶어.

 이번에는 실제로 프로그래밍 해볼까!

 좋아! 역시 만드는 게 제일 재미있어.

교차 엔트로피란?

 교차 엔트로피라는 함수 알고 있어?

 엔트로피 이야기를 꺼내는 걸 보니 신경망의 목적 함수를 배웠구나?

 역시 빠르네! 요전에 교차 엔트로피를 목적 함수로 사용한다고 배웠는데 아직 잘 모르겠어.

 일전에 정보이론 강의에서 정보량에 대해 배웠는데 거기서 교차 엔트로피가 나와 서 공부했어.

 응? 정보이론? 머신러닝에서만 사용하는 방식이라고 생각했는데 그렇지 않은 거 구나.

 교차 엔트로피 이론을 이해하고 싶으면 우선 엔트로피의 사고방식을 이해하지 않 으면 어려울 거야.

 그런 건 공부한 적 없는데, 엔트로피는 또 뭐야?

 좋아! 나도 머신러닝 공부하는 중이었고 누나한테도 뭔가 가르쳐주고 싶었어.

엔트로피

 흰색, 검정색, 빨강색, 회색 이렇게 4가지 색의 공이 총 16개씩 있는 상자를 상상 해봐.

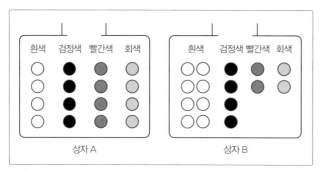

그림 4-38

 각 상자 안에서 공을 하나 꺼내서 색을 확인한 뒤 다시 같은 상자에 넣는 동작을 반복했을 때 나온 색을 0과 1이라는 숫자만 사용해서 기록한다고 할게.

 왠지 고등학교에서 배운 확률 문제 같은 느낌이네. 확률 어려웠는데.

 그 확률을 지금 살펴보려고 해. 상자에서 4가지 색의 공을 꺼낼 확률은 각각 이렇게 되지?

	흰색	검정색	빨간색	회색
상자 A	25.0%	25.0%	25.0%	25.0%
상자 B	50.0%	25.0%	12.5%	12.5%

표 4-5

 다음은 정보를 기록하는 부분인데, 0과 1만 사용하니까 인코딩해야 하겠지?

 맞아. 그건 내가 프로그래머니까 잘 알고 있어. 문자 인코딩과 같은 거지? 흰색, 검정색, 빨간색, 회색의 4가지 색을 구분할 필요가 있으니까 2bit가 필요하네.

	흰색	검정색	빨간색	회색
인코딩 방식	00	01	10	11

표 4-6

그래. 기본적으로는 그걸로 충분하지만 확률과 연관시켜서 데이터를 압축하는 것을 생각하면 조금 다른 최적화된 인코딩 방식을 생각할 수 있어.

 아, 확률이 높은 것에는 짧은 bit를 할당하고 확률이 낮은 것에는 높은 bit를 할당해서 전체적으로 데이터양을 압축하는 것을 말하는 거야?

 그렇지. 상자 A는 전부 25%의 확률이니까 어떤 것이든 2bit면 되지만, 상자 B는 편향이 있어서 흰색 공이 나오기 쉬우니까 그걸 생각하면 각 상자에 최적화된 인코딩 방식은 이렇게 돼.

	흰색	검정색	빨간색	회색
상자 A에 최적화된 인코딩 방식	00	01	10	11
상자 B에 최적화된 인코딩 방식	0	10	110	111

표 4-7

 이렇게 상자마다 최적화된 방식으로 인코딩했을 때 하나의 색을 나타내는 데 필요한 평균 bit 길이를 '엔트로피'라고 해.

 오, 엔트로피라는 단어가 나왔다. 교차라는 단어는 붙지 않고 그냥 엔트로피?

 맞아. 평균정보량이라고도 하는데 아직 교차 엔트로피는 등장 안 해. 엔트로피는 이런 식으로 나타내.

$$H(P) = -\sum_{\omega \in \Omega} P(\omega) \log_2 P(\omega)$$

(식 4.62)

 응? Ω와 $P(\omega)$는 뭐야 갑자기.

Ω는 사실과 현상의 집합을 말하는 건데 $\Omega = \{$백, 흑, 적, 회$\}^{(※)}$라고 생각하고 $P(\omega)$는 그 색이 나오는 확률이야. 실제로 계산해보면 대략적인 느낌을 알 수 있을 거야.

$$
\begin{aligned}
H(P_a) &= -\sum_{\omega \in \{\text{백,흑,적,회}\}} P_a(\omega) \log_2 P_a(\omega) \\
&= -P_a(\text{백}) \log_2 P_a(\text{백}) - P_a(\text{흑}) \log_2 P_a(\text{흑}) - P_a(\text{적}) \log_2 P_a(\text{적}) - P_a(\text{회}) \log_2 P_a(\text{회}) \\
&= -0.25 \log_2 0.25 - 0.25 \log_2 0.25 - 0.25 \log_2 0.25 - 0.25 \log_2 0.25 \\
&= -0.25 \log_2 2^{-2} - 0.25 \log_2 2^{-2} - 0.25 \log_2 2^{-2} - 0.25 \log_2 2^{-2} \\
&= 0.25 \cdot 2 + 0.25 \cdot 2 + 0.25 \cdot 2 + 0.25 \cdot 2 \\
&= 0.5 + 0.5 + 0.5 + 0.5 \\
&= 2.0
\end{aligned}
$$

$$
\begin{aligned}
H(P_b) &= -\sum_{\omega \in \{\text{백,흑,적,회}\}} P_b(\omega) \log_2 P_b(\omega) \\
&= -P_b(\text{백}) \log_2 P_b(\text{백}) - P_b(\text{흑}) \log_2 P_b(\text{흑}) - P_b(\text{적}) \log_2 P_b(\text{적}) - P_b(\text{회}) \log_2 P_b(\text{회}) \\
&= -0.5 \log_2 0.5 - 0.25 \log_2 0.25 - 0.125 \log_2 0.125 - 0.125 \log_2 0.125 \\
&= -0.5 \log_2 2^{-1} - 0.25 \log_2 2^{-2} - 0.125 \log_2 2^{-3} - 0.125 \log_2 2^{-3} \\
&= 0.5 \cdot 1 + 0.25 \cdot 2 + 0.125 \cdot 3 + 0.125 \cdot 3 \\
&= 0.5 + 0.5 + 0.375 + 0.375 \\
&= 1.75
\end{aligned}
$$

(식 4.63)

 음... $H(P_a)$가 상자 A의 평균 bit 길이고, $H(P_b)$가 상자 B의 평균 bit 길이라는 거지. 상자 B쪽이 짧네.

교차 엔트로피

 상자 A와 상자 B에는 각각 최적화된 인코딩 방식이 있어서 각각 엔트로피라는 값이 있다는 건 이해했지? 이번에는 이걸 교차시키는 걸 생각해볼게.

 오, 드디어 교차라는 단어도 나왔네. 그런데 교차시킨다는 게 뭐야?

※ 백 = 흰색, 흑 = 검정색, 적 = 빨간색, 회 = 회색

상자 B에 최적화된 인코딩 방식을 사용해서 상자 A를 인코딩한다는 거야.

 상자 B의 인코딩 방식으로 상자 A를 인코딩한다고? 그러니까… 머릿속이 복잡하네. 뭔가 엄청 이상한 거 하고 있는 거 아냐?

 맞아. 이상한 거 하고 있는 거야. 이런 이상한 일을 하면 한 가지 색을 꺼내는 데 필요한 평균 bit 길이가 늘어나.

 확실히 뭔가 필요 없는 걸 하고 있는 느낌이 드는군. 평균 bit 길이가 늘어나다니.

 P라는 확률 분포로 발생하는 정보를 다른 Q라는 확률 분포에 최적화된 인코딩 방식으로 인코딩했을 때 그 정보를 나타내는 데 필요한 평균 bit 길이를 '교차 엔트로피'라고 하고 이런 식으로 나타내.

$$H(P, Q) = -\sum_{\omega \in \Omega} P(\omega) \log_2 Q(\omega)$$

(식 4.64)

 아, 교차 엔트로피가 그런 의미였구나.

 아까 말한 것처럼 상자 A를 인코딩할 때 상자 B의 인코딩 방식을 사용하는 계산을 시험삼아 해볼게.

$$
\begin{aligned}
H(P_a, P_b) &= -\sum_{\omega \in \{\text{백},\text{흑},\text{적},\text{회}\}} P_a(\omega) \log_2 P_b(\omega) \\
&= -P_a(\text{백}) \log_2 P_b(\text{백}) - P_a(\text{흑}) \log_2 P_b(\text{흑}) - P_a(\text{적}) \log_2 P_b(\text{적}) - P_a(\text{회}) \log_2 P_b(\text{회}) \\
&= -0.25 \log_2 0.5 - 0.25 \log_2 0.25 - 0.25 \log_2 0.125 - 0.25 \log_2 0.125 \\
&= -0.25 \log_2 2^{-1} - 0.25 \log_2 2^{-2} - 0.25 \log_2 2^{-3} - 0.25 \log_2 2^{-3} \\
&= 0.25 \cdot 1 + 0.25 \cdot 2 + 0.25 \cdot 3 + 0.25 \cdot 3 \\
&= 0.25 + 0.5 + 0.75 + 0.75 \\
&= 2.25
\end{aligned}
$$

(식 4.65)

상자 A는 실제로는 한 가지 색을 2bit로 나타낼 수 있는데 상자 B의 인코딩 방식을 사용하면 한 가지 색을 나타내는 데 2.25bit가 필요하게 된다는 거구나. 확실히 길어졌어.

 교차 엔트로피는 2개의 확률 분포 P와 Q가 일치할 때 가장 작아져서 그게 P의 엔트로피가 돼. 실제로 $P = Q$라고 하면 [식 4.64]와 [식 4.62]는 같은 것이 되지.

 그럼 머신러닝에서 교차 엔트로피를 최소화한다는 건 학습 데이터의 확률 P와 신경망이 출력하는 확률 Q를 가능한 한 가깝게 하려고 있다는 거네.

 그렇게 이해해도 돼.

 어라, 잠깐만. [식 4.64]의 교차 엔트로피의 log는 밑이 2인데 목적 함수로 사용된 교차엔트로피의 식은 밑이 2가 아니고 자연로그였어.

 2개의 문자 0과 1만 사용해서 기록한다는 걸 전제로 이야기했으니까 밑을 2로 했었는데 엔트로피의 성질에 따라서 밑이 뭐든 상관없어.

 아, 그런 거야? 그럼 괜찮은 거구나.

 엔트로피와 교차 엔트로피 이야기 이해했어?

 음, 좀 어려웠지만 아무것도 몰랐을 때와 비교하면 조금 후련해졌어.

 가르쳐주면서 내 머릿속도 정리되어서 좋았어.

CHAPTER 5

신경망을 구현하자

윤서는 지금까지 배운 것을 조합해 파이썬으로 신경망을 구현하고 있습니다. 지금까지 등장했던 수식을 되돌아보면서 프로그램에 반영해나갈 것이니 여러분도 함께 프로그램을 작성해보세요. 환경 구축은 부록 B에서 설명합니다.

5.1 파이썬으로 구현하자

 오늘은 신경망을 구현해보고 싶어!

 그래. 이론이나 수식만 공부하면 지루하니까.

 수학적인 배경을 공부하는 것도 재미있지만 역시 프로그램을 구현해서 실제로 동작하는 걸 보고 싶어.

 구현해보면 이해도 더 깊어질 테니 직접 신경망을 동작시켜보는 건 중요한 일이지.

 프로그래밍 언어는 파이썬을 사용하는 게 좋겠지?

 어떤 언어를 사용해도 구현할 수 있지만 구현하기 쉬운 게 파이썬이지.

 파이썬으로 열심히 해볼래! 나는 어떤 언어든 크게 상관없어.

 역시 실력 있는 프로그래머는 다르네.

 나 먼저 그거 해보고 싶어. 가로세로비가 작은 것을 길쭉한 것이라고 판정해주는 신경망.

 응. 좋은 연습이 될 거야.

 저번에는 결국 가중치를 어떻게 하면 좋을지 모르는 채로 끝냈으니까.

신경망을 사용해서 풀 수 있을지 없을지 확인할 수 있는 기회네.

 좋아. 해보자!

5.2 가로세로비 판정 신경망

 우선은 너비와 높이를 가진 이런 형태의 학습 데이터를 몇 개 준비해야 해.

$$\boldsymbol{x} = \left[\begin{array}{c} x_1 \\ x_2 \end{array} \right] \begin{array}{l} \cdots\cdots \text{너비} \\ \cdots\cdots \text{높이} \end{array}$$

(식 5.1)

$$y = 1 \text{ 또는} \quad \cdots\cdots \text{길쭉하다.}$$
$$0 \quad \cdots\cdots \text{길쭉하지 않다.}$$

 알았어, 준비할게.

예제 5-1 파이썬 대화형 셀에서 실행

```
>>> import numpy as np
>>>
>>> # 학습 데이터 수
>>> N = 1000
>>>
>>> # (학습을 재현할 수 있도록 시드를 고정합니다. 원래는 필요하지 않습니다.)
>>> np.random.seed(1)
>>>
>>> # 적당한 학습 데이터와 정답 레이블을 생성
>>> TX = ( np.random.rand(N, 2) * 1000). astype(np.int32) + 1
>>> TY = (TX.min(axis=1) / TX.max(axis=1) <= 0.2).astype(np.int)[ np.newaxis].T
```

학습 데이터 준비했어.

인덱스	TX		TY 1: 길쭉하다, 0: 길쭉하지 않다
	너비	높이	정답
0	418	721	0
1	1	303	1
2	147	93	0
⋮			
999	31	947	1

표 5-1

 예를 들어 표에서 TX[0]은 $418\text{px} \times 721\text{px}$ 사이즈의 직사각형을 나타내는 건가?

 응, 맞아. $418\text{px} \times 721\text{px}$이면 길쭉하지 않으니까 레이블도 '길쭉하지 않다'를 의미하는 0이야.

 그러네. 그럼 여기서 잠깐 간단한 팁을 줄게.

 어? 뭐야?

 물론 윤서가 준비한 학습 데이터를 그대로 사용할 수도 있지만 이대로라면 아마 수렴하는 게 늦어질 거야.

 머신러닝에서 자주 사용하는 방법인데 **표준화**라고 학습 데이터의 평균을 0, 분산을 1로 통일시켜줌으로써 파라미터가 수렴하는 속도를 높일 수 있어.

 평균을 0, 분산을 1? 무슨 말인지 잘 모르겠어.

이 식을 따라 데이터를 변환하기만 하면 돼. μ는 학습 데이터의 평균, σ는 학습 데이터의 표준편차를 말하고, 각각의 너비와 높이마다 계산하면 돼.

$$x_1 := \frac{x_1 - \mu_1}{\sigma_1}$$
$$x_2 := \frac{x_2 - \mu_2}{\sigma_2}$$

(식 5.2)

이런 식으로 하면 되는 건가?

예제 5-2 파이썬 대화형 셸에서 실행

```
>>> # 평균과 표준편차 계산
>>> MU = TX.mean(axis=0)
>>> SIGMA = TX.std(axis=0)
>>>
>>> # 표준화
>>> def standardize(X):
...     return (X - MU) / SIGMA
...
>>> TX = standardize(TX)
```

그렇지. 그렇게 하면 돼. TX의 내용을 들여다보면 값의 스케일이 변해 있는 것을 알 수 있을 거야.

인덱스	TX		TY 1: 길쭉하다, 0: 길쭉하지 않다
	너비	높이	정답
0	−0.28471683	0.68638687	0
1	−1.73186487	−0.73844434	1
2	−1.22518954	−1.45426863	0
⋮			
999	−1.6277535	1.45675016	1

표 5-2

정말이네. 하지만 사람이 보기에는 오히려 어려워졌어.

 하하. 그러네. 뭐 계산하는 건 컴퓨터니까, 그 부분은 좀 참자.

5.2.1 신경망의 구조

 다음은 신경망의 구조를 어떻게 해야 할지 정해야 해.

 구조? 층수나 유닛 수를 정하면 돼?

 응, 맞아. 윤서가 원하는 대로 만들면 돼.

 자유롭게 정해도 된다니까 오히려 어려워.

 이렇다 할 가장 좋은 실행 방법이 있는 게 아니니까. 가중치나 편향 같은 최적화 대상 파라미터 이외에 개발자가 정해야 하는 층수나 유닛 수 같은 건 **하이퍼파라미터**라고 불러. 이 하이퍼파라미터를 어떻게 정하는가 하는 건 어려운 문제 중 하나야.

 그럼 오차역전파법을 배웠을 때 사용한 신경망으로 실험해보자. 그래도 괜찮아?

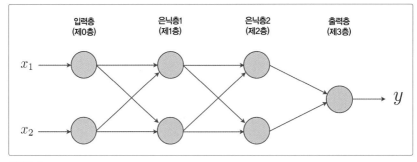

그림 5-1

응. 일단 해보자. 그런 형태의 신경망이라면 가중치 행렬과 편향이 이만큼 필요하겠군.

$$\boldsymbol{W}^{(1)} = \begin{bmatrix} w_{11}^{(1)} & w_{12}^{(1)} \\ w_{21}^{(1)} & w_{22}^{(1)} \end{bmatrix}, \quad \boldsymbol{W}^{(2)} = \begin{bmatrix} w_{11}^{(2)} & w_{12}^{(2)} \\ w_{21}^{(2)} & w_{22}^{(2)} \end{bmatrix}, \quad \boldsymbol{W}^{(3)} = \begin{bmatrix} w_{11}^{(3)} & w_{12}^{(3)} \end{bmatrix}$$

$$\boldsymbol{b}^{(1)} = \begin{bmatrix} b_1^{(1)} \\ b_2^{(1)} \end{bmatrix}, \qquad \boldsymbol{b}^{(2)} = \begin{bmatrix} b_1^{(2)} \\ b_2^{(2)} \end{bmatrix}, \qquad \boldsymbol{b}^{(3)} = \begin{bmatrix} b_1^{(3)} \end{bmatrix}$$

(식 5.3)

 이걸 프로그램 안에서 각각 초기화하자. 초깃값은 적당한 값으로 하면 돼.

 적당한 값으로 해도 되면 전부 난수로 초기화해도 상관없나?

예제 5-3 파이썬 대화형 셀에서 실행

```
>>> # 가중치와 편향
>>> W1 = np.random.randn(2, 2)   # 제1층 가중치
>>> W2 = np.random.randn(2, 2)   # 제2층 가중치
>>> W3 = np.random.randn(1, 2)   # 제3층 가중치
>>> b1 = np.random.randn(2)      # 제1층 편향
>>> b2 = np.random.randn(2)      # 제2층 편향
>>> b3 = np.random.randn(1)      # 제3층 편향
```

 됐어. 그걸로 충분해.

 실제로 구현하면 단순한 배열이 되고 프로그래머로서는 행렬이나 벡터보다 더 안심이 되네.

 하하, 윤서한테는 그렇겠다.

다음은 신경망 부분을 구현하면 되네.

신경망에서는 순전파와 역전파를 구현할 필요가 있어.

5.2.2 순전파

우선은 순전파겠지?

그래. 전결합 신경망은 행렬 계산을 해서 활성화 함수를 통과하는 처리를 반복하는 것만으로 충분했었지?

$$\boldsymbol{x}^{(0)} \cdots\cdots \text{입력층}$$

$$\boldsymbol{x}^{(1)} = \boldsymbol{a}^{(1)}(\boldsymbol{W}^{(1)}\boldsymbol{x}^{(0)} + \boldsymbol{b}^{(1)}) \cdots\cdots \text{제1층}$$

$$\boldsymbol{x}^{(2)} = \boldsymbol{a}^{(2)}(\boldsymbol{W}^{(2)}\boldsymbol{x}^{(1)} + \boldsymbol{b}^{(2)}) \cdots\cdots \text{제2층}$$

$$\boldsymbol{x}^{(3)} = \boldsymbol{a}^{(3)}(\boldsymbol{W}^{(3)}\boldsymbol{x}^{(2)} + \boldsymbol{b}^{(3)}) \cdots\cdots \text{출력층}$$

(식 5.4)

([식 2.67]에서)

활성화 함수는 시그모이드 함수면 돼?

그래. 시그모이드 함수를 써볼까? 함수 형태는 기억하고 있어? 이걸 그대로 구현해봐.

$$\sigma(x) = \frac{1}{1 + e^{-x}}$$

(식 5.5)

([식 2.39]에서)

이게 시그모이드 함수를 구현한 거야.

예제 5-4 파이썬 대화형 셀에서 실행

```
>>> # 시그모이드 함수
>>> def sigmoid(x):
...     return 1.0 / (1.0 + np.exp(-x))
```

 다음으로 시그모이드 함수를 활성화 함수로 사용한 순전파 처리를 해보자.

 [식 5.4]를 그대로 구현하면 되지?

 기본적으로는 그런데 각 층의 입력 $x^{(l)}$ 과 가중치가 부여된 입력 $z^{(l)}$ 은 나중에 역전파와 가중치를 갱신할 때 사용하니까 보관해둘 수 있는 방식으로 구현해둬.

 그렇구나. 일단 순전파 함수에서 전부 반환하고, 호출한 곳에서 반환값을 받을 수 있게 하면 되겠네.

예제 5-5 파이썬 대화형 셀에서 실행

```
>>> # 순전파
>>> def forward(x0):
...     z1 = np.dot(W1, x0) + b1
...     x1 = sigmoid(z1)
...     z2 = np.dot(W2, x1) + b2
...     x2 = sigmoid(z2)
...     z3 = np.dot(W3, x2) + b3
...     x3 = sigmoid(z3)
...     return z1, x1, z2, x2, z3, x3
```

 이렇게 하면 되는 건가?

그렇게 해도 되지만 순전파일 때 복수의 데이터를 한 번에 처리할 수 있도록 행렬 곱셈 np.dot 부분을 조금 더 고민해봐.

복수의 데이터를 일괄 처리?

윤서가 구현한 건 forward 함수의 입력 $\boldsymbol{x}^{(0)}$은 데이터를 1개만 받아들인다는 전제로 제1층은 이런 식으로 계산된다는 거잖아.

$$
\begin{aligned}
\boldsymbol{W}^{(1)}\boldsymbol{x}^{(0)} + \boldsymbol{b}^{(1)} &= \begin{bmatrix} w_{11}^{(1)} & w_{12}^{(1)} \\ w_{21}^{(1)} & w_{22}^{(1)} \end{bmatrix} \begin{bmatrix} x_1^{(0)} \\ x_2^{(0)} \end{bmatrix} + \begin{bmatrix} b_1^{(1)} \\ b_2^{(1)} \end{bmatrix} \\
&= \begin{bmatrix} x_1 w_{11}^{(1)} + x_2 w_{12}^{(1)} + b_1^{(1)} \\ x_1 w_{21}^{(1)} + x_2 w_{22}^{(1)} + b_2^{(1)} \end{bmatrix}
\end{aligned}
$$

(식 5.6)

응. 그게 [식 5.4]의 $\boldsymbol{x}^{(0)}$도 데이터가 1개잖아.

설명을 간단하게 하기 위해 데이터 1개에 주목해서 수식을 살펴보았지만 학습 데이터는 여러 개 있잖아. 그러니까 구현할 때는 일괄 처리할 수 있는 쪽이 코드도 깔끔하고 처리도 빨라.

확실히 그러네.

[표 5-1]을 봐도 알 수 있지만, 처음에 만든 TX는 학습 데이터가 세로로 늘어서 있는 행렬이라고 볼 수 있지.

$$
\boldsymbol{X}_{train} = \begin{bmatrix} \boldsymbol{x}_0^{\mathrm{T}} \\ \boldsymbol{x}_1^{\mathrm{T}} \\ \boldsymbol{x}_2^{\mathrm{T}} \\ \vdots \\ \boldsymbol{x}_{999}^{\mathrm{T}} \end{bmatrix} = \begin{bmatrix} x_{(0,1)} & x_{(0,2)} \\ x_{(1,1)} & x_{(1,2)} \\ x_{(2,1)} & x_{(2,2)} \\ \vdots & \vdots \\ x_{(999,1)} & x_{(999,2)} \end{bmatrix} = \begin{bmatrix} 418 & 721 \\ 1 & 303 \\ 147 & 93 \\ \vdots & \vdots \\ 31 & 947 \end{bmatrix}
$$

(식 5.7)

그래. 잘 생각해보니까 네 말대로야.

X_{train} 을 $X^{(0)}$이라고 했을 때 이 행렬에 전치한 가중치 행렬을 곱해주면 각 행렬의 학습 데이터에 한 번에 가중치를 곱해줄 수 있어.

$$X^{(0)}W^{(1)^\mathrm{T}} + B^{(1)}$$

$$= \begin{bmatrix} x^{(0)}_{(0,1)} & x^{(0)}_{(0,2)} \\ x^{(0)}_{(1,1)} & x^{(0)}_{(1,2)} \\ x^{(0)}_{(2,1)} & x^{(0)}_{(2,2)} \\ \vdots & \vdots \\ x^{(0)}_{(999,1)} & x^{(0)}_{(999,2)} \end{bmatrix} \begin{bmatrix} w^{(1)}_{11} & w^{(1)}_{21} \\ w^{(1)}_{12} & w^{(1)}_{22} \end{bmatrix} + \begin{bmatrix} b^{(1)}_1 & b^{(1)}_2 \\ b^{(1)}_1 & b^{(1)}_2 \\ b^{(1)}_1 & b^{(1)}_2 \\ \vdots & \vdots \\ b^{(1)}_1 & b^{(1)}_2 \end{bmatrix}$$

$$= \begin{bmatrix} x^{(0)}_{(0,1)} w^{(1)}_{11} + x^{(0)}_{(0,2)} w^{(1)}_{12} + b^{(1)}_1 & x^{(0)}_{(0,1)} w^{(1)}_{21} + x^{(0)}_{(0,2)} w^{(1)}_{22} + b^{(1)}_2 \\ x^{(0)}_{(1,1)} w^{(1)}_{11} + x^{(0)}_{(1,2)} w^{(1)}_{12} + b^{(1)}_1 & x^{(0)}_{(1,1)} w^{(1)}_{21} + x^{(0)}_{(1,2)} w^{(1)}_{22} + b^{(1)}_2 \\ x^{(0)}_{(2,1)} w^{(1)}_{11} + x^{(0)}_{(2,2)} w^{(1)}_{12} + b^{(1)}_1 & x^{(0)}_{(2,1)} w^{(1)}_{21} + x^{(0)}_{(2,2)} w^{(1)}_{22} + b^{(1)}_2 \\ \vdots & \vdots \\ x^{(0)}_{(999,1)} w^{(1)}_{11} + x^{(0)}_{(999,2)} w^{(1)}_{12} + b^{(1)}_1 & x^{(0)}_{(999,1)} w^{(1)}_{21} + x^{(0)}_{(999,2)} w^{(1)}_{22} + b^{(1)}_2 \end{bmatrix}$$

$$= \begin{bmatrix} z^{(1)}_{(0,1)} & z^{(1)}_{(0,2)} \\ z^{(1)}_{(1,1)} & z^{(1)}_{(1,2)} \\ z^{(1)}_{(2,1)} & z^{(1)}_{(2,2)} \\ \vdots & \vdots \\ z^{(1)}_{(999,1)} & z^{(1)}_{(999,2)} \end{bmatrix} = \begin{bmatrix} z^{(1)^\mathrm{T}}_0 \\ z^{(1)^\mathrm{T}}_1 \\ z^{(1)^\mathrm{T}}_2 \\ \vdots \\ z^{(1)^\mathrm{T}}_{999} \end{bmatrix}$$

(식 5.8)

$B^{(1)}$이라는 문자가 새롭게 등장했는데 이건 $b^{(1)}$을 반복해서 세로로 나열한 것뿐이니까 어렵게 생각하지 마.

행렬을 전치하면 원래의 가중치 행렬과 다른 새로운 가중치 행렬이 되어버리는 느낌인데 그건 괜찮은 거야?

그렇지 않아. 전치하면 모양은 변하지만 행렬 안의 값의 의미까지 변하는 건 아니야. 계산을 위해 모양을 맞추고 있는 것뿐이야. 그리고 그렇게 계산한 [식 5.8]의 결과인 각 행은 각 $x^{(0)}$에 대응하는 $z^{(1)}$이 되어 있는 거니까 마찬가지로 $Z^{(1)}$이라는 행렬로 나타낼 수 있어.

게다가 $Z^{(1)}$을 활성화 함수에 통과시킨 것이 그대로 다음 층의 입력 행렬이 되니까 마찬가지로 전치한 가중치 행렬을 곱해줄 수 있어.

$$Z^{(1)} = X^{(0)}W^{(1)^{\mathrm{T}}} + B^{(1)}$$
$$X^{(1)} = a^{(1)}(Z^{(1)})$$
$$Z^{(2)} = X^{(1)}W^{(2)^{\mathrm{T}}} + B^{(2)}$$
$$X^{(2)} = a^{(2)}(Z^{(2)})$$
$$Z^{(3)} = X^{(2)}W^{(3)^{\mathrm{T}}} + B^{(3)}$$
$$X^{(3)} = a^{(3)}(Z^{(3)})$$

(식 5.9)

그럼 아까 본 forward 함수는 복수의 데이터를 행렬로 받는다는 전제로 행렬 곱셈을 계산하는 np.dot 부분을 바꿔주면 되는 건가?

예제 5-6 파이썬 대화형 셀에서 실행

```
>>> # 순전파
>>> def forward(X0):
...     Z1 = np.dot(X0, W1.T) + b1
...     X1 = sigmoid(Z1)
...     Z2 = np.dot(X1, W2.T) + b2
...     X2 = sigmoid(Z2)
...     Z3 = np.dot(X2, W3.T) + b3
...     X3 = sigmoid(Z3)
...     return Z1, X1, Z2, X2, Z3, X3
```

그렇지. 그걸로 복수 행의 데이터를 한 번에 순전파시킬 수 있어.

구현할 때 효율적인 방법을 고민하지 않으면 안 되는 부분이 있구나.

이걸로 순전파를 할 수 있게 되었으니 다음에는 역전파 구현이네.

5.2.3 역전파

우선 델타를 계산해야 하나?

역전파 처리에 필요한 건 시그모이드 함수의 미분, 출력층의 델타, 은닉층의 델타이 3가지였지? 순서대로 구현해보자.

아, 그렇지. 델타를 계산하려면 활성화 함수를 미분해야 하는 부분이 있었지?

맞아. [식 5.5]의 시그모이드 함수를 미분한 형태가 이거야. 그대로 구현해볼래?

$$\frac{d\sigma(x)}{dx} = (1 - \sigma(x))\sigma(x)$$

(식 5.10)

([식 3.51]에서)

응, 그대로 구현했어.

예제 5-7 파이썬 대화형 셸에서 실행

```
>>> # 시그모이드 함수의 미분
>>> def dsigmoid(x):
...     return (1.0 - sigmoid(x)) * sigmoid(x)
```

다음은 출력층의 델타야.

$$\delta_i^{(3)} = \left(a^{(3)}(z_i^{(3)}) - y_k \right) a'^{(3)}(z_i^{(3)})$$

(식 5.11)

([식 3.69]에서)

지금까지처럼 식 그대로 구현하면 되지?

응. 다만 지금은 복수의 데이터를 일괄로 처리할 수 있도록 x 나 z 를 행렬로 생각해 왔으니까 델타도 복수의 데이터를 나타내는 행렬이 된다는 걸 명심할 필요가 있어.

$$\boldsymbol{\Delta}^{(3)} = \left(\boldsymbol{a}^{(3)}(\boldsymbol{Z}^{(3)}) - \boldsymbol{Y}_{train}\right) \otimes \boldsymbol{a}'^{(3)}(\boldsymbol{Z}^{(3)})$$

$$= \begin{bmatrix} a^{(3)}(z^{(3)}_{(0,1)}) - y_0 \\ a^{(3)}(z^{(3)}_{(1,1)}) - y_1 \\ a^{(3)}(z^{(3)}_{(2,1)}) - y_2 \\ \vdots \\ a^{(3)}(z^{(3)}_{(999,1)}) - y_{999} \end{bmatrix} \otimes \begin{bmatrix} a'^{(3)}(z^{(3)}_{(0,1)}) \\ a'^{(3)}(z^{(3)}_{(1,1)}) \\ a'^{(3)}(z^{(3)}_{(2,1)}) \\ \vdots \\ a'^{(3)}(z^{(3)}_{(999,1)}) \end{bmatrix}$$

(식 5.12)

$$= \begin{bmatrix} (a^{(3)}(z^{(3)}_{(0,1)}) - y_0) \cdot a'^{(3)}(z^{(3)}_{(0,1)}) \\ (a^{(3)}(z^{(3)}_{(1,1)}) - y_1) \cdot a'^{(3)}(z^{(3)}_{(1,1)}) \\ (a^{(3)}(z^{(3)}_{(2,1)}) - y_2) \cdot a'^{(3)}(z^{(3)}_{(2,1)}) \\ \vdots \\ (a^{(3)}(z^{(3)}_{(999,1)}) - y_{999}) \cdot a'^{(3)}(z^{(3)}_{(999,1)}) \end{bmatrix} = \begin{bmatrix} \delta^{(3)}_{(0,1)} \\ \delta^{(3)}_{(1,1)} \\ \delta^{(3)}_{(2,1)} \\ \vdots \\ \delta^{(3)}_{(999,1)} \end{bmatrix}$$

$\boldsymbol{\Delta}$ 는 $\boldsymbol{\delta}$ 의 대문자야. 복수 데이터의 델타가 포함되어 있다는 걸 명시하기 위해 대문 자를 사용했어. $\boldsymbol{X}$ 와 $\boldsymbol{x}$ 의 관계와 마찬가지야.

가위표가 동그라미 안에 들어 있는 기호는 뭐야?

$\otimes$ 는 각 요소마다 곱셈을 한다는 의미야. 보통 행렬을 가로로 나열하면 행렬의 곱셈 이 되는데, 그게 아니라 요소마다 곱셈을 한다는 것을 명시적으로 표시할 때 사용해.

아, 처음 봤어. 넘파이 구현으로 예를 들면 np.dot(A, B)와 A * B의 차이 같 은 건가?

맞아. 딱 그 차이야. 전자는 행렬의 곱셈으로 AB 라고 쓰고 후자는 요소마다의 곱셈 으로 $A \otimes B$ 라고 써.

그런 거구나. 아무튼 인수로 행렬을 받아서 반환값도 행렬이 된다는 걸 의식하면 되 는 거네.

응, 그런 거지.

출력층의 델타를 계산할 때 가중치가 부여된 입력 Z와 정답 레이블 Y가 있으니까 인수는 그 2개로 충분하겠지.

예제 5-8 파이썬 대화형 셀에서 실행

```
>>> # 출력층의 델타
>>> def delta_output(Z, Y):
...     return (sigmoid(Z) - Y) * dsigmoid(Z)
```

마지막으로 은닉층 델타를 구현하면 돼.

$$\delta_i^{(l)} = a'^{(l)}(z_i^{(l)}) \sum_{r=1}^{m^{(l+1)}} \delta_r^{(l+1)} w_{ri}^{(l+1)}$$

(식 5.13)

([식 3.69]에서)

이것도 마찬가지로 모두 행렬로 다루는 게 효율적이야.

앞쪽의 활성화 함수의 미분 부분은 알겠는데 뒤의 시그마 부분은 어떻게 행렬로 계산하면 되는 거지?

잠깐 시그마 부분에 주목해서 생각해보자. 구체적으로 제1층의 은닉층의 델타를 시그마로 전개해보자.

시그마로 전개한다는 게 이걸 말하는 거야?

$$\sum_{r=1}^{2} \delta_r^{(2)} w_{r1}^{(2)} = \delta_1^{(2)} w_{11}^{(2)} + \delta_2^{(2)} w_{21}^{(2)}$$

$$\sum_{r=1}^{2} \delta_r^{(2)} w_{r2}^{(2)} = \delta_1^{(2)} w_{12}^{(2)} + \delta_2^{(2)} w_{22}^{(2)}$$

(식 5.14)

맞아. [식 5.14]의 두 식을 옆으로 정렬하는 걸 생각할 때 이렇게 행렬의 곱으로 나타낼 수 있어.

$$\left[\begin{array}{cc} \delta_1^{(2)} & \delta_2^{(2)} \end{array}\right] \left[\begin{array}{cc} w_{11}^{(2)} & w_{12}^{(2)} \\ w_{21}^{(2)} & w_{22}^{(2)} \end{array}\right]$$

(식 5.15)

$$= \left[\begin{array}{cc} \delta_1^{(2)} w_{11}^{(2)} + \delta_2^{(2)} w_{21}^{(2)} & \delta_1^{(2)} w_{12}^{(2)} + \delta_2^{(2)} w_{22}^{(2)} \end{array}\right]$$

 그리고 [식 5.15]는 1개의 데이터를 대상으로 한 델타 계산이었지만 각 데이터의 델타를 세로로 정렬하면 복수의 델타 계산을 한 번에 할 수 있어.

$$\left[\begin{array}{cc} \delta_{(0,1)}^{(2)} & \delta_{(0,2)}^{(2)} \\ \delta_{(1,1)}^{(2)} & \delta_{(1,2)}^{(2)} \\ \delta_{(2,1)}^{(2)} & \delta_{(2,2)}^{(2)} \\ \vdots & \vdots \\ \delta_{(999,1)}^{(2)} & \delta_{(999,2)}^{(2)} \end{array}\right] \left[\begin{array}{cc} w_{11}^{(2)} & w_{12}^{(2)} \\ w_{21}^{(2)} & w_{22}^{(2)} \end{array}\right]$$

(식 5.16)

$$= \left[\begin{array}{cc} \delta_{(0,1)}^{(2)} w_{11}^{(2)} + \delta_{(0,2)}^{(2)} w_{21}^{(2)} & \delta_{(0,1)}^{(2)} w_{12}^{(2)} + \delta_{(0,2)}^{(2)} w_{22}^{(2)} \\ \delta_{(1,1)}^{(2)} w_{11}^{(2)} + \delta_{(1,2)}^{(2)} w_{21}^{(2)} & \delta_{(1,1)}^{(2)} w_{12}^{(2)} + \delta_{(1,2)}^{(2)} w_{22}^{(2)} \\ \delta_{(2,1)}^{(2)} w_{11}^{(2)} + \delta_{(2,2)}^{(2)} w_{21}^{(2)} & \delta_{(2,1)}^{(2)} w_{12}^{(2)} + \delta_{(2,2)}^{(2)} w_{22}^{(2)} \\ \vdots & \vdots \\ \delta_{(999,1)}^{(2)} w_{11}^{(2)} + \delta_{(999,2)}^{(2)} w_{21}^{(2)} & \delta_{(999,1)}^{(2)} w_{12}^{(2)} + \delta_{(999,2)}^{(2)} w_{22}^{(2)} \end{array}\right]$$

 그렇구나. 확실히 그렇게 되네.

 [식 5.16]의 델타 행렬을 $\mathbf{\Delta}^{(2)}$라고 하면 [식 5.13]의 델타는 이런 식으로 일괄 계산할 수 있어.

$$\mathbf{\Delta}^{(1)} = a'^{(1)}(\mathbf{Z}^{(1)}) \otimes \mathbf{\Delta}^{(2)} \mathbf{W}^{(2)}$$

(식 5.17)

그리고 [식 5.17]은 제1층의 은닉층 계산을 나타낸 건데, 다른 은닉층도 마찬가지니까 l을 사용해서 그대로 일반화할 수 있어.

$$\boldsymbol{\Delta}^{(l)} = \boldsymbol{a}'^{(l)}(\boldsymbol{Z}^{(l)}) \otimes \boldsymbol{\Delta}^{(l+1)} \boldsymbol{W}^{(l+1)}$$

(식 5.18)

 알았다. 은닉층의 델타 계산에 필요한 건 가중치가 부여된 입력 $\boldsymbol{Z}$와 그 다음 층의 델타 $\boldsymbol{\Delta}$, 가중치 $\boldsymbol{W}$니까 이번에는 3개의 인수가 필요하네.

예제 5-9 파이썬 대화형 셀에서 실행

```
>>> # 은닉층의 델타
>>> def delta_hidden(Z, D, W):
...     return dsigmoid(Z) * np.dot(D, W)
```

 이걸로 역전파 계산에 필요한 구현이 다 되었어.

 그리고 뒤 층의 델타부터 계산해나가는 게 역전파라는 거지?

예제 5-10 파이썬 대화형 셀에서 실행

```
>>> # 역전파
>>> def backward(Y, Z3, Z2, Z1):
...     D3 = delta_output(Z3, Y)
...     D2 = delta_hidden(Z2, D3, W3)
...     D1 = delta_hidden(Z1, D2, W2)
...     return D3, D2, D1
```

 이걸로 신경망은 구현한 건가?

 응. 잘 구현된 것 같아.

5.2.4 학습

다음은 역전파된 델타를 사용해서 파라미터를 갱신하는 부분을 구현해야 해.

알았어. 파라미터 갱신식은 이걸 사용하면 되는 거지?

$$w_{ij}^{(l)} := w_{ij}^{(l)} - \eta \frac{\partial E(\mathbf{\Theta})}{\partial w_{ij}^{(l)}}$$

$$b_i^{(l)} := b_i^{(l)} - \eta \frac{\partial E(\mathbf{\Theta})}{\partial b_i^{(l)}}$$

(식 5.19)

([식 3.68], [식 3.69]에서)

응. 지금까지처럼 식을 코드로 표현해보자.

좋아! 근데 학습률 η는 어떤 값으로 하면 좋을까?

일률적으로 이게 좋다는 값은 없으니까 시행착오가 필요해. 이것도 하이퍼파라미터의 일종인데 일반적으로는 0.01이나 0.001 같은 작은 숫자를 설정하는 경우가 많아.

아, 그렇구나. 우선은 0.001로 해볼게.

예제 5-11 파이썬 대화형 셀에서 실행

```
>>> # 학습률
>>> ETA = 0.001
```

이 값을 사용해서 [식 5.19]를 구현하면 되는 거지?

전에 수식을 살펴봤을 때는 오차의 합계 $E(\Theta)$가 아니라 개별 오차인 $E_k(\Theta)$를 편미분 계산했었던 거 기억나?

 아, 맞다. 그러고 보니 그랬지. 시그마와 편미분은 바꿀 수 있으니까 개별 오차의 편미분을 계산해서 마지막에 모두 더한다는 방식이었지?

 맞아. 지금까지의 역전파 계산은 개개의 오차를 편미분했던 거니까 파라미터를 갱신할 때는 각각 오차의 편미분을 합계하는 형태로 [식 5.19]의 편미분 부분을 바꿔주어야 해.

$$\frac{\partial E(\Theta)}{\partial w_{ij}^{(l)}} = \sum_{k=0}^{999} \frac{\partial E_k(\Theta)}{\partial w_{ij}^{(l)}} = \sum_{k=0}^{999} \delta_{(k,i)}^{(l)} x_{(k,j)}^{(l-1)}$$

(식 5.20)

$$\frac{\partial E(\Theta)}{\partial b_i^{(l)}} = \sum_{k=0}^{999} \frac{\partial E_k(\Theta)}{\partial b_i^{(l)}} = \sum_{k=0}^{999} \delta_{(k,i)}^{(l)}$$

 그럼 [식 5.20]을 [식 5.19]에 대입한다는 건 이걸 파라미터 갱신식으로 구현하면 된다는 건가?

$$w_{ij}^{(l)} := w_{ij}^{(l)} - \eta \sum_{k=0}^{999} \delta_{(k,i)}^{(l)} x_{(k,j)}^{(l-1)}$$

(식 5.21)

$$b_i^{(l)} := b_i^{(l)} - \eta \sum_{k=0}^{999} \delta_{(k,i)}^{(l)}$$

 그렇지. 그리고 $\delta_{(k,i)}^{(l)}$나 $x_{(k,j)}^{(l-1)}$는 지금까지처럼 행렬을 생각해서 계산하는 게 좋아.

 아, 행렬로 한 번에 계산하는 건 어려워.

 그래. 익숙하지 않으면 좀 어려울 거야.

식에는 $\delta^{(l)}_{(k,i)}$와 $x^{(l-1)}_{(k,j)}$가 나오니까 $\boldsymbol{\Delta}^{(l)}$과 $\boldsymbol{X}^{(l-1)}$을 사용하는 거지?

 그래. 정확히는 $\boldsymbol{\Delta}^{(l)}$을 전치한 것과 $\boldsymbol{X}^{(l-1)}$을 곱해주는 건데, $\boldsymbol{W}^{(l)}$에 포함되는 가중치의 갱신식을 한 번에 계산하는 것도 가능해.

 전체 가중치를 한 번에?

 응. 시험삼아서 $\boldsymbol{\Delta}^{(2)}$와 $\boldsymbol{X}^{(1)}$을 사용해서 $\boldsymbol{W}^{(2)}$를 갱신할 수 있는 형태를 살펴볼까?

$$\boldsymbol{W}^{(2)} := \boldsymbol{W}^{(2)} - \eta \boldsymbol{\Delta}^{(2)\mathrm{T}} \boldsymbol{X}^{(1)}$$

$$= \begin{bmatrix} w^{(2)}_{11} & w^{(2)}_{12} \\ w^{(2)}_{21} & w^{(2)}_{22} \end{bmatrix} - \eta \begin{bmatrix} \delta^{(2)}_{(0,1)} & \delta^{(2)}_{(1,1)} & \cdots & \delta^{(2)}_{(999,1)} \\ \delta^{(2)}_{(0,2)} & \delta^{(2)}_{(1,2)} & \cdots & \delta^{(2)}_{(999,2)} \end{bmatrix} \begin{bmatrix} x^{(1)}_{(0,1)} & x^{(1)}_{(0,2)} \\ x^{(1)}_{(1,1)} & x^{(1)}_{(1,2)} \\ \vdots & \vdots \\ x^{(1)}_{(999,1)} & x^{(1)}_{(999,2)} \end{bmatrix}$$

$$= \begin{bmatrix} w^{(2)}_{11} & w^{(2)}_{12} \\ w^{(2)}_{21} & w^{(2)}_{22} \end{bmatrix} - \begin{bmatrix} \eta\sum_{k=0}^{999}\delta^{(2)}_{(k,1)}x^{(1)}_{(k,1)} & \eta\sum_{k=0}^{999}\delta^{(2)}_{(k,1)}x^{(1)}_{(k,2)} \\ \eta\sum_{k=0}^{999}\delta^{(2)}_{(k,2)}x^{(1)}_{(k,1)} & \eta\sum_{k=0}^{999}\delta^{(2)}_{(k,2)}x^{(1)}_{(k,2)} \end{bmatrix}$$

(식 5.22)

$$= \begin{bmatrix} w^{(2)}_{11} - \eta\sum_{k=0}^{999}\delta^{(2)}_{(k,1)}x^{(1)}_{(k,1)} & w^{(2)}_{12} - \eta\sum_{k=0}^{999}\delta^{(2)}_{(k,1)}x^{(1)}_{(k,2)} \\ w^{(2)}_{21} - \eta\sum_{k=0}^{999}\delta^{(2)}_{(k,2)}x^{(1)}_{(k,1)} & w^{(2)}_{22} - \eta\sum_{k=0}^{999}\delta^{(2)}_{(k,2)}x^{(1)}_{(k,2)} \end{bmatrix}$$

 [식 5.22]의 마지막 행렬의 각 요소가 [식 5.21]의 우변과 일치하고 있는 거 알겠어?

 정말이네! 그렇다면 가중치 갱신은 최종적으로는 이 식을 구현하면 되는 거구나.

$$\boldsymbol{W}^{(l)} := \boldsymbol{W}^{(l)} - \eta \boldsymbol{\Delta}^{(l)\mathrm{T}} \boldsymbol{X}^{(l-1)}$$

(식 5.23)

편향 쪽은 $\Delta^{(l)}$을 데이터마다 합계하면 되는 거니까 따로 행렬 계산을 고려하지 않아도 돼.

$$\boldsymbol{b}^{(l)} := \begin{bmatrix} b_1^{(l)} - \eta \sum_{k=0}^{999} \delta_{(k,1)}^{(l)} \\ b_2^{(l)} - \eta \sum_{k=0}^{999} \delta_{(k,2)}^{(l)} \\ \vdots \end{bmatrix}$$ (식 5.24)

 넘파이의 sum 함수를 사용해서 구현할 수 있을 것 같아.

 그럼 [식 5.23]과 [식 5.24]를 구현해보자.

 파라미터는 [식 5.3]에 전부 나와 있으니까 그것들을 모두 [식 5.23]과 [식 5.24]대로 갱신하면 되는 거지? 이렇게 하면 되나?

예제 5-12 파이썬 대화형 셀에서 실행

```
>>> # 목적 함수 가중치의 미분
>>> def dweight(D, X):
...     return np.dot(D.T, X)
...
>>> # 목적 함수 편향의 미분
>>> def dbias(D):
...     return D.sum(axis=0)
...
>>> # 파라미터 갱신
>>> def update_parameters(D3, X2, D2, X1, D1, X0):
...     global W3, W2, W1, b3, b2, b1
...     W3 = W3 - ETA * dweight(D3, X2)
...     W2 = W2 - ETA * dweight(D2, X1)
...     W1 = W1 - ETA * dweight(D1, X0)
...     b3 = b3 - ETA * dbias(D3)
...     b2 = b2 - ETA * dbias(D2)
...     b1 = b1 - ETA * dbias(D1)
```

좋아. 지금까지 순전파, 역전파, 파라미터 갱신을 각각 구현했으니 그것들을 사용해서 학습 부분을 만들면 완성이야.

 완성이 눈앞이네!

 학습은 이런 이미지를 떠올리면 돼.

> **1** 순전파 : 학습 데이터를 순전파시키고 가로세로비가 높은지 낮은지 예측한다.
> **2** 역전파 : 예측 결과를 바탕으로 각 층의 정답 레이블과의 오차(델타)를 계산한다.
> **3** 파라미터 갱신 : 계산된 오차(델타)를 바탕으로 편미분을 구해서 파라미터를 갱신한다.

 순전파, 역전파, 파라미터 갱신은 각각 forward, backward, update_parameters 라는 이름의 함수로 만들었으니까 그걸 사용하면 되는 거지?

 그래. 그 순서대로 호출해서 학습하는 코드를 작성하면 돼. 학습에 필요한 정보는 모두 반환값으로 반환하고 있을 테니까.

 알았어. 전부 함수로 정리했으니까 호출하기만 하면 되는 거네.

예제 5-13 파이썬 대화형 셀에서 실행

```
>>> # 학습
>>> def train(X, Y):
...     # 순전파
...     Z1, X1, Z2, X2, Z3, X3 = forward(X)
...     # 역전파
...     D3, D2, D1 = backward(Y, Z3, Z2, Z1)
...     # 파라미터 갱신(신경망 학습)
...     update_parameters(D3, X2, D2, X1, D1, X)
```

 다음은 train 메서드를 반복 호출해서 파라미터를 최적화하자. 머신러닝에서는 그런 반복 횟수를 **에포크** 수라고 부르는 경우가 많으니까 기억해두는 게 좋아.

아, 에포크 수. 그럼 그 에포크 수는 어느 정도의 값이면 돼?

 음, 에포크 수도 '그 횟수만큼 반복하면 괜찮아!'라는 값이 없으니까 학습율과 마찬가지로 시행착오를 통해 구할 수 있어. 오차를 보면서 확인하는 게 좋아.

 그렇구나. 결정해야 할 것이 참 많네.

 지금은 학습 데이터가 적으니까 반복을 많이 해도 돼.

 많이? 잘 모르겠으니까 적당히 큰 수를 에포크 수로 설정해야지.

예제 5-14 파이썬 대화형 셀에서 실행

```
>>> # 반복 횟수
>>> EPOCH = 30000
```

 이 횟수만큼 반복해서 train 메서드를 호출하도록 루프로 감싸야지.

 학습에는 어느 정도 시간이 걸리니까 학습이 얼마만큼 진행되고 있는지 파악하기 위한 지표를 만들어두는 게 좋아.

 아, 확실히 그러네. 파라미터 갱신을 반복해서 정말 제대로 학습되고 있는지 궁금할 테니까.

 지금은 단순하게 목적 함수 $E(\Theta)$를 구현해서 오찻값을 살펴보자.

$$E(\Theta) = \frac{1}{2} \sum_{k=1}^{n} (y_k - f(\boldsymbol{x}_k))^2 \qquad \text{(식 5.25)}$$

([식 3.17]에서)

식을 그대로 구현하면 되는 거지?

예제 5-15 파이썬 대화형 셸에서 실행

```
>>> # 예측
>>> def predict(X):
...     return forward(X)[-1]
...
>>> # 목적 함수
>>> def E(Y, X):
...     return 0.5 * ((Y - predict(X)) ** 2).sum()
```

이걸로 학습에 필요한 모든 준비가 끝났어.

5.2.5 미니배치

실제로 학습할 때는 학습 데이터를 미니배치라고 부르는 작은 단위로 분할해서 학습하는 게 좋아.

학습 데이터를 분할?

어떤 일정 수의 데이터를 무작위로 선택해서 학습하는 걸 반복하는 건데 최적값에 수렴하기 쉬워져. [식 5.21]을 떠올려볼래? 그 식은 파라미터 갱신을 위해 모든 데이터를 사용하고 있지?

응. $k = 0$에서 999까지의 데이터 총합을 취하고 있어. TX를 1000개 준비했으니까 1000개 데이터의 합계가 되네.

하지만 미니배치로 분할한다는 건 예를 들어 학습 데이터 100개마다 파라미터를 갱신하고 그것을 10번 반복해서 학습을 진행하는 거야. 다음 [식 5.26]의 K_i는 중복 없이 무작위로 선택된 인덱스가 100개씩 모인 집합이라고 생각하면 돼.

$$w_{ij}^{(l)} := w_{ij}^{(l)} - \eta \sum_{k \in \boldsymbol{K}_1} \delta_{(k,i)}^{(l)} x_{(k,j)}^{(l-1)} \quad (\boldsymbol{K}_1 = \{966, 166, 9, \cdots, 390\})$$

$$w_{ij}^{(l)} := w_{ij}^{(l)} - \eta \sum_{k \in \boldsymbol{K}_2} \delta_{(k,i)}^{(l)} x_{(k,j)}^{(l-1)} \quad (\boldsymbol{K}_2 = \{895, 3, 486, \cdots, 538\})$$

(식 5.26)

$$\vdots$$

$$w_{ij}^{(l)} := w_{ij}^{(l)} - \eta \sum_{k \in \boldsymbol{K}_{10}} \delta_{(k,i)}^{(l)} x_{(k,j)}^{(l-1)} \quad (\boldsymbol{K}_{10} = \{15, 43, 791, \cdots, 218\})$$

 그리고 이 10회 1세트의 파라미터 갱신을 반복해. 이걸 확률적 경사하강법 또는 미니배치법이라고 부르는데 자주 사용하는 테크닉이야.

 그렇다는 건 미니배치 루프와 에포크 루프의 2중 루프가 되는 건가?

 그렇지. 안쪽에는 미니배치로 파라미터를 갱신하는 루프가 있고, 그 바깥쪽에는 에포크 수만큼 반복하는 루프가 있는 형태지.

 알았어. 중간에 로그를 표시하면서 그렇게 구현해볼게.

예제 5-16 파이썬 대화형 셸에서 실행

```
>>> import math
>>>
>>> # 미니배치 수
>>> BATCH = 100
>>>
>>> for epoch in range(1, EPOCH + 1):
...     # 미니배치 학습용으로 무작위 인덱스 취득
...     p = np.random.permutation(len(TX))
...     # 미니배치 수만큼 데이터를 취해서 학습
...     for i in range(math.ceil(len(TX) / BATCH)):
...         indice = p[i*BATCH:(i+1)*BATCH]
...         X0 = TX[indice]
...         Y = TY[indice]
...         train(X0, Y)
```

```
...         # 로그를 남긴다.
...     if epoch % 1000 == 0:
...         log = '오차 = {:8.4f} ({:5d}에포크 째)'
...         print(log.format(E(TY, TX), epoch))
```

-------- 실행 중 --------

 시간이 좀 걸렸지만 이런 로그가 출력되었어.

```
오차 = 69.7705 (  1000에포크 째)
오차 = 55.0522 (  2000에포크 째)
오차 = 44.4299 (  3000에포크 째)
              ⋮
           (생략)
              ⋮
오차 =  3.2566 (29000에포크 째)
오차 =  3.1936 (30000에포크 째)
```

 에포크가 반복될수록 오차가 줄고 있는 걸 확인할 수 있지? 이건 학습이 잘 진행되고 있다는 증거야.

 내가 구현한 신경망이 제대로 동작하고 있는 거네. 좋아 좋아!

 시험삼아서 직사각형 사이즈를 전달해서 길쭉한지 길쭉하지 않은지 판정하도록 해볼까? 판정할 때는 전달할 데이터를 표준화하는 거 잊지 말고.

 해보자!

```
>>> testX = standardize([
...     [100, 100], # 정사각형. 길쭉하지 않음
...     [100, 10],  # 길쭉함
...     [10, 100],  # 이것도 길쭉함
...     [80, 100]   # 이건 길쭉하지 않음
>>> ])
>>>
>>> predict(testX)
array([[0.00097628],
       [0.82436398],
       [0.94022858],
       [0.00173001]])
```

 어라…?

 출력층에 있는 시그모이드 함수가 출력한 결과니까 0~1 범위의 확률이라고 보면 돼.

너비	높이	신경망을 거친 결과	길쭉할 확률
100	100	0.00097628	약 0.09%
100	10	0.82436398	약 82.43%
10	100	0.94022858	약 94.02%
80	100	0.00173001	약 0.17%

표 5-3

 아, 그렇구나. 반환된 값이 확률이네.

 확률 그대로도 괜찮지만 적당하게 임곗값을 정해서 0이나 1을 반환하는 함수를 정의해두는 것도 좋아.

해볼게.

예제 5-18 파이썬 대화형 셀에서 실행

```
>>> # 분류기
>>> def classify(X):
...     return (predict(X) > 0.8).astype(np.int)
...
>>> classify(testX)
array([[0],
       [1],
       [1],
       [0]])
```

 우와, 제대로 분류하고 있는 것 같아!

 학습에서 사용하지 않은 테스트 데이터를 적당히 생성해서 정확도가 어느 정도 나오는지 확인해보자.

 다시 무작위로 데이터를 만들어서 그걸 classify 함수에 전달하면 되지?

예제 5-19 파이썬 대화형 셀에서 실행

```
>>> # 테스트 데이터 생성
>>> TEST_N = 1000
>>> testX = (np.random.rand(TEST_N, 2) * 1000).astype(np.int32) + 1
>>> testY = (testX.min(axis=1) / testX.max(axis=1) <= 0.2).astype(np.int)[np.newaxis].T
>>>
>>> # 정확도 계산
>>> accuracy = (classify(standardize(testX)) == testY).sum() / TEST_N
>>> print('정확도: {}%'.format(accuracy * 100))
정확도: 98.4%
```

※ 여기까지의 프로그램은 다운로드 파일의 'nn.py'에 정리되어 있습니다.

98.4%!

 신경망이 잘 구현된 것 같네. 어땠어?

 신경망을 수식으로 이해할 땐 어려운 부분도 있었지만 그 수식을 구현해서 제대로
동작하는 걸 보니 감동했어.

 그렇지? 직접 처음부터 구현해보니까 수식으로 볼 때보다 이해도 깊어지지?

 이해도 깊어졌고 엄청 재미있었어!

 다행이네.

5.3 손글씨 숫자 이미지 식별 합성곱 신경망

 이 기세를 몰아서 합성곱 신경망 구현도 직접 해보고 싶어.

 좋은 기회니까 도전해볼까?

 합성곱 신경망을 구현하려면 이미지가 필요하겠네.

 뭔가 해보고 싶은 게 있어?

내 웹사이트에 모아 놓은 패션 이미지를 사용해서 뭔가 해보고 싶은데, 뭘 할 수 있을까?

 음, 어떤 이미지를 모아 놓았는지 모르겠지만... 근데 어노테이션은 되어 있어?

 어노테이션이 뭐야?

 머신러닝에서 학습 데이터로 사용할 수 있도록 모아놓은 데이터에 유용한 정보나 레이블을 붙이는 걸 말해.

 아니. 그런 건 전혀 생각해보지 않았어.

 갑자기 아이디어를 생각해내는 건 좀 힘들 것 같아.

 패션 이미지와 다르지만 합성곱 신경망의 튜토리얼에서 자주 사용하는 게 있는데, 손글씨 숫자 이미지를 입력해서 실제로 무슨 숫자가 쓰여 있는지 예측하는 문제가 있어.

 그거 혹시 MNIST라는 데이터셋을 사용하는 거야?

 맞아, 그거야! 학습용으로 6만 장, 테스트용으로 1만 장의 데이터가 포함되어 있고, 손글씨 숫자 이미지와 각 이미지에 대응하는 정답 레이블을 모아둔 거야. 그러니까 어노테이션을 해둔 데이터가 있다는 거지.

 아, 굉장히 많은 데이터가 이미 모여 있다는 거네.

 머신러닝에서 가장 힘든 건 데이터를 모으는 것인 경우가 많으니까 이런 데이터셋은 귀중해.

 으아, 머신러닝을 하고 싶으면 데이터를 모으는 것부터 제대로 고민해야 하는 거구나.

아무튼 손글씨 숫자 식별 문제는 합성곱 신경망을 이해하기 위한 연습으로 딱 좋다고 생각해.

 그럼 그거로 해보자!

5.3.1 데이터셋 준비

 우선 MNIST 데이터셋부터 다운로드하자.

 어디서 다운로드할 수 있어?

 웹사이트^(※)에서 다운로드할 수 있어.

파일명	내용
train-images-idx3-ubyte.gz	손글씨 숫자 이미지(학습용 데이터)
train-labels-idx1-ubyte.gz	정답 레이블(학습용 데이터)
t10k-images-idx3-ubyte.gz	손글씨 숫자 이미지(테스트용 데이터)
t10k-labels-idx1-ubyte.gz	정답 레이블(테스트용 데이터)

표 5-4   ※ URL: http://yann.lecun.com/exdb/mnist/

 파일이 로컬에 존재하지 않으니 다운로드하는 코드를 구현해야겠네.

예제 5-20 파이썬 대화형 셸에서 실행

```
>>> import os.path
>>> import urllib.request
>>>
```

```
>>> #  MNIST 데이터셋 다운로드
>>> def download_mnist_dataset(url):
...     filename = './' + os.path.basename(url)
...     if os.path.isfile(filename):
...         return
...     buf = urllib.request.urlopen(url).read()
...     with open(filename, mode='wb') as f:
...         f.write(buf)
...
>>> BASE_URL = 'http://yann.lecun.com/exdb/mnist/'
>>> filenames = [
...     'train-images-idx3-ubyte.gz',
...     'train-labels-idx1-ubyte.gz',
...     't10k-images-idx3-ubyte.gz',
...     't10k-labels-idx1-ubyte.gz'
>>> ]
>>> [download_mnist_dataset(BASE_URL + filename) for filename in filenames]
```

다운로드된 것 같아.

파일은 gz 형태로 압축되어 있는데 압축을 푼 내용은 바이너리고 손글씨 숫자 이미지 파일과 정답 레이블의 포맷은 각각 아래와 같아.

오프셋	데이터 타입	값	비고
0000	32bit integer	0×00000801(2049)	식별자
0004	32bit integer	60000	레이블 수
0008	unsigned byte	0~9 사이	첫 번째 이미지의 정답 레이블
0009	unsigned byte	0~9 사이	두 번째 이미지의 정답 레이블
0010	unsigned byte	0~9 사이	세 번째 이미지의 정답 레이블

표 5-5 정답 레이블 파일의 포맷

오프셋	데이터 타입	값	비고
0000	32bit integer	0×00000803(2051)	식별자
0004	32bit integer	60000	이미지 수
0008	32bit integer	28	이미지 높이
0012	32bit integer	28	이미지 너비
0016	unsigned byte	0~255 사이	첫 번째 이미지의 1픽셀째 화소
0017	unsigned byte	0~255 사이	첫 번째 이미지의 2픽셀째 화소
0018	unsigned byte	0~255 사이	첫 번째 이미지의 3픽셀째 화소

표 5-6 손글씨 이미지 파일의 포맷

 레이블의 0~9는 숫자 그 자체고, 화소 0~255는 0이 흰색이고 255가 검은색인 회색조의 값을 각각 나타내고 있어.

 앞쪽 몇 바이트에 헤더 정보가 있고 뒤쪽은 전부 데이터가 이어져 있는 건가?

 그렇지. 정답 레이블 파일은 앞쪽의 8바이트를 건너뛰고, 손글씨 숫자 이미지 파일은 앞쪽의 16바이트를 건너뛰고 읽으면 돼.

 그렇구나. 연습이니까 에러 처리 같은 건 필요 없지? 넘파이로 간단하게 읽어 들여야지.

예제 5-21 파이썬 대화형 셀에서 실행

```
>>> import numpy as np
>>> import gzip
>>>
>>> # MNIST 데이터셋 로드
>>> def load_file(filename, offset):
...     with gzip.open('./' + filename + '.gz', 'rb') as f:
...         return np.frombuffer(f.read(), np.uint8, offset=offset)
...
>>> # 학습 데이터 로드
>>> TX = load_file('train-images-idx3-ubyte', offset=16)
>>> TY = load_file('train-labels-idx1-ubyte', offset=8)
```

이 상태로는 이미지도 레이블도 단순한 1차원 행렬이라서 엄청 다루기 힘드니까 형식을 정리하는 게 좋아.

응, 확실히 그러네.

우선 이미지 데이터는 이렇게 인덱스, 채널, 높이, 너비의 4차원으로 분할하자.

인덱스	채널	높이	너비	값
0	0	0	0	첫 번째 이미지의 1채널째 (0,0) 위치의 화소
			...	...
			27	첫 번째 이미지의 1채널째 (0,27) 위치의 화소
		...		...
		27	0	첫 번째 이미지의 1채널째 (27, 0) 위치의 화소
			...	...
			27	첫 번째 이미지의 1채널째 (27, 27) 위치의 화소
1	0	0	0	두 번째 이미지의 1채널째 (0, 0) 위치의 화소
			...	...
			27	두 번째 이미지의 1채널째 (0, 27) 위치의 화소
		...		...
		27	0	두 번째 이미지의 1채널째 (27, 0) 위치의 화소
			...	...
			27	두 번째 이미지의 1채널째 (27, 27) 위치의 화소
...				

표 5-7 손글씨 숫자 이미지 파일의 포맷

채널의 차원이 필요해? 회색조니까 하나뿐인 거 아냐?

앞으로 살펴볼 합성곱 신경망의 이미지나 특징맵 등의 입력은 모두 4차원에 맞추고 싶어. 그렇게 하는 게 편하지 않을까?

특징맵도 입력 이미지도 합성곱층의 입력이라는 의미에서는 같은 것이니까 통일해서 다루는 게 좋을 것 같아.

그리고 지금 화솟값은 0~255 사이의 정숫값인데 255로 나누어서 0~1의 범위로 조절하면 학습의 수렴이 빨라져.

알았어. 그럼 차원을 4개로 나누고 화솟값을 255로 나누면 되겠네.

예제 5-22 파이썬 대화형 셀에서 실행

```
>>> def convertX(X):
...     return X.reshape(-1, 1, 28, 28).astype(np.float32) / 255.0
...
>>> TX = convertX(TX)
```

다음은 정답 레이블의 형태를 정리할게. 손글씨 숫자 이미지 식별 문제를 푼다는 건 이미지를 0~9 중 어떤 것인지 분류한다는 말로 바꿀 수 있지.

아, 알았다. 분류 문제를 푼다는 것은 합성곱 신경망의 출력이 10차원인 벡터가 된다는 거니까 레이블도 그 형태에 맞추는 것이 좋다는 거지?

그래. 정답 위치에만 숫자 1이 들어 있는 벡터로 변환해두면 돼. 이런 형태의 벡터를 특별히 **원-핫 벡터** 또는 **1-of-K 표현**이라고 부르니까 기억해두는 게 좋아.

$$\boldsymbol{y}_i^{\mathrm{T}} = \begin{bmatrix} 1 & 0 & 0 & 0 & 0 & 0 & 0 & 0 & 0 & 0 \end{bmatrix} \cdots\cdots \text{0이 정답인 경우}$$

$$\boldsymbol{y}_i^{\mathrm{T}} = \begin{bmatrix} 0 & 1 & 0 & 0 & 0 & 0 & 0 & 0 & 0 & 0 \end{bmatrix} \cdots\cdots \text{1이 정답인 경우}$$

$$\vdots \qquad\qquad\qquad\qquad (\text{식 5.27})$$

$$\boldsymbol{y}_i^{\mathrm{T}} = \begin{bmatrix} 0 & 0 & 0 & 0 & 0 & 0 & 0 & 0 & 0 & 1 \end{bmatrix} \cdots\cdots \text{9가 정답인 경우}$$

10×10 단위 행렬에서 정답 숫자의 인덱스 행을 꺼내면 되는 건가?

예제 5-23 파이썬 대화형 셀에서 실행

```
>>> def convertY(Y):
...     return np.eye(10)[Y]
...
>>> TY = convertY(TY)
```

 이걸로 데이터 준비는 완료됐어.

 하지만 실제로 어떤 이미지인 거지? 바이너리로 되어 있어서 이미지 미리 보기를 할 수 없네. 시험삼아 이미지를 몇 장 정도 보고 싶은데.

 그럼 잠깐 살펴볼까? 맷플롯립의 `imshow`를 사용해서 확인할 수 있어.

예제 5-24 파이썬 대화형 셀에서 실행

```
>>> import matplotlib.pyplot as plt
>>>
>>> # 이미지 표시
>>> def show_images(X):
...     COLUMN = 5
...     ROW = (len(X) - 1) // COLUMN + 1
...     fig = plt.figure()
...     for i in range(len(X)):
...         sub = fig.add_subplot(ROW, COLUMN, i + 1)
...         sub.axis('off')
...         sub.set_title('X[{}]'.format(i))
...         plt.imshow(X[i][0], cmap='gray')
...     plt.show()
...
>>> # 처음 10개 표시
>>> show_images(TX[0:10])
```

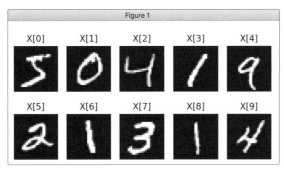

그림 5-2

아, 이런 이미지구나. 손글씨 이미지 같네.

지금부터 이런 이미지들이 실제로 어떤 숫자를 나타내는지 학습할 거야. 감 잡았어?

응, 감 잡았어!

5.3.2 신경망 구조

가로세로비 판정 신경망을 만들었을 때와 마찬가지로 이번에는 신경망 구조를 고민해야 해.

음, 그러니까 뭘 정하면 되지? 필터 사이즈, 풀링 사이즈, 층수, 전결합층 유닛 수, 하이퍼파라미터... 어휴!

전부 마음대로 정해도 돼. 그래도 어렵긴 마찬가진가?

전에 합성곱 신경망을 배웠을 때 사용한 것과 같은 형태의 신경망은 어때?

그래. 필터 사이즈나 전결합층의 유닛 수는 조절해야 하지만, 이런 모양의 합성곱 신경망으로 하자.

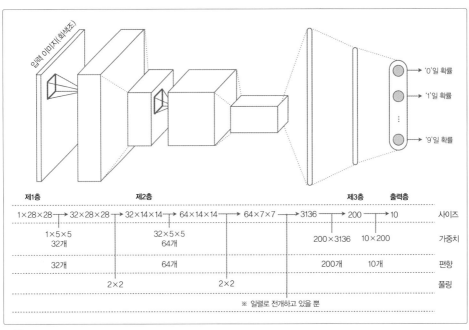

그림 5-3

좋아. 신경망 구조가 정해졌으니까 가중치와 편향을 준비하면 되겠네.

[그림 5-3]을 보면 필요한 파라미터는 알 수 있을 거고, 각 파라미터의 형태는 이런 차원으로 준비하면 돼.

합성곱층	필터 가중치	4차원	필터 수 × 채널 × 높이 × 너비
	편향	1차원	필터 수
전결합층	가중치 행렬	2차원	다음 층의 유닛 수 × 전 층의 유닛 수
	편향	1차원	다음 층의 유닛 수

표 5-8

이번에도 난수로 적당히 초기화해도 되는 건가?

아니. 처음에 구현했던 간단한 전결합 신경망과 비교하면 이 합성곱 신경망은 조금 더 복잡하니까 가중치의 초기화를 조금 더 고민해볼 필요가 있어.

어, 난수로 초기화하지 않는다는 거야?

정규분포를 따르는 난수면 되는데, 분산을 지정해줄 거야.

합성곱층	필터 가중치	평균 0, 분산 $\dfrac{2}{채널 \times 높이 \times 너비}$ 를 따르는 정규분포로 초기화
	편향	모두 0으로 초기화
전결합층	가중치 행렬	평균 0, 분산 $\dfrac{2}{앞\ 층의\ 유닛\ 수}$ 를 따르는 정규분포로 초기화
	편향	모두 0으로 초기화

표 5-9

이번에는 합성곱 신경망을 구현하는 데 활성화 함수 ReLU를 사용할 것을 고려해서 이 방법을 선택했어.

왜 분산을 지정하는 건지 전혀 모르겠지만 어쨌든 그걸로 초기화하면 되는 거지?

복잡한 신경망을 처음부터 구현하는 경우 가중치 초기화는 꽤 중요한 문제야. 잘못하면 수렴하지 않고 발산해버리기도 하거든.

그렇구나. 아무렇게나 해도 되는 줄 알았는데 고민 좀 해야 하는 거네.

내가 고른 건 Kaiming He라는 사람이 논문에서 제안한 방법[※]인데 다른 초기화 방법도 있고, 상황에 따라 적합하지 않을 수 있으니 주의할 필요가 있어.

※ https://arxiv.org/abs/1502.01852

분산을 지정해서 정규분포의 난수를 만들 때는 표준정규분포를 따르는 난수를 생성하는 넘파이의 randn 함수를 사용해서 [표 5-9]에서 지정한 분산의 제곱근인 표준편차를 곱해주면 돼.

그렇구나. 파라미터 형태와 초기화 방법을 알았으니 각각 준비할게.

예제 5-25 파이썬 대화형 셀에서 실행

```
>>> import math
>>>
>>> # (학습을 재현할 수 있도록 시드를 고정합니다. 원래는 필요하지 않습니다.)
>>> np.random.seed(0)
>>>
>>> W1 = np.random.randn( 32, 1, 5, 5) * math.sqrt(2 / ( 1 * 5 * 5))
>>> W2 = np.random.randn( 64, 32, 5, 5) * math.sqrt(2 / (32 * 5 * 5))
>>> W3 = np.random.randn(200, 64 * 7 * 7) * math.sqrt(2 / (64 * 7 * 7))
>>> W4 = np.random.randn( 10, 200) * math.sqrt(2 / 200)
>>> b1 = np.zeros(32)
>>> b2 = np.zeros(64)
>>> b3 = np.zeros(200)
>>> b4 = np.zeros(10)
```

좋아. 준비가 길었지만 지금부터 합성곱 신경망을 구현하자.

5.3.3 순전파

순전파의 합성곱 처리부터 하자. 이거였지? 3중 시그마…

$$z_{(i,j)}^{(k)} = \sum_{c=1}^{C} \sum_{u=1}^{m} \sum_{v=1}^{m} w_{(c,u,v)}^{(k)} x_{(c,i+u-1,j+v-1)} + b^{(k)} \qquad \text{(식 5.28)}$$

학습 데이터가 n개 있다고 할 때 모든 (i, j) 위치에 K개의 필터가 있고, 각각 $C \times m \times m$회의 곱셈이 필요한 거지? 단순하게 구현하면 n, i, j, k, c, u, v의 7중 루프… 어휴!

```
>>> for n range(X.shape[0]):
...     for i range(X.shape[2]):
...         for j range(X.shape[3]):
...             for k range(W.shape[0]):
...                 for c range(W.shape[1]):
...                     for u range(W.shape[2]):
...                         for v range(W.shape[3]):
...                             z[n,k,i,j] += w[k,c,v,u] * x[n,c,i+u,i+v] + b[k]
```

아무래도 이건 계산량으로 볼 때 어려울 것 같아.

합성곱 처리도 행렬 곱셈을 사용해서 잘 처리할 수 있도록 고민해보자.

응. 역시 행렬 곱셈을 사용하겠구나 생각하고 있었는데… 어떻게 하면 되는 거지?

예를 들어 입력이 $3 \times 5 \times 5$, 필터의 사이즈가 $3 \times 2 \times 2$라고 했을 때 이런 식으로 왼쪽 위부터 순서대로 필터를 옮겨가면서 필터가 적용되어야 할 유닛을 꺼내는 걸 생각해볼게.

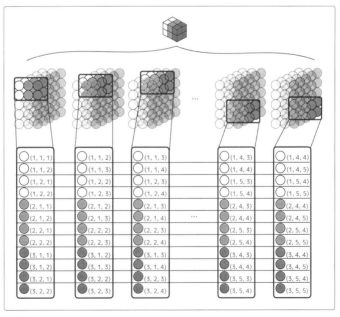

그림 5-4

이 시점에서는 필터 계산은 하지 않고 단지 요소를 꺼내기만 하는 거야?

 맞아. 아직 계산은 하지 않아. 이 방법으로 유닛을 추출하면 $12 \times 16 \, (3 \cdot 2 \cdot 2 \times 4 \cdot 4)$ 의 행렬이 만들어지지.

$$\boldsymbol{X}_{col} = \begin{bmatrix} x_{(1,1,1)} & x_{(1,1,2)} & x_{(1,1,3)} & \cdots & x_{(1,4,3)} & x_{(1,4,4)} \\ x_{(1,1,2)} & x_{(1,1,3)} & x_{(1,1,4)} & \cdots & x_{(1,4,4)} & x_{(1,4,5)} \\ \vdots & \vdots & \vdots & & \vdots & \vdots \\ x_{(3,2,1)} & x_{(3,2,2)} & x_{(3,2,3)} & \cdots & x_{(3,5,3)} & x_{(3,5,4)} \\ x_{(3,2,2)} & x_{(3,2,3)} & x_{(3,2,4)} & \cdots & x_{(3,5,4)} & x_{(3,5,5)} \end{bmatrix} \qquad \text{(식 5.29)}$$

 이 방법은 이미지에서 유닛을 꺼내서 열로 정렬하고 있는 모습이라서 'im2col 변환' 이라고 부르는 경우가 많아. 이 변환 후의 형태의 행렬을 편의상 col 형식이라고 부르기로 할게.

 이미지에서 열을 만들었으니까 image to column을 줄여서 im2col 변환이라고 부르는 거고, 거기서 만들어진 행렬은 열이 모인 것이니까 col 형식으로 이해하면 되나?

 응, 맞아. 그리고 이 col 형식의 행렬을 사용하면 필터의 가중치 행렬 곱셈을 쉽게 계산할 수 있어.

 하지만 필터의 가중치는 4차원이잖아. 어떻게 $\boldsymbol{X}_{col}$ 과 $\boldsymbol{W}$ 를 곱하는 거야?

 각 필터의 가중치를 세로로 정렬해서 행렬을 만들어주면 돼. 예를 들어 $3 \times 2 \times 2$ 필터가 3개 있는 경우는 이런 식으로 만들지.

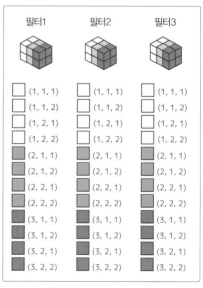

그림 5-5

그러니까 이런 행렬?

$$
\boldsymbol{W}_{col} =
\begin{bmatrix}
w^{(1)}_{(1,1,1)} & w^{(2)}_{(1,1,1)} & x^{(3)}_{(1,1,1)} \\
w^{(1)}_{(1,1,2)} & w^{(2)}_{(1,1,2)} & x^{(3)}_{(1,1,2)} \\
\vdots & \vdots & \vdots \\
w^{(1)}_{(3,2,1)} & w^{(2)}_{(3,2,1)} & x^{(3)}_{(3,2,1)} \\
w^{(1)}_{(3,2,2)} & w^{(2)}_{(3,2,2)} & x^{(3)}_{(3,2,2)}
\end{bmatrix}
\tag{식 5.30}
$$

응. 그 필터의 가중치 행렬에 $\boldsymbol{X}_{col}$을 전치한 걸 곱하고 거기에 편향을 더해주면 돼.

$$\boldsymbol{X}^{\mathrm{T}}_{col}\boldsymbol{W}_{col} + \boldsymbol{B}$$

$$
=
\begin{bmatrix}
x_{(1,1,1)} & x_{(1,1,2)} & \cdots & x_{(3,2,1)} & x_{(3,2,2)} \\
x_{(1,1,2)} & x_{(1,1,3)} & \cdots & x_{(3,2,2)} & x_{(3,2,3)} \\
x_{(1,1,3)} & x_{(1,1,4)} & \cdots & x_{(3,2,3)} & x_{(3,2,4)} \\
\vdots & \vdots & & \vdots & \vdots \\
x_{(1,4,3)} & x_{(1,4,4)} & \cdots & x_{(3,5,3)} & x_{(3,5,4)} \\
x_{(1,4,4)} & x_{(1,4,5)} & \cdots & x_{(3,5,4)} & x_{(3,5,5)}
\end{bmatrix}
\begin{bmatrix}
w^{(1)}_{(1,1,1)} & w^{(2)}_{(1,1,1)} & x^{(3)}_{(1,1,1)} \\
w^{(1)}_{(1,1,2)} & w^{(2)}_{(1,1,2)} & x^{(3)}_{(1,1,2)} \\
\vdots & \vdots & \vdots \\
w^{(1)}_{(3,2,1)} & w^{(2)}_{(3,2,1)} & x^{(3)}_{(3,2,1)} \\
w^{(1)}_{(3,2,2)} & w^{(2)}_{(3,2,2)} & x^{(3)}_{(3,2,2)}
\end{bmatrix}
$$

$$
+
\begin{bmatrix}
b_1 & b_2 & b_3 \\
b_1 & b_2 & b_3 \\
b_1 & b_2 & b_3 \\
\vdots & \vdots & \vdots \\
b_1 & b_2 & b_3 \\
b_1 & b_2 & b_3
\end{bmatrix}
\tag{식 5.31}
$$

이걸 계산하면 결과적으로 [식 5.28]의 $z^{(k)}_{(i,j)}$가 각 요소가 되는 행렬 $\boldsymbol{Z}$가 완성돼.

$$\boldsymbol{Z} = \boldsymbol{X}^{\mathrm{T}}_{col}\boldsymbol{W}_{col} + \boldsymbol{B} \tag{식 5.32}$$

그렇군. 이제 전부 쉽게 계산할 수 있을 것 같아. 굉장하다.

실제로 학습 데이터는 여러 개 있으니까 col 형식의 행렬을 전치한 이미지 데이터를 세로로 정렬해서 복수의 데이터를 묶어서 계산하는 거야.

$$
X_{col}^{\mathrm{T}} = \left[\begin{array}{c} \boldsymbol{X}_{col,1}^{\mathrm{T}} \\ \boldsymbol{X}_{col,2}^{\mathrm{T}} \\ \boldsymbol{X}_{col,3}^{\mathrm{T}} \\ \vdots \end{array} \right] = \left[\begin{array}{cccc}
x_{(1,1,1)} & x_{(1,1,2)} & \cdots & x_{(3,2,1)} \quad x_{(3,2,2)} \\
x_{(1,1,2)} & x_{(1,1,3)} & \cdots & x_{(3,2,2)} \quad x_{(3,2,3)} \\
x_{(1,1,3)} & x_{(1,1,4)} & \cdots & x_{(3,2,3)} \quad x_{(3,2,4)} \\
\vdots & \vdots & & \vdots \quad\quad \vdots \\
x_{(1,4,3)} & x_{(1,4,4)} & \cdots & x_{(3,5,3)} \quad x_{(3,5,4)} \\
x_{(1,4,4)} & x_{(1,4,5)} & \cdots & x_{(3,5,4)} \quad x_{(3,5,5)} \\
\hline
x_{(1,1,1)} & x_{(1,1,2)} & \cdots & x_{(3,2,1)} \quad x_{(3,2,2)} \\
x_{(1,1,2)} & x_{(1,1,3)} & \cdots & x_{(3,2,2)} \quad x_{(3,2,3)} \\
x_{(1,1,3)} & x_{(1,1,4)} & \cdots & x_{(3,2,3)} \quad x_{(3,2,4)} \\
\vdots & \vdots & & \vdots \quad\quad \vdots \\
x_{(1,4,3)} & x_{(1,4,4)} & \cdots & x_{(3,5,3)} \quad x_{(3,5,4)} \\
x_{(1,4,4)} & x_{(1,4,5)} & \cdots & x_{(3,5,4)} \quad x_{(3,5,5)} \\
\hline
x_{(1,1,1)} & x_{(1,1,2)} & \cdots & x_{(3,2,1)} \quad x_{(3,2,2)} \\
x_{(1,1,2)} & x_{(1,1,3)} & \cdots & x_{(3,2,2)} \quad x_{(3,2,3)} \\
x_{(1,1,3)} & x_{(1,1,4)} & \cdots & x_{(3,2,3)} \quad x_{(3,2,4)} \\
\vdots & \vdots & & \vdots \quad\quad \vdots \\
x_{(1,4,3)} & x_{(1,4,4)} & \cdots & x_{(3,5,3)} \quad x_{(3,5,4)} \\
x_{(1,4,4)} & x_{(1,4,5)} & \cdots & x_{(3,5,4)} \quad x_{(3,5,5)} \\
\hline
\vdots & \vdots & & \vdots \quad\quad \vdots
\end{array} \right]
$$

이미지 1
이미지 2
이미지 3

(식 5.33)

그럼 결과인 Z도 각 데이터가 세로로 정렬된 행렬이 돼.

$$
Z = \left[\begin{array}{c} \boldsymbol{Z}_1 \\ \boldsymbol{Z}_2 \\ \boldsymbol{Z}_3 \\ \vdots \end{array} \right]
$$

(식 5.34)

이 방법이라면 행렬의 곱으로 계산할 수 있지만 col 형식은 중복되는 유닛이 있으니까 메모리 효율 면에서 조금 낭비될 것 같아.

응. 하지만 im2col 변환의 처리나 메모리 효율을 고려해도 [예제 5-26]처럼 루프를 겹치는 것보다 압도적으로 효율적이야.

확실히 행렬로 계산하는 편이 종합적으로 보면 효율이 좋을 것 같아. 넘파이의 행렬 계산은 최적화되어 있어서 매우 빠르다고 들었어.

그래서 지금까지 이야기한 im2col 변환을 코드로 구현해봤어. 이 im2col 함수는 전치가 끝난 [식 5.33]의 형태를 한 행렬을 반환하도록 되어 있으니까 합성곱 연산에는 이걸 그대로 사용할 수 있을 거야.

예제 5-27 파이썬 대화형 셸에서 실행

```
>>> # 합성곱 후 특징맵 사이즈 계산
>>> def output_size(input_size, filter_size, stride_size=1, padding_size=0):
...     return (input_size - filter_size + 2 * padding_size) // stride_size + 1
...
>>> # im 형식에서 col 형식으로 변환
>>> # ---------------------
>>> #
>>> # im: (이미지 수 x 채널 x 높이 x 너비) 형태의 변환 전 이미지
>>> # fh: 필터 높이
>>> # fw: 필터 너비
>>> # s: 스트라이드
>>> # p: 패딩
>>> #
>>> # 반환값: (이미지 수만큼의 특징맵의 가로세로 사이즈 x 필터 사이즈) 형태의 행렬
>>> def im2col(im, fh, fw, s=1, p=0):
...     # 합성곱 후 특징맵 사이즈 계산
...     N, IC, IH, IW = im.shape
...     OH, OW = output_size(IH, fh, s, p), output_size(IW, fw, s, p)
...     # 제로패딩
...     if p > 0:
...         im = np.pad(im, [(0,0), (0,0), (p,p), (p,p)], mode='constant')
...     # im 형식에서 col 형식으로 복사
...     col = np.zeros([N, fh * fw, IC, OH, OW])
...     for h in range(fh):
...         for w in range(fw):
...             col[:, h*fw+w] = im[:, :, h:h+(OH*s):s, w:w+(OW*s):s]
...     return col.transpose(0, 3, 4, 2, 1).reshape(N * OH * OW, IC * fh * fw)
```

복사 부분은 효율을 높이기 위해 조금 고민을 한 부분이니까 좀 이해하기 어려울지도 모르겠어. 이미지는 이런 식으로 정리해서 복사하고 있어.

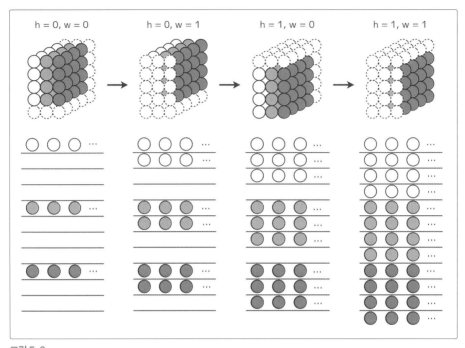

그림 5-6

 오, 고마워! 그럼 변환은 이 im2col 함수를 사용하면 되고 다음은 필터의 가중치를 변환하기 위한 함수를 만들어야겠네.

 가중치는 reshape하기만 하면 돼.

 아, 그렇구나. 그럼 간단하네.

 $\boldsymbol{X}_{col}^{\mathrm{T}} \boldsymbol{W}_{col} + \boldsymbol{B}$를 계산하는 걸로 $\boldsymbol{Z}$를 구할 수 있는데 마지막으로 '이미지 수 × 채널 × 높이 × 너비' 형태로 되돌려 놓아야 해.

알았어. 그 부분을 주의해서 합성곱 코드를 구현할게.

예제 5-28 파이썬 대화형 셸에서 실행

```
>>> # 합성곱
>>> def convolve(X, W, b, s=1, p=0):
...     # 합성곱 후 특징맵 사이즈 계산
...     N, IC, IH, IW = X.shape
...     K, KC, FH, FW = W.shape
...     OH, OW = output_size(IH, FH, s, p), output_size(IW, FW, s, p)
...     # 행렬 곱셈으로 계산할 수 있도록 X와 W 변형
...     X = im2col(X, FH, FW, s, p)
...     W = W.reshape(K, KC * FH * FW).T
...     # 합성곱 계산
...     Z = np.dot(X, W) + b
...     # '이미지 수 x 채널 x 높이 x 너비' 형태로 반환
...     return Z.reshape(N, OH, OW, K).transpose(0, 3, 1, 2)
```

 잘했어.

 합성곱한 다음에는 활성화 함수 ReLU를 통과시키는 거였지?

$$a_{(i,j)}^{(k)} = \max(0, z_{(i,j)}^{(k)})$$
(식 5.35)

([식 4.9]에서)

 이제 ReLU를 구현해야지.

 그건 간단할 것 같아.

```
>>> # ReLU 함수
>>> def relu(X):
...     return np.maximum(0, X)
```

 다음은 풀링이네.

 풀링 처리도 im2col 함수를 사용해서 col 형식으로 변환하면 최댓값을 선택하기 쉬워져. 접근 방법은 이런 식이야.

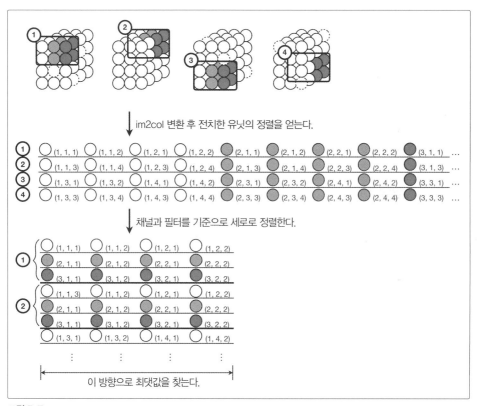

그림 5-7

그렇구나. 풀링도 2×2 필터를 스트라이드 2로 적용해 나간다고 생각하면 합성곱 할 때와 마찬가지로 im2col 변환을 할 수 있구나.

가중치와 곱하는 것이 아니라 최댓값을 선택하는 거니까 동작의 차이는 있을 수 있지만 필터를 움직이는 방법은 같기 때문이지.

그런 거구나.

풀링으로 선택된 유닛의 인덱스는 역전파 때도 사용하니까 유지할 수 있도록 해둬. 그리고 풀링 후의 데이터도 마찬가지로 '이미지 수 × 채널 × 높이 × 너비' 형태로 되돌려둬.

알았어. 지우의 접근 방법을 따라 구현하면 이렇게 되나? 인덱스도 같이 반환할게.

예제 5-30 파이썬 대화형 셀에서 실행

```
>>> # 맥스 풀링
>>> def max_pooling(X, fh, fw):
...     # 합성곱 후 특징맵 사이즈 계산
...     N, IC, IH, IW = X.shape
...     OH, OW = output_size(IH, fh, fh), output_size(IW, fw, fw)
...     # 최댓값을 선택하기 쉽도록 형태 변경
...     X = im2col(X, fh, fw, fh).reshape(N * OH * OW * IC, fh * fw)
...     # 최댓값과 그 인덱스 계산
...     P = X.max(axis=1)
...     PI = X.argmax(axis=1)
...     return P.reshape(N, OH, OW, IC).transpose(0, 3, 1, 2), PI
```

응, 그걸로 충분할 것 같아. 이걸로 합성곱 처리에 관한 구현은 완성했네.

여기까지 왔으니까 이제 전결합층과 연결하기만 하면 되겠네.

출력층의 활성화 함수로 소프트맥스 함수를 사용하니까 그것도 구현해야 해.

$$f(x_i) = \frac{\exp(x_i)}{\sum_j \exp(x_j)}$$

(식 5.36)

([식 4.14]에서)

아, 맞다. 소프트맥스 함수를 잊고 있었다.

소프트맥스 함수 자체를 구현하는 것은 간단하지만 $\exp(x)$는 x가 조금만 큰 값이 되어도 쉽게 오버플로되어 버리니까 조금 신경 써서 구현하자.

$\exp(x)$는 e^x을 나타낸 거였지? 확실히 지수 부분의 x가 승가하면 e^x 값도 점점 커질 것 같아.

맞아. 그래서 벡터 $\boldsymbol{x}$의 요소 중 최댓값을 미리 각 x_i에서 뺀 후 소프트맥스 함수 계산을 하면 간단하게 오버플로를 예방할 수 있어.

소프트맥스 함수는 전에도 말했던 것처럼 비율의 계산을 하고 있는 거니까 전체에서 같은 수를 더하거나 빼도 결과는 같다는 걸 이용한 테크닉이야.

최댓값을 뺀 후 소프트맥스 함수 계산을 하는 거네. 알았어.

예제 5-31 파이썬 대화형 셀에서 실행

```
>>> # 소프트맥스 함수
>>> def softmax(X):
...     # 최댓값을 각 요소에서 빼서 exp 계산에 의한 오버플로 방지
...     N = X.shape[0]
...     X = X - X.max(axis=1).reshape(N, -1)
...     # 소프트맥스 함수 계산
...     return np.exp(X) / np.exp(X).sum(axis=1).reshape(N, -1)
```

이걸로 합성곱 신경망의 순전파를 구현한 것 같네.

 전결합층 부분은 처음에 했던 가로세로비 판정 신경망의 forward 처리와 같아도 괜찮아?

 그래. 전결합층과 연결하기 전에 풀링 후의 특징맵을 1열로 전개하는 처리가 필요한데 그것도 reshape로 모양을 바꾸기만 하면 되고 나머지는 똑같아.

 좋아. 그럼 합성곱층 2개, 1열로 전개하는 처리 1개, 전결합층 2개, 그리고 마지막으로 출력층의 소프트맥스 함수에 통과시키면 되는 거네.

예제 5-32 파이썬 대화형 셀에서 실행

```
>>> # 순전파
>>> def forward(X0):
...     # 합성곱층 1
...     Z1 = convolve(X0, W1, b1, s=1, p=2)
...     A1 = relu(Z1)
...     X1, PI1 = max_pooling(A1, fh=2, fw=2)
...     # 합성곱층 2
...     Z2 = convolve(X1, W2, b2, s=1, p=2)
...     A2 = relu(Z2)
...     X2, PI2 = max_pooling(A2, fh=2, fw=2)
...     # 1열로 전개
...     N = X2.shape[0]
...     X2 = X2.reshape(N, -1)
...     # 전결합층
...     Z3 = np.dot(X2, W3.T) + b3
...     X3 = relu(Z3)
...     # 출력층
...     Z4 = np.dot(X3, W4.T) + b4
...     X4 = softmax(Z4)
...     return Z1, X1, PI1, Z2, X2, PI2, Z3, X3, X4
```

 이걸로 순전파 구현 끝.

수식을 따라갈 때는 전혀 생각 못했는데 막상 구현해보니까 전결합 신경망 이상으로 효율을 고민하지 않으면 안 되는 부분이 많네.

합성곱 신경망은 특히 계산량이 많은 알고리즘이니까.

맞아. 그 계산량을 줄이기 위해 행렬의 곱셈이 가능한 형태로 바꾸는 건 나였으면 생각도 못했을 거야.

나도 처음부터 전부 알았던 건 아냐. 조금씩 확실히 익숙해져 가면 돼.

5.3.4 역전파

그럼 역전파를 구현하자.

활성화 함수의 미분이 필요할 테니까 처음에 ReLU 함수의 미분부터 구현하는 게 좋겠지?

응. ReLU는 수학적으로는 0의 위치에서 미분을 할 수 없지만 실용적인 면에서는 이 식을 사용해도 돼.

$$\frac{df(x)}{dx} = \begin{cases} 1 & (x > 0) \\ 0 & (x \le 0) \end{cases}$$

(식 5.37)

그 식을 그대로 구현하는 거라면 어렵지 않아.

예제 5-33 파이썬 대화형 셀에서 실행

```
>>> # ReLU 미분
>>> def drelu(x):
...     return np.where(x > 0, 1, 0)
```

그래. 그걸로 충분해.

 델타는 뒤쪽 층에서 순서대로 구현하면 되는 건가?

 그렇지. 가장 뒤의 전결합 출력층부터. 이건 아주 단순한 식이었지?

$$\delta_i^{(4)} = -t_i + y_i$$

(식 5.38)

([식 4.34]에서)

 그건 구현도 간단해.

예제 **5-34** 파이썬 대화형 셀에서 실행

```
>>> # 출력층의 델타
>>> def delta_output(T, Y):
...     return -T + Y
```

 다음으로 은닉층의 델타를 구현해보자. 전결합층의 은닉층과 전결합층에 접속되어 있는 합성곱층, 이 2개의 델타부터 생각해볼 텐데 이 두 층의 델타는 각각 이런 식으로 계산할 수 있어.

$$\delta_i^{(3)} = a'^{(3)}(z_i^{(3)}) \sum_{q=1}^{10} \delta_q^{(4)} w_{qi}^{(4)} \ \cdots\cdots \ \text{은닉층}$$

$$\delta_{(i,j)}^{(k,2)} = a'^{(2)}(z_{(i,j)}^{(k,2)}) \sum_{q=1}^{200} \delta_q^{(3)} w_{(q,k,i,j)}^{(3)} \ \cdots\cdots \ \text{전결합층에 접속되어 있는 합성곱층}$$

(식 5.39)

([식 4.57]에서)

 이것들은 첨자 관계 때문에 각각 다른 식으로 나타냈지만 구현은 2개로 나눌 필요 없이 같은 방법으로 계산할 수 있으니까 모아서 정리해버리자.

그래.

합성곱층에서 전결합층에 접속하는 부분에 대해서는 '이미지 수 × 채널 × 높이 × 너비' 형태였던 특징맵을 1열로 전개했잖아. 그건 첨자를 다시 달았다는 거야.

아, 그러네. 그때 사실상 k, i, j의 첨자가 $p_n^{(3)}$처럼 일련번호로 재배치되어서 결과적으로 전결합 은닉층의 첨자와 같은 형태가 된 건가?

그렇지. 가중치도 마찬가지로 제3층의 가중치는 표기상 $w_{(q,k,i,j)}$라고 하고 있지만 실제 메모리상에서는 $w_{(q,n)}$이라는 첨자로 접근한다고 생각하는 편이 좋아.

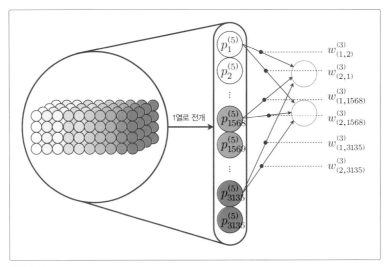

그림 5-8

그렇구나. 첨자만 보는 게 아니라 제대로 의미를 생각해야 하네.

응. 그러니까 같은 방식으로 구현해도 문제없어.

그렇다는 건 가로세로비 판정 신경망 때 구현했던 걸 재사용할 수 있다는 거네.

하지만 합성곱 신경망에서는 활성화 함수로 시그모이드 함수가 아니라 ReLU 함수를 사용하고 있으니까 그건 바꿔야 해.

응. [예제 5-9]의 dsigmoid를 drelu로 바꾸기만 하면 되는 거지?

예제 5-35 파이썬 대화형 셸에서 실행

```
>>> # 은닉층의 델타
>>> def delta_hidden(Z, D, W):
...     return drelu(Z) * np.dot(D, W)
```

마지막으로 합성곱층에 접속된 합성곱층의 델타야.

$$\delta_{(i,j)}^{(k,1)} = a'^{(1)}\left(z_{(i,j)}^{(k,1)}\right) \sum_{q=1}^{64} \sum_{r=1}^{5} \sum_{s=1}^{5} \delta_{(p_i-r+1,\,p_j-s+1)}^{(q,2)} w_{(k,r,s)}^{(q,2)} \qquad \text{(식 5.40)}$$

([식 4.57]에서)

3중 시그마 또 나왔다. 이것도 행렬로 계산할 수 있는 거지?

물론. 조금 생각할 필요가 있지만 이것도 행렬 곱셈으로 한 번에 계산할 수 있어.

[식 5.28]에서도 3중 시그마였는데 그때는 im2col 변환을 해서 계산했었잖아. 이번에도 im2col 변환을 해서 계산하는 거야?

아니. 이번에는 im2col 변환의 역동작, 그러니까 col 형식이 된 것을 im 형식으로 되돌려주는 거야. 이른바 col2im 변환이라는 방법을 사용하는 거지.

아, 역동작.

우선 제2층의 델타와 필터의 가중치를 적절한 형태로 변환한 다음 그것들의 행렬을 곱해서 이런 행렬을 얻어.

$$
\begin{bmatrix}
\delta_{(1,1)}^{(1,2)} & \delta_{(1,1)}^{(2,2)} & \cdots & \delta_{(1,1)}^{(63,2)} & \delta_{(1,1)}^{(64,2)} \\
\delta_{(1,2)}^{(1,2)} & \delta_{(1,2)}^{(2,2)} & \cdots & \delta_{(1,2)}^{(63,2)} & \delta_{(1,2)}^{(64,2)} \\
\delta_{(1,3)}^{(1,2)} & \delta_{(1,3)}^{(2,2)} & \cdots & \delta_{(1,3)}^{(63,2)} & \delta_{(1,3)}^{(64,2)} \\
\vdots & \vdots & & \vdots & \vdots \\
\delta_{(14,13)}^{(1,2)} & \delta_{(14,13)}^{(2,2)} & \cdots & \delta_{(14,13)}^{(63,2)} & \delta_{(14,13)}^{(64,2)} \\
\delta_{(14,14)}^{(1,2)} & \delta_{(14,14)}^{(2,2)} & \cdots & \delta_{(14,14)}^{(63,2)} & \delta_{(14,14)}^{(64,2)}
\end{bmatrix}
\begin{bmatrix}
w_{(1,1,1)}^{(1,2)} & w_{(1,1,2)}^{(1,2)} & \cdots & w_{(32,5,4)}^{(1,2)} & w_{(32,5,5)}^{(1,2)} \\
w_{(1,1,1)}^{(2,2)} & w_{(1,1,2)}^{(2,2)} & \cdots & w_{(32,5,4)}^{(2,2)} & w_{(32,5,5)}^{(2,2)} \\
\vdots & \vdots & & \vdots & \vdots \\
w_{(1,1,1)}^{(63,2)} & w_{(1,1,2)}^{(63,2)} & \cdots & w_{(32,5,4)}^{(63,2)} & w_{(32,5,5)}^{(63,2)} \\
w_{(1,1,1)}^{(64,2)} & w_{(1,1,2)}^{(64,2)} & \cdots & w_{(32,5,4)}^{(64,2)} & w_{(32,5,5)}^{(64,2)}
\end{bmatrix}
$$

$$
=
\begin{bmatrix}
\sum_{q=1}^{64}\delta_{(1,1)}^{(q,2)} w_{(1,1,1)}^{(q,2)} & \sum_{q=1}^{64}\delta_{(1,1)}^{(q,2)} w_{(1,1,2)}^{(q,2)} & \cdots & \sum_{q=1}^{64}\delta_{(1,1)}^{(q,2)} w_{(32,5,4)}^{(q,2)} & \sum_{q=1}^{64}\delta_{(1,1)}^{(q,2)} w_{(32,5,5)}^{(q,2)} \\
\sum_{q=1}^{64}\delta_{(1,2)}^{(q,2)} w_{(1,1,1)}^{(q,2)} & \sum_{q=1}^{64}\delta_{(1,2)}^{(q,2)} w_{(1,1,2)}^{(q,2)} & \cdots & \sum_{q=1}^{64}\delta_{(1,2)}^{(q,2)} w_{(32,5,4)}^{(q,2)} & \sum_{q=1}^{64}\delta_{(1,2)}^{(q,2)} w_{(32,5,5)}^{(q,2)} \\
\vdots & \vdots & & \vdots & \vdots \\
\sum_{q=1}^{64}\delta_{(14,13)}^{(q,2)} w_{(1,1,1)}^{(q,2)} & \sum_{q=1}^{64}\delta_{(14,13)}^{(q,2)} w_{(1,1,2)}^{(q,2)} & \cdots & \sum_{q=1}^{64}\delta_{(14,13)}^{(q,2)} w_{(32,5,4)}^{(q,2)} & \sum_{q=1}^{64}\delta_{(14,13)}^{(q,2)} w_{(32,5,5)}^{(q,2)} \\
\sum_{q=1}^{64}\delta_{(14,14)}^{(q,2)} w_{(1,1,1)}^{(q,2)} & \sum_{q=1}^{64}\delta_{(14,14)}^{(q,2)} w_{(1,1,2)}^{(q,2)} & \cdots & \sum_{q=1}^{64}\delta_{(14,14)}^{(q,2)} w_{(32,5,4)}^{(q,2)} & \sum_{q=1}^{64}\delta_{(14,14)}^{(q,2)} w_{(32,5,5)}^{(q,2)}
\end{bmatrix}
$$

(식 5.41)

오, 왠지 [식 5.40]의 가장 바깥쪽 시그마만 완성된 것 같은 느낌이네.

좀 이해하기 어렵겠지만 이 행렬은 사실 im2col 함수가 출력하는 것과 같은 형태를 하고 있어.

그런 거야? 그러니까 im2col 함수가 출력한 행렬은...

내가 작성한 [예제 5-27]에서 im2col 함수의 반환값을 N * OH * OW x IC * fh * fw라는 형태로 reshape하고 있지.

요점은 세로로 특징맵 사이즈만큼 요소가 정렬해 있고 가로로 필터 사이즈만큼 요소가 정렬해 있는 상태라는 거야.

음, 그렇구나. 자세히 보니까 [식 5.41]의 마지막 행렬도 그것과 같은 형태로 되어 있는 것 같아.

 그 col 형식을 im 형식으로 되돌리는 함수로 col2im을 구현한 게 이거야.

예제 5-36 파이썬 대화형 셀에서 실행

```
>>> # col 형식에서 im 형식으로 변환
>>> # ----------------------
>>> #
>>> # col: col 형식의 데이터
>>> # im_shape: im 형식으로 되돌릴 때의 (이미지 수 x 채널 x 높이 x 너비) 사이즈 지정
>>> # fh: 필터 높이
>>> # fw: 필터 너비
>>> # s: 스트라이드
>>> # p: 패딩
>>> #
>>> # 반환값: im_shape로 지정한 사이즈 형태를 한 행렬
>>> def col2im(col, im_shape, fh, fw, s=1, p=0):
...     # 합성곱 후 특징맵의 가로세로 사이즈
...     N, IC, IH, IW = im_shape
...     OH, OW = output_size(IH, fh, s, p), output_size(IW, fw, s, p)
...     # 스트라이드와 패딩을 고려해서 im 형식용으로 메모리 확보
...     im = np.zeros([N, IC, IH + 2 * p + s - 1, IW + 2 * p + s - 1])
...     # col 형식에서 im 형식으로 되돌린다. 중복된 요소는 더한다.
...     col = col.reshape(N, OH, OW, IC, fh * fw).transpose(0, 4, 3, 1, 2)
...     for h in range(fh):
...         for w in range(fw):
...             im[:, :, h:h+(OH*s):s, w:w+(OW*s):s] += col[:, h*fw+w]
...     # 패딩 부분은 불필요하기 때문에 버리고 반환한다.
...     return im[:, :, p:IH+p, p:IW+p]
```

 기본적으로 im2col 함수와 반대의 일을 하고 있는 것뿐이고 복사의 개요나 방법도 [그림 5-4]와 [그림 5-6]을 반대로 한다고 생각하면 돼.

 그럼 im 형식으로 되돌리는 처리는 이걸 그대로 사용할 수 있겠네. im 형식으로 되돌린 다음에는 어떻게 하면 돼?

그걸로 끝이야. col2im으로 col 형식의 [식 5.41]을 im 형식으로 되돌리면 각 요소가 [식 5.40]의 3중 시그마의 각 부분이 돼.

아, 그런 거구나. 그럼 [식 5.40]의 계산을 하기 위해서는 우선 [식 5.41]을 계산해서 그 결과를 col2im 함수에 전달하면 되는 건가?

그래. col2im 함수의 결과에 ReLU 함수의 미분을 곱해주는 거 잊지 말고.

앗, 완전히 잊고 있었다. 고마워.

예제 5-37 파이썬 대화형 셸에서 실행

```
>>> # 합성곱층의 델타
>>> def delta_conv(P, D, W, s, p):
...     N, DC, DH, DW = D.shape
...     K, KC, FH, FW = W.shape
...     # 행렬을 적절히 변형해서 col 형식을 만든다.
...     D = D.transpose(0, 2, 3, 1).reshape(N * DH * DW, DC)
...     W = W.reshape(K, KC * FH * FW)
...     col_D = np.dot(D, W)
...     # col 형식에서 im 형식으로 되돌려서 델타를 계산
...     return drelu(P) * col2im(col_D, P.shape, FH, FW, s, p)
```

그래. 이렇게 구현하는 걸로 충분한 것 같아! 이걸로 모든 층의 델타를 계산할 수 있게 되었어.

이번엔 지금까지 구현한 델타의 함수를 출력층에서 순서대로 계산해서 역전파시키는 함수 backward를 만들면 되나?

잠깐만. 전체 역전파를 구현하기 전에 먼저 풀링의 역전파를 구현하자.

아, 풀링을 통과하지 못한 유닛의 델타는 전부 0으로 하는 거였지?

그래. 역전파라고 하지만 구체적인 델타의 계산은 할 필요가 없고 풀링 처리에서 사라진 유닛의 위치를 0으로 채울 뿐이야.

 이 처리를 위해 풀링을 계산했을 때 어디가 선택되었는지의 인덱스도 보관하고 있었던 거구나.

 그런 거지. 되돌리는 방법 말인데 [그림 5-7]의 처리를 반대 방향으로 해나가는 느낌으로 하면 돼.

- '필터의 높이×너비'를 기준으로 유닛을 세로로 정렬해서 제로로 채운다.
- 풀링으로 선택된 인덱스의 위치로 델타를 돌려준다.
- 그것을 col2im 변환해서 im 형식으로 되돌린다.

 이런 흐름으로 처리하면 사라진 유닛을 0으로 채워진 상태로 되돌리는 것처럼 풀링의 역전파를 할 수 있어.

 알았어. 그걸 구현해볼게.

예제 5-38 파이썬 대화형 셀에서 실행

```
>>> # MaxPooling의 역전파
>>> def backward_max_pooling(im_shape, PI, D, f, s):
...     # '필터의 높이 x 너비'를 기준으로 유닛을 세로로 정렬해서 제로로 채운다.
...     N, C, H, W = im_shape
...     col_D = np.zeros(N * C * H * W).reshape(-1, f * f)
...     # 풀링으로 선택된 인덱스의 위치로 델타를 돌려준다.
...     col_D[np.arange(PI.size), PI] = D.flatten()
...     # 그것을 col2im 변환해서 im 형식으로 되돌린다.
...     return col2im(col_D, im_shape, f, f, s)
```

 이제 따로 구현해야 할 건 없지? 역전파 코드를 짜도 괜찮을까?

 좋아. 출력층, 전결합층, 전결합층, 풀링층, 합성곱층, 풀링층 순서로 역전파시키자.

지금까지 만든 함수를 순서대로 호출하면 되는 거지?

예제 5-39 파이썬 대화형 셀에서 실행

```
>>> # 역전파
>>> def backward(Y, X4, Z3, X2, PI2, Z2, X1, PI1, Z1):
...     D4 = delta_output(Y, X4)
...     D3 = delta_hidden(Z3, D4, W4)
...     D2 = delta_hidden(X2, D3, W3)
...     D2 = backward_max_pooling(Z2.shape, PI2, D2, f=2, s=2)
...     D1 = delta_conv(X1, D2, W2, s=1, p=2)
...     D1 = backward_max_pooling(Z1.shape, PI1, D1, f=2, s=2)
...     return D4, D3, D2, D1
```

 이걸로 합성곱 신경망 전체가 완성되었어.

 오래 걸렸네. 이제 남은 건 파라미터 갱신과 학습 부분이야.

5.3.5 학습

 합성곱 신경망도 미니배치로 분할해서 파라미터를 갱신할 수 있으니까 이 식을 따라서 구현해보자.

$$w_{ij}^{(l)} := w_{ij}^{(l)} - \eta \sum_{\boldsymbol{K}} \delta_i^{(l)} x_j^{(l-1)} \quad \text{······ 전결합층 가중치}$$

$$b^{(l)} := b^{(l)} - \eta \sum_{\boldsymbol{K}} \delta_i^{(l)} \quad \text{······ 전결합층 편향}$$

$$w_{(c,u,v)}^{(k,l)} := w_{(c,u,v)}^{(k,l)} - \eta \sum_{\boldsymbol{K}} \sum_{i=1}^{d} \sum_{j=1}^{d} \delta_{(i,j)}^{(k,l)} x_{(c,i+u-1,j+v-1)}^{(l-1)}$$

(식 5.42)

$$\text{······ 합성곱 필터 가중치}$$

$$b^{(k,l)} := b^{(k,l)} - \eta \sum_{\boldsymbol{K}} \sum_{i=1}^{d} \sum_{j=1}^{d} \delta_{(i,j)}^{(k,l)} \quad \text{······ 합성곱 필터 편향}$$

([식 4.60]에서)

전결합층의 가중치와 편향은 처음에 구현했던 가로세로비 판정 신경망 때 만든 함수를 그대로 사용해도 돼?

 가중치와 편향의 갱신은 완전히 같으니까 그대로 사용해도 돼.

 잘됐다. 그럼 코드를 복사해서 가지고 오면 되겠네.

예제 5-40 파이썬 대화형 셀에서 실행

```
>>> # 목적 함수 가중치의 미분
>>> def dweight(D, X):
...     return np.dot(D.T, X)
...
>>> # 목적 함수 편향의 미분
>>> def dbias(D):
...     return D.sum(axis=0)
```

 합성곱 필터의 가중치와 편향은 새로 구현해야 해.

 아, 또 3중 시그마의 구현인가.

 여기서도 im2col 변환을 잘 사용하면 행렬로 계산할 수 있어.

 그래? 하지만 어떤 방법으로 행렬 계산으로 바꿀 수 있는지 지우가 가르쳐주지 않으면 전혀 모르겠어.

 첨자가 문자 그대로면 엄청 이해하기 어려우니까 구체적으로 1이나 2 같은 숫자를 넣어서 생각해보는 게 좋아.

 그렇긴 하지만.

하하. 익숙하지 않으니까 좀 어렵지? 구체적인 계산 방법을 이야기하면 우선 X는 im2col 변환을 해서 아래 형태의 행렬을 얻어. 이건 [식 5.33]과 같은 형태의 행렬이야.

$$
\boldsymbol{X}_{col}^{(l-1)} =
\begin{bmatrix}
x_{(1,1,1)}^{(l-1)} & x_{(1,1,2)}^{(l-1)} & \cdots & x_{(3,2,1)}^{(l-1)} & x_{(3,2,2)}^{(l-1)} \\
x_{(1,1,2)}^{(l-1)} & x_{(1,1,3)}^{(l-1)} & \cdots & x_{(3,2,2)}^{(l-1)} & x_{(3,2,3)}^{(l-1)} \\
\vdots & \vdots & & \vdots & \vdots \\
x_{(1,4,3)}^{(l-1)} & x_{(1,4,4)}^{(l-1)} & \cdots & x_{(3,5,3)}^{(l-1)} & x_{(3,5,4)}^{(l-1)} \\
x_{(1,4,4)}^{(l-1)} & x_{(1,4,5)}^{(l-1)} & \cdots & x_{(3,5,4)}^{(l-1)} & x_{(3,5,5)}^{(l-1)} \\
\hline
x_{(1,1,1)}^{(l-1)} & x_{(1,1,2)}^{(l-1)} & \cdots & x_{(3,2,1)}^{(l-1)} & x_{(3,2,2)}^{(l-1)} \\
x_{(1,1,2)}^{(l-1)} & x_{(1,1,3)}^{(l-1)} & \cdots & x_{(3,2,2)}^{(l-1)} & x_{(3,2,3)}^{(l-1)} \\
\vdots & \vdots & & \vdots & \vdots \\
x_{(1,4,3)}^{(l-1)} & x_{(1,4,4)}^{(l-1)} & \cdots & x_{(3,5,3)}^{(l-1)} & x_{(3,5,4)}^{(l-1)} \\
x_{(1,4,4)}^{(l-1)} & x_{(1,4,5)}^{(l-1)} & \cdots & x_{(3,5,4)}^{(l-1)} & x_{(3,5,5)}^{(l-1)} \\
\vdots & \vdots & & \vdots & \vdots
\end{bmatrix}
$$

(식 5.43)

델타는 세로로 채널만큼 가로로 '학습 데이터 수 × 특징맵의 사이즈'만큼 각 요소를 정렬한 행렬을 만들어. 편의상 이 행렬은 $\boldsymbol{\Delta}_{col}$이라고 할게.

$$
\boldsymbol{\Delta}_{col}^{(l)} =
\left[
\begin{array}{ccccc|cccccc}
\delta_{(1,1)}^{(1,l)} & \delta_{(1,2)}^{(1,l)} & \cdots & \delta_{(d,d-1)}^{(1,l)} & \delta_{(d,d)}^{(1,l)} & \delta_{(1,1)}^{(1,l)} & \delta_{(1,2)}^{(1,l)} & \cdots & \delta_{(d,d-1)}^{(1,l)} & \delta_{(d,d)}^{(1,l)} & \cdots \\
\delta_{(1,1)}^{(2,l)} & \delta_{(1,2)}^{(2,l)} & \cdots & \delta_{(d,d-1)}^{(2,l)} & \delta_{(d,d)}^{(2,l)} & \delta_{(1,1)}^{(2,l)} & \delta_{(1,2)}^{(2,l)} & \cdots & \delta_{(d,d-1)}^{(2,l)} & \delta_{(d,d)}^{(2,l)} & \cdots \\
\vdots & \vdots & & \vdots & \vdots & \vdots & \vdots & & \vdots & \vdots & \vdots \\
\delta_{(1,1)}^{(C,l)} & \delta_{(1,2)}^{(C,l)} & \cdots & \delta_{(d,d-1)}^{(C,l)} & \delta_{(d,d)}^{(C,l)} & \delta_{(1,1)}^{(C,l)} & \delta_{(1,2)}^{(C,l)} & \cdots & \delta_{(d,d-1)}^{(C,l)} & \delta_{(d,d)}^{(C,l)} & \cdots
\end{array}
\right]
$$

(식 5.44)

그리고 이 $\boldsymbol{\Delta}_{col}^{(l)}$과 $\boldsymbol{X}_{col}^{(l-1)}$을 곱해주면 결과적으로 각 요소가 필터의 각 가중치 $w_{(c,u,v)}^{(k,l)}$의 편미분인 행렬을 얻을 수 있어.

$\Delta_{col}^{(l)}$과 $X_{col}^{(l-1)}$을 곱한 결과를 사용해서 필터 가중치의 갱신을 하면 된다는 건가?

$$W^{(l)} := W^{(l)} - \eta \Delta_{col}^{(l)} X_{col}^{(l-1)} \qquad \text{(식 5.45)}$$

응. 식은 그걸로 충분해. 편향은 [식 5.44]를 가로 방향으로 더하면 되니까 sum 함수를 사용할 수 있어.

알았어. 그걸로 구현해볼게.

예제 5-41 파이썬 대화형 셀에서 실행

```
>>> # 목적 함수 필터 가중치의 미분
>>> def dfilter_weight(X, D, weight_shape):
...     K, KC, FH, FW = weight_shape
...     N, DC, DH, DW = D.shape
...     D = D.transpose(1,0, 2, 3).reshape(DC, N * DH * DW)
...     col_X = im2col(X, FH, FW, 1, 2)
...     return np.dot(D, col_X).reshape(K, KC, FH, FW)
>>> # 목적 함수 필터 편향의 미분
>>> def dfilter_bias(D):
...     N, C, H, W = D.shape
...     return D.transpose(1,0, 2, 3).reshape(C, N * H * W).sum(axis=1)
```

가중치와 편향의 미분은 이걸로 충분할 것 같아. 다음은 지금까지 만든 미분 함수를 사용해서 [식 5.42]를 구현하자.

아, 학습률 η를 정해야 하네. 전결합 신경망을 구현했을 때와 같아도 돼?

음, 그러네. 해봐야 알 수 있겠지만 그래도 그때보다 조금 작게 해보자.

잘 안 되면 다시 하면 되지. 전에는 0.001이었으니까 이번에는 0.0001로 해보자.

예제 5-42 파이썬 대화형 셀에서 실행

```
>>> # 학습률
>>> ETA = 1e-4
```

그래. 학습이 진행되지 않으면 다시 조절하자.

그럼 파라미터 갱신 부분은 dweight, dbias, dfilter_weight, dfilter_bais를
호출하고, [식 5.42]를 그대로 구현하면 되겠네.

예제 5-43 파이썬 대화형 셀에서 실행

```
>>> # 파라미터 갱신
>>> def update_parameters(D4, X3, D3, X2, D2, X1, D1, X0):
...     global W4, W3, W2, W1, b4, b3, b2, b1
...     W4 = W4 - ETA * dweight(D4, X3)
...     W3 = W3 - ETA * dweight(D3, X2)
...     W2 = W2 - ETA * dfilter_weight(X1, D2, W2.shape)
...     W1 = W1 - ETA * dfilter_weight(X0, D1, W1.shape)
...     b4 = b4 - ETA * dbias(D4)
...     b3 = b3 - ETA * dbias(D3)
...     b2 = b2 - ETA * dfilter_bias(D2)
...     b1 = b1 - ETA * dfilter_bias(D1)
```

이걸로 겨우 순전파, 역전파, 파라미터 갱신 부분이 완성되었어.

좀 힘들었어. 이론을 알아도 구현할 때 여러 가지로 고민해야 할 부분이 많네.

im2col 변환이나 그 역의 col2im 변환의 사고방식은 수식을 좇는 것만으로는 나오
지 않으니까.

그러게 말이야.

 아무튼 합성곱 신경망에 관련된 부분은 전부 구현했으니 마지막으로 학습 부분을 구현해서 실제로 학습을 시켜보자.

 좋아. 학습 부분의 구현은 전결합 신경망 때와 같은 거지?

예제 5-44 파이썬 대화형 셀에서 실행

```
>>> # 학습
>>> def train(X0, Y):
...     Z1, X1, PI1, Z2, X2, PI2, Z3, X3, X4 = forward(X0)
...     D4, D3, D2, D1 = backward(Y, X4, Z3, X2, PI2, Z2, X1, PI1, Z1)
...     update_parameters(D4, X3, D3, X2, D2, X1, D1, X0)
```

 다음은 에포크 수인가? 이번에도 3만 번 정도면 돼?

 그때는 준비한 학습 데이터가 적었으니까 에포크 수를 크게 해서 학습을 반복했지만 MNIST에는 학습 데이터가 6만 건 포함되어 있으니까 더 작아도 돼. 5번 정도로 해.

 그렇게 작아도 돼?

 일률적으로 이렇다고 말할 수는 없지만 적어도 합성곱 신경망은 단순한 전결합 신경망에 비해 학습이 매우 느리니까 3만 번 반복하면 언제 끝날지 알 수 없어.

 그렇구나. 나는 그 부분에 감이 전혀 없으니까 그런 이야기가 큰 도움이 돼. 그럼 우선은 5번으로 충분하려나?

예제 5-45 파이썬 대화형 셀에서 실행

```
>>> # 에포크 수
>>> EPOCH = 5
```

다음은 학습 진척 상황을 파악을 할 수 있도록 목적 함수를 구현해서 오차를 파악할 수 있게 해두자.

$$E(\mathbf{\Theta}) = -\sum_{p=1}^{n} t_p \cdot \log y_p \qquad \text{(식 5.46)}$$

아, 그런데 log의 내용이 0이 되면 결과가 − inf가 되어버리니까 그걸 방지할 수 있도록 수치 계산을 할 때 log의 내용에 적당히 작은 값을 더해두는 게 좋아.

마음대로 적당한 수치를 더해도 되는 거야?

이 목적 함수의 구현은 어디까지나 학습 진척의 척도로 삼기 위한 것뿐이니까 약간 어긋나도 문제없어.

확실히 그러네. 그걸 포함해서 [식 5.46]을 구현할게.

예제 5-46 파이썬 대화형 셀에서 실행

```
>>> # 예측
>>> def predict(X):
...   return forward(X)[-1]
...
>>> # 교차 엔트로피 함수
>>> def E(T, X):
...   return -(T * np.log(predict(X) + 1e-5)).sum()
```

좋아. 다음은 미니배치로 분할해서 학습을 반복하는 부분만 남았네. 전에 작성했던 코드와 같아도 괜찮아?

기본적으로는 같아도 괜찮아. 다만 미니배치 1회 학습에 시간이 더 걸리니까 로그는 훨씬 짧은 간격으로 나오도록 하는 게 좋을 거야.

1에포크마다 출력하면 간격이 너무 길다는 거네. 그럼 미니배치가 10회 갱신할 때마다 로그를 1번씩 출력할까?

응. 그 정도면 될 것 같아.

그러면 학습 부분은 이렇게 하면 되는 건가?

예제 5-47 파이썬 대화형 셀에서 실행

```
>>> # 미니배치 수
>>> BATCH = 100
>>>
>>> for epoch in range(1, EPOCH + 1):
...     # 미니배치 학습용으로 무작위 인덱스 취득
...     p = np.random.permutation(len(TX))
...     # 미니배치 수만큼 데이터를 꺼내서 학습
...     for i in range(math.ceil(len(TX) / BATCH)):
...         indice = p[i*BATCH:(i+1)*BATCH]
...         X0 = TX[indice]
...         Y = TY[indice]
...         train(X0, Y)
...         # 로그를 남긴다.
...         if i % 10 == 0:
...             error = E(Y, X0)
...             log = '오차: {:8.4f} ({:2d}에포크 {:3d}배치 째)'
...             print(log.format(error, epoch, i))
```

※ 여기까지의 프로그램은 다운로드 파일의 'cnn.py'에 정리되어 있습니다.

-------- 실행 중 --------

시간이 꽤 걸리네.

합성곱 신경망의 학습은 계산량이 엄청 많아. 조금 기다리자.

-------- 15분 경과 --------

음, 아직 학습 중이지만 로그는 이런 식으로 나오네.

```
오차: 232.6482 ( 1에포크    0배치 째)
오차: 180.1757 ( 1에포크   10배치 째)
오차: 150.5037 ( 1에포크   20배치 째)
              ⋮
            (생략)
              ⋮
오차:  24.4701 ( 2에포크   10배치 째)
오차:  19.4922 ( 2에포크   20배치 째)
```

 에포크 5회 반복하는 데 도대체 얼마나 시간이 걸리는 거야.

-------- 1시간 경과 --------

```
              ⋮
            (생략)
              ⋮
오차:   7.3068 ( 5에포크 540배치 째)
오차:  12.0094 ( 5에포크 550배치 째)
오차:   8.8667 ( 5에포크 560배치 째)
오차:   8.3290 ( 5에포크 570배치 째)
오차:   9.4702 ( 5에포크 580배치 째)
오차:  13.3063 ( 5에포크 590배치 째)
```

 휴, 간신히 끝났다.

 오차는 처음에 비해 꽤 작아진 것 같아.

 학습은 잘 끝났다고 봐도 되는 건가? 꽤 시간이 걸렸으니까 다시 하고 싶지 않아.

그래. 이제 테스트 데이터를 적당히 분류해볼까?

 아, 그게 좋겠다. 그럼 적당히 처음 10개 정도를 분류해보자.

예제 5-48 파이썬 대화형 셸에서 실행

```
>>> testX = load_file('t10k-images-idx3-ubyte', offset=16)
>>> testX = convertX(testX)
>>> # 테스트 데이터의 처음 10개를 표시
>>> show_images(testX[0:10])
```

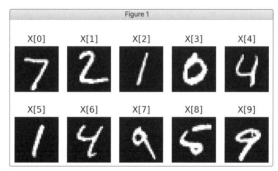

그림 5-9

 합성곱 신경망이 출력하는 건 10차원이니까 확률이 가장 높은 유닛의 인덱스를 출력하는 함수를 만들어두면 결과를 쉽게 알 수 있어.

 아, 그러네. 분류용 함수를 만들어서 실제로 분류해보자.

예제 5-49 파이썬 대화형 셸에서 실행

```
>>> # 분류
>>> def classify(X):
...     return np.argmax(predict(X), axis=1)
...
>>> classify(testX[0:10])
array([7, 2, 1, 0, 4, 1, 4, 9, 5, 9])
```

7, 2, 1, 0, 4, 1, 4, 9, 5, 9. 굉장하다! 전부 맞아!

 학습이 잘 된 것 같아!

 여기까지 오는 데 생각보다 시간이 걸렸지만 직접 만든 게 제대로 움직이니까 기분은 좋아.

 수식을 보고 이론을 이해하는 것도 좋지만 실제로 구현해보니까 이해가 더 깊어지지 않아?

 응. 그리고 역시 코드를 짤 때가 재미있었어.

 재미있었다니 다행이네. 오늘은 여기서 마치자.

 응. 재미있었지만 지쳤어.

 오늘도 고마워!

뒷이야기

 휴, 피곤하다.

 요즘 바쁜 것 같아.

 하지만 괜찮아. 지금 신경망을 사용한 모델을 만드는 일을 하고 있는데 조사할 게 많지만 엄청 재미있어.

 지금까지 계속 공부했던 걸 드디어 실전에서 사용하는 거네.

 응. 하지만 아직 잘 모르는 부분이 훨씬 많아.

머신러닝의 기초를 배우는 것의 가치

 아직 모르는 게 많지만 기초는 열심히 제대로 공부했으니까 그건 잘한 일인 것 같아.

 나도 기초가 중요하다고 생각해. 요즘은 프레임워크가 많이 있어서 코드 몇 줄 작성하면 그걸로 모델을 만들 수 있지만 기초를 모르면 응용하기 어렵지.

 응. 그리고 새로운 걸 배울 때도 머릿속에 쏙 들어와서 이해하기 쉬워.

 요즘은 변화 속도가 빠르고 끊임없이 새로운 사고방식이나 방법이 나오잖아. 기초가 튼튼하면 적용하는 데 도움 돼.

맞아. 여러 가지 방법을 조사하기 위해 문헌을 읽는 일이 많은데 그때 지금까지 배웠던 지식이 큰 도움 돼.

 정말 다행이네.

 하지만 요즘 실제로 활용을 하기 위해서는 이론이나 지식만으로는 어렵다는 걸 느꼈어.

 어, 그래? 나는 지금 그걸 제대로 이해하려고 대학 강의를 듣고 노력하고 있는데.

 아, 딱히 기초를 배우는 걸 부정하는 건 아니야. 신경망의 기초를 공부한 덕분에 밑바닥부터 구현할 수 있게 되었고, 노력하면 응용도 할 수 있어.

 응. 좋은 일이네.

 하지만 사실 그것만으로는 부족해.

 아, 알았다. 전처리도 실제로는 꽤 중요한 부분이니까 그걸 소홀히 하면 안 된다는 이야기지?

 물론 전처리도 중요하다고 생각해. 데이터를 깨끗하게 하거나 결측값을 보완하거나 밸런스를 맞추거나 수식에는 나오지 않지만 중요한 부분이 많이 있다는 건 알고 있어. 하지만 그게 아냐.

 어? 그럼 뭐야?

 머신러닝의 가치를 생각하는 것이 중요해.

머신러닝을 실천하는 가치

나는 프로그래머니까 소프트웨어를 만들지만 프로그래밍을 배우고 뭔가 만들 수 있게 되었다고 해도 가치 없는 소프트웨어는 아무도 사용하지 않잖아.

머신러닝도 마찬가지라고 생각해. 이론을 배우고 모델을 만들 수 있게 되었다 해도 가치 없는 모델은 아무도 쓰지 않아.

그건 그렇지.

지금 어떤 문제가 있는지, 그 문제를 풀기 위해 어떻게 하면 되는지, 어디에 머신러닝을 적용할 수 있는지, 이런 부분을 생각하지 않으면 애초에 머신러닝을 도입할 수도 없고 잘못된 상황 분석을 바탕으로 잘못된 모델을 만들어버리면 사용하지도 못하고 끝나버려.

나는 아직 대학생이고 머신러닝 일을 해본 적이 없어서 그런 걸 생각해본 적이 없었어.

나도 옛날에는 단지 유행이니까 머신러닝이나 신경망을 해보고 싶다는 마음이 강했지. 하지만 그걸 사용해서 일을 하려고 했을 때 느끼게 되었어.

머신러닝을 직업으로 하고 싶으면 수학적인 부분을 배우는 것뿐만 아니라 문제를 이해하고 그것을 어떤 방법으로 풀 것인지 정하고 머신러닝이 풀 수 있는 형태로 만든 다음 그 문제를 해결하는 것까지 할 수 있어야 한다는 거지.

그게 머신러닝의 가치, 나아가서는 머신러닝 일을 하는 누나의 가치라는 건가?

응. 내 가치라고 하니까 뭔가 쑥스럽지만 그런 거라고 생각해.

나도 나중에 머신러닝을 사용하는 일을 해보고 싶으니까 그런 걸 제대로 생각해둬야겠어.

그래. 하지만 우선은 대학에서 기초 열심히 해! 나는 친구한테 배웠지만 제대로 수업을 받을 수 있는 건 정말 행복한 거야.

 그러고 보니 친구한테 배웠다고 종종 말했지. 좋은 분이네.

 엄청 친절하고 든든해.

 와, 나도 그 분한테 배울까?

 안 돼. 어림없는 소리 하지 마!

수학 기초

A.1 시그마

덧셈을 나타낼 때는 수열의 합을 나타내는 기호 $\sum$ 를 사용하면 편리합니다. 이 기호는 **시그마**라고 읽습니다. 예를 들면 이런 덧셈을 생각해보겠습니다.

$$1 + 2 + 3 + 4 + \cdots + 99 + 100 \tag{식 A.1}$$

단순히 1에서 100까지 덧셈을 한 것입니다. 숫자 100개를 다 쓰는 건 힘드니 중간 부분은 생략해서 표기하고 있는데 이것을 시그마를 사용해서 쓰면 이런 식으로 간단해집니다.

$$\sum_{i=1}^{100} i \tag{식 A.2}$$

$i=1$에서 시작해서 100에 도달할 때까지 계속 더하는 식입니다. 지금은 명시적으로 100까지라고 지정하고 있지만, 몇 개 더하면 좋을지 모를 때는 n을 사용해서 이렇게 표기하는 경우가 있습니다.

$$\sum_{i=1}^{n} i \tag{식 A.3}$$

다음 식의 첫째 줄에도 n이 사용되었습니다. 이것은 학습 데이터가 10개일 수도 있고 20개일 수도 있어서 지금 시점에서는 정확하게 말할 수 없기 때문에 일단 n이라는 문자로 표시하고 있

습니다. 이렇게 수를 몇 개 더하면 좋을지 정확하게 모르는 경우에도 $\sum$를 사용하면 쉽게 표현할
수 있습니다.

만약 첫 줄의 식을 $\sum$를 사용하지 않고 나타내면 2번째 줄처럼 됩니다.

$$
\begin{aligned}
E(\boldsymbol{\Theta}) \\
&= \frac{1}{2} \sum_{k=1}^{n} \left(y_k - f(\boldsymbol{x}_k)\right)^2 \\
&= \frac{1}{2} \left((y_1 - f(\boldsymbol{x}_1))^2 + (y_2 - f(\boldsymbol{x}_2))^2 + \cdots + (y_n - f(\boldsymbol{x}_n))^2\right)
\end{aligned}
\tag{식 A.4}
$$

A.2 미분

신경망에서 다루는 최적화 문제를 풀기 위한 방법은 여러 가지가 있는데 그중 한 가지는 미분을
사용하는 것입니다. 머신러닝뿐만 아니라 미분은 다양한 곳에서 응용되고 있어 매우 중요한 개
념이니 꼭 기초를 이해해두는 것이 좋습니다. 여기서는 미분의 기초를 설명합니다.

미분이란 함수의 어떤 점의 기울기를 조사하거나 순간의 변화를 포착하는 것입니다. 이 설명만
으로는 어떤 것인지 파악하기가 어려울 수도 있어서 구체적인 예를 들어 설명하겠습니다. 차에
타고 거리를 달리는 것을 상상해보세요. 가로축을 경과 시간, 세로축을 주행 거리라고 하면 이
것들의 관계를 [그림 A-1]과 같은 그래프로 나타낼 수 있을 것입니다.

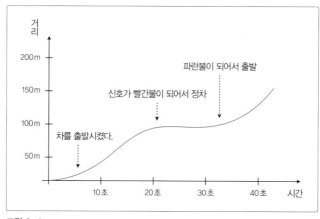

그림 A-1

이 그래프에 따르면 40초에 120m 정도 주행하기 때문에 그 사이에 어느 정도 속도로 달리고 있는지는 다음 계산으로 금방 알 수 있습니다.

$$\frac{120m}{40s} = 3m/s \qquad \text{(식 A.5)}$$

다만 이건 평균 속도라서 항상 3m/s의 속도로 달리고 있었던 건 아닙니다. 그래프에서 알 수 있는 것처럼 출발할 때는 속도가 느리기 때문에 천천히 전진하고 정지 신호일 때는 속도가 0이 되어 움직이지 않습니다. 이렇게 일반적으로 어떤 시점의 순간 속도는 각각 다른 값을 가집니다.

앞에서는 40초간의 평균 속도를 계산했었는데 이번에는 '순간 변화량'을 구하기 위해 [그림 A-2]처럼 10초에서 20초 사이로 간격을 좁혀보겠습니다.

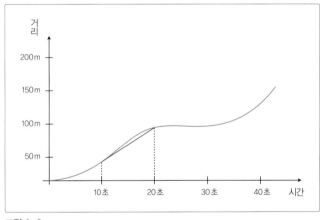

그림 A-2

10초에서 20초 사이에서는 약 60m 정도로 주행하고 있기 때문에 다음과 같이 속도를 구할 수 있습니다.

$$\frac{60m}{10s} = 6m/s \qquad \text{(식 A.6)}$$

이것은 어떤 구간에서의 그래프의 기울기를 구하는 것과 같습니다. 이 요령을 이번에는 10초와 11초 사이 그리고 10.0초와 10.1초 사이로 점점 작게 하면 10초 지점의 순간 기울기, 즉 속도를 알 수 있습니다. 이렇게 간격을 좁혀가면서 기울기를 구하는 작업이 바로 미분입니다.

여기서 설명한 것처럼 '순간 변화량'을 구하기 위해 함수를 $f(x)$라고 두고 h를 아주 작은 수라고 하면, 함수 $f(x)$의 점 x에서의 기울기는 다음 식으로 나타낼 수 있습니다.

$$\frac{d}{dx}f(x) = \lim_{h \to 0} \frac{f(x+h) - f(x)}{h} \qquad \text{(식 A.7)}$$

$\frac{d}{dx}$ 는 미분 연산자라고 부르고 $f(x)$의 미분을 나타낼 때는 $\frac{df(x)}{dx}$ 나 $\frac{d}{dx}f(x)$ 등으로 씁니다. 또 조금 모양이 다르지만 프라임(')이라는 기호를 사용한 $f'(x)$라는 표기로도 $f(x)$의 미분을 표현할 수 있습니다. 모두 의미는 같기 때문에 편한 방법으로 표기하면 됩니다.

문자가 등장하면 갑자기 어려워지는 느낌이 들지만 구체적인 숫자를 대입해보면 이해가 쉽습니다. 앞서 등장한 예에 나왔던 10.0초와 10.1초 사이의 기울기를 구해보면 x=10, h=0.1이 됩니다. 예를 들어 10.0초 시점에서 40.0m 달렸다고 하고 10.1초 시점에 40.6m 달렸다고 하면 이렇게 계산할 수 있습니다.

$$\frac{f(10+0.1) - f(10)}{0.1} = \frac{40.6 - 40}{0.1} = 6 \qquad \text{(식 A.8)}$$

이 6이라는 값이 기울기고 이 경우에는 속도가 됩니다. 실제로 h는 0에 무한히 가까워야 하기 때문에 0.1보다 훨씬 작은 수여야 하지만 어디까지나 예이기 때문에 h=0.1로 계산했습니다.

이제 이러한 식을 계산해서 함수 $f(x)$의 점 x의 기울기를 구할 수 있습니다. 즉, 미분을 할 수 있습니다. 실제로는 이 식 그대로는 다루기 어렵지만 미분에서는 기억해두면 편리한 성질이 몇 개 있습니다. 실제로 이 책에서도 사용하고 있어서 이것들을 소개하겠습니다.

첫 번째는 $f(x) = x^n$ 일 때 미분하면 이렇게 됩니다.

$$\frac{d}{dx}f(x) = nx^{n-1}$$ (식 A.9)

두 번째는 어떤 함수 $f(x)$와 $g(x)$가 있고, 어떤 정수 a가 있다고 하면 다음과 같은 미분이 성립합니다. 이 성질은 선형성이라고 부릅니다.

$$\frac{d}{dx}(f(x) + g(x)) = \frac{d}{dx}f(x) + \frac{d}{dx}g(x)$$

$$\frac{d}{dx}(af(x)) = a\frac{d}{dx}f(x)$$ (식 A.10)

마지막으로 세 번째는 x와 관계없는 정수 a의 미분은 0이 됩니다.

$$\frac{d}{dx}a = 0$$ (식 A.11)

이 성질들을 조합해서 다항식인 경우 간단하게 미분할 수 있습니다. 예제를 몇 개 살펴봅니다.

$$\frac{d}{dx}5 = 0 \quad \cdots\cdots [식 A.11]을 이용$$

$$\frac{d}{dx}x = \frac{d}{dx}x^1 = 1 \cdot x^0 = 1 \quad \cdots\cdots [식 A.9]를 이용$$

$$\frac{d}{dx}x^3 = 3x^2 \quad \cdots\cdots [식 A.9]를 이용$$

$$\frac{d}{dx}x^{-2} = -2x^{-3} \quad \cdots\cdots [식 A.9]를 이용$$ (식 A.12)

$$\frac{d}{dx}10x^4 = 10\frac{d}{dx}x^4 = 10 \cdot 4x^3 = 40x^3 \quad \cdots\cdots [식 A.10]과 [식 A.9]를 이용$$

$$\frac{d}{dx}(x^5 + x^6) = \frac{d}{dx}x^5 + \frac{d}{dx}x^6 = 5x^4 + 6x^5 \quad \cdots\cdots [식 A.10]과 [식 A.9]를 이용$$

이 책에서 다루는 미분은 대부분 이러한 성질을 이용하고 있으므로 이것만 기억하고 있으면 충분합니다.

A.3 편미분

지금까지 살펴본 함수 $f(x)$는 변수가 x만 있는 일변수 함수였습니다. 하지만 세상에는 다음처럼 변수가 2개 이상 있는 다변수 함수도 존재합니다.

$$g_1(x_1, x_2, x_3) = x_1 + x_2^2 + x_3^3$$
$$g_2(x_1, x_2, x_3, x_4) = \frac{2x_1\sqrt{x_2} + \sin x_n}{x_4^2}$$

(식 A.13)

신경망의 최적화 문제는 가중치나 편향 등의 파라미터 수만큼 변수가 있기 때문에 목적 함수가 이런 **다변수 함수**가 됩니다. 미분을 사용해서 기울기 방향으로 파라미터를 조금씩 움직인다는 아이디어를 설명했는데(3.5절), 파라미터가 복수인 경우에는 각각의 파라미터마다 기울기도 다르고 움직일 방향도 달라집니다.

그렇기 때문에 다변수 함수를 미분할 때는 미분하는 변수에만 주목하고, 다른 변수는 모두 정수로 취급해서 미분합니다. 이런 미분 방법을 **편미분**이라고 합니다.

조금 더 구체적으로 설명하겠습니다. 변수가 3개 이상 있으면 그래프로 그리는 것이 어렵기 때문에 여기서는 변수가 2개인 함수를 살펴보겠습니다.

$$h(x_1, x_2) = x_1^2 + x_2^3$$

(식 A.14)

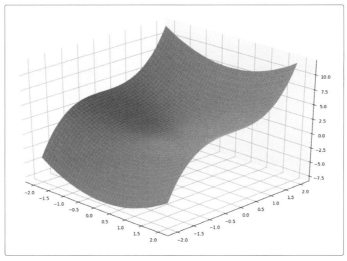

그림 A-3

변수가 2개이기 때문에 3차원 공간에 표시합니다. 이 그래프에서 왼쪽 안쪽을 향해서 뻗어 있는 축이 x_1, 오른쪽 안쪽을 향해있는 축이 x_2, 높이가 $h(x_1, x_2)$의 값이 됩니다. 그러면 이 함수 h를 x_1으로 편미분해보겠습니다. 편미분에서는 주목하는 변수 외에는 모두 정수로 취급한다고 했는데 이것은 다시 말하면 변수의 값을 고정시켜버린다는 것입니다. 예를 들어 $x_2 = 1$로 고정하면 아래와 같이 h는 x_1만 있는 함수가 됩니다.

$$h(x_1, x_2) = x_1^2 + 1^3 \qquad \text{(식 A.15)}$$

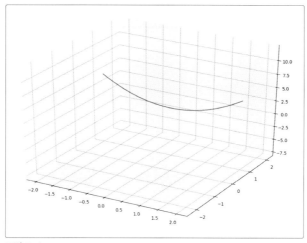

그림 A-4

여전히 3차원 공간에 표시되어 있지만 모양은 단순한 이차함수가 되었습니다. 정수를 미분하면 모두 0이 되기 때문에 h를 x_1으로 미분하면 결국 다음과 같은 결과가 됩니다.

$$\frac{\partial}{\partial x_1} h(x_1, x_2) = 2x_1 \qquad \text{(식 A.16)}$$

또한 편미분을 할 때는 미분 연산자인 d가 ∂로 바뀌는데 의미는 같습니다. 같은 요령으로 이번에는 h를 x_2로 편미분해보겠습니다. 예를 들어 $x_1 = 1$로 고정해보면 다음과 같이 h는 x_2만 있는 함수가 됩니다.

$$h(x_1, x_2) = 1^2 + x_2^3 \qquad \text{(식 A.17)}$$

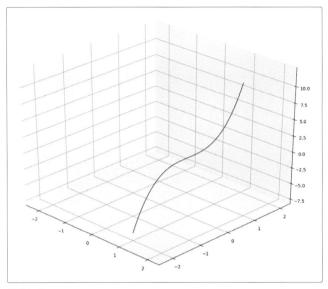

그림 A-5

이번에는 단순한 삼차함수가 되었습니다. x_1로 편미분할 때와 마찬가지로 이번에는 h를 x_2로 편미분을 하면 아래와 같이 됩니다.

$$\frac{\partial}{\partial x_2} h(x_1, x_2) = 3x_2^2$$

(식 A.18)

이렇게 미분하고 싶은 변수에만 주목해서 다른 변수를 모두 정수로 취급함으로써 그 변수에서 의 함수 기울기를 알 수 있습니다. 지금은 눈에 보이는 형태로 설명하기 위해 변수가 2개인 함수 로 설명했지만 변수가 아무리 많이 늘어도 같은 방식을 적용할 수 있습니다.

A.4 합성 함수

예를 들어 다음 2개의 함수 $f(x)$와 $g(x)$에 대해 생각해보겠습니다.

$$f(x) = 10 + x^2$$
$$g(x) = 3 + x$$

(식 A.19)

$f(x)$와 $g(x)$는 각각 x에 적당한 값을 대입하면 그것에 대응하는 값이 출력됩니다.

$$f(1) = 10 + 1^2 = 11$$
$$f(2) = 10 + 2^2 = 14$$
$$f(3) = 10 + 3^2 = 19$$
$$g(1) = 3 + 1 = 4$$
$$g(2) = 3 + 2 = 5$$
$$g(3) = 3 + 3 = 6$$

(식 A.20)

지금은 각각 x에 1, 2, 3을 대입해서 계산했지만, x에 함수를 대입할 수도 있습니다. 즉, 아래와 같은 식을 생각해볼 수 있습니다.

$$f(g(x)) = 10 + g(x)^2 = 10 + (3 + x)^2$$
$$g(f(x)) = 3 + f(x) = 3 + (10 + x^2)$$

(식 A.21)

$f(x)$ 안에 $g(x)$가 혹은 $g(x)$ 안에 $f(x)$가 있는 형태가 되었습니다. 이렇게 함수가 여러 개 조합된 것을 **합성 함수**라고 부릅니다. 이 책에서는 이런 합성 함수의 미분이 여러 번 등장하기 때문에 합성 함수와 그 미분 방법에 익숙해질 것을 권장합니다.

예를 들어 합성 함수 $f(g(x))$를 x로 미분하는 것을 살펴보겠습니다. 지금 모습 그대로는 조금 이해하기가 어렵기 때문에 아래처럼 일단 변수로 치환해보겠습니다.

$$y = f(u)$$
$$u = g(x)$$

(식 A.22)

이렇게 하면 아래와 같이 x와 y의 관계를 나타낼 수 있습니다.

- x가 u 안에 포함되어 있다.
- u가 y 안에 포함되어 있다.

이런 관계성을 알고 있으면 $f(g(x))$를 직접 미분하는 대신 다음과 같이 미분을 분할해서 단계적으로 계산할 수 있습니다.

$$\frac{dy}{dx} = \frac{dy}{du} \cdot \frac{du}{dx}$$

(식 A.23)

즉, y를 u로 미분하고, u를 x로 미분한 것을 곱하기만 하면 됩니다. 실제로 미분을 해볼까요?

$$
\begin{aligned}
\frac{dy}{du} &= \frac{d}{du} f(u) \\
&= \frac{d}{du}(10 + u^2) = 2u \\
\frac{du}{dx} &= \frac{d}{dx} g(x) \\
&= \frac{d}{dx}(3 + x) = 1
\end{aligned}
$$

(식 A.24)

각각의 결과가 나왔기 때문에 다음은 곱하기만 하면 됩니다. u를 $g(x)$로 되돌려놓으면 최종적으로 하고자 했던 미분 결과를 얻을 수 있습니다.

$$
\begin{aligned}
\frac{dy}{dx} &= \frac{dy}{du} \cdot \frac{du}{dx} \\
&= 2u \cdot 1 \\
&= 2g(x) \\
&= 2(3 + x)
\end{aligned}
$$

(식 A.25)

신경망은 오차역전파법을 사용할 때 여기저기서 합성 함수의 미분을 사용하고 미분을 분할하면서 계산합니다. 어떻게 단순한 함수로 분할할지는 익숙함이 필요한 영역이지만 합성 함수의 미분을 테크닉의 하나로 익혀두면 유용하게 활용할 수 있습니다.

A.5 벡터와 행렬

벡터와 행렬은 신경망에서 수치 계산을 효율적으로 처리하기 위해 필요합니다. 여기서는 벡터와 행렬의 기초를 소개합니다.

벡터는 수를 세로로 정렬한 것, **행렬**은 수를 세로와 가로로 정렬한 것으로 각각 이런 모양을 하고 있습니다.

$$a = \begin{bmatrix} 3 \\ 9 \\ -1 \end{bmatrix}, \ A = \begin{bmatrix} 6 & 3 \\ 11 & 9 \\ 8 & 10 \end{bmatrix} \qquad \text{(식 A.26)}$$

관행적으로 벡터는 **소문자**, 행렬은 **대문자** 알파벳을 사용하고 각각 굵은 글씨로 나타내는 경우가 많기 때문에 이 책에서도 그것을 따르고 있습니다. 또 일반적으로 벡터나 행렬의 요소는 첨자를 붙여서 나타내는 경우가 많습니다. 이 책에서도 여러 곳에서 이런 표기가 나옵니다.

$$a = \begin{bmatrix} a_1 \\ a_2 \\ a_3 \end{bmatrix}, \ A = \begin{bmatrix} a_{11} & a_{12} \\ a_{21} & a_{22} \\ a_{31} & a_{32} \end{bmatrix} \qquad \text{(식 A.27)}$$

여기서 벡터 a는 세로로 3개의 수가 나열되어 있고 이것은 3차원 벡터가 됩니다. 행렬 A는 세로로 3개, 가로로 2개의 수가 나열되어 있고 이것은 3×2 (3행 2열이라고 읽기도 합니다) 사이즈의 행렬이 됩니다. 벡터를 열이 1개만 있는 행렬이라고 생각하면 a는 3×1 행렬이라고 볼 수도 있습니다. 여기서는 벡터를 $n \times 1$ 행렬로 취급해서 설명하겠습니다.

행렬은 각각 더하기, 빼기, 곱하기 연산을 정의할 수 있습니다. 예를 들어 다음과 같은 행렬 A, B가 있을 때 각각 더하기, 빼기, 곱하기를 계산해보겠습니다.

$$A = \begin{bmatrix} 6 & 3 \\ 8 & 10 \end{bmatrix}, \ B = \begin{bmatrix} 2 & 1 \\ 5 & -3 \end{bmatrix} \qquad \text{(식 A.28)}$$

더하기와 빼기는 단순하게 각 요소마다 덧셈과 뺄셈을 하기만 하면 되기 때문에 어렵지 않습니다.

$$A + B = \begin{bmatrix} 6 + 2 & 3 + 1 \\ 8 + 5 & 10 - 3 \end{bmatrix} = \begin{bmatrix} 8 & 4 \\ 13 & 7 \end{bmatrix}$$

$$A - B = \begin{bmatrix} 6 - 2 & 3 - 1 \\ 8 - 5 & 10 + 3 \end{bmatrix} = \begin{bmatrix} 4 & 2 \\ 3 & 13 \end{bmatrix}$$

(식 A.29)

곱하기는 조금 특수하기 때문에 더 자세하게 설명하겠습니다. 행렬의 곱은 왼쪽 행렬의 행과 오른쪽 행렬의 열 요소를 순서대로 곱하고 그것들을 다 더합니다. 말로 설명하기 어렵기 때문에 실제로 계산을 해보겠습니다. 행렬의 곱셈은 다음과 같이 계산합니다.

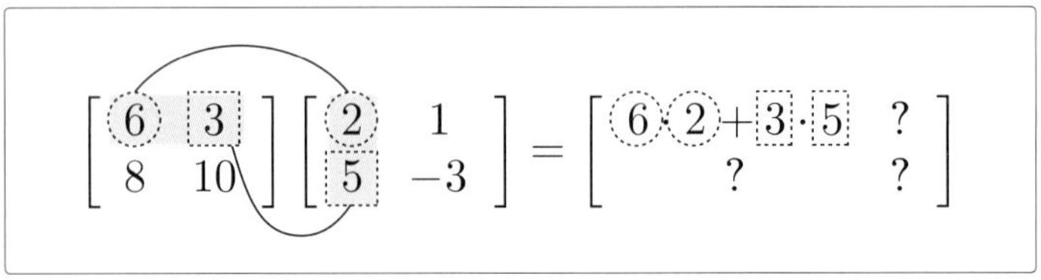

$$\begin{bmatrix} 6 & 3 \\ 8 & 10 \end{bmatrix} \begin{bmatrix} 2 & 1 \\ 5 & -3 \end{bmatrix} = \begin{bmatrix} 6 \cdot 2 + 3 \cdot 5 & ? \\ ? & ? \end{bmatrix}$$

그림 A-6

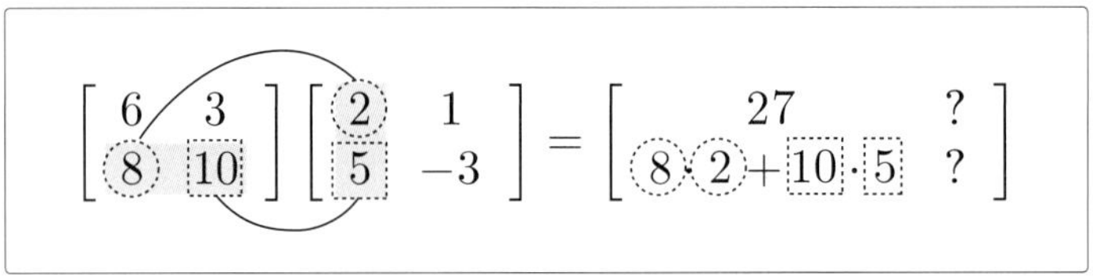

$$\begin{bmatrix} 6 & 3 \\ 8 & 10 \end{bmatrix} \begin{bmatrix} 2 & 1 \\ 5 & -3 \end{bmatrix} = \begin{bmatrix} 27 & ? \\ 8 \cdot 2 + 10 \cdot 5 & ? \end{bmatrix}$$

그림 A-7

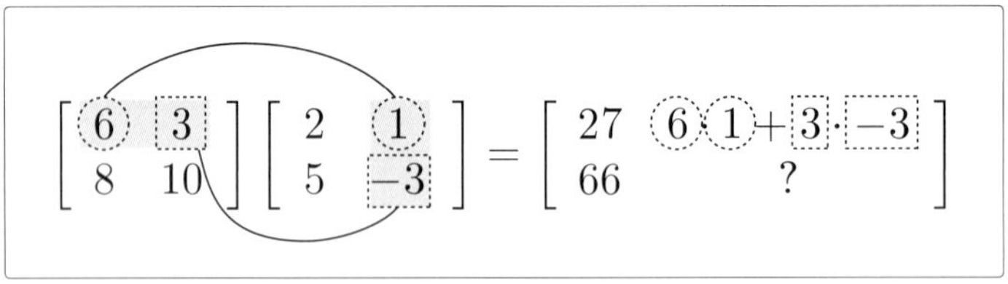

$$\begin{bmatrix} 6 & 3 \\ 8 & 10 \end{bmatrix} \begin{bmatrix} 2 & 1 \\ 5 & -3 \end{bmatrix} = \begin{bmatrix} 27 & 6 \cdot 1 + 3 \cdot -3 \\ 66 & ? \end{bmatrix}$$

그림 A-8

$$\begin{bmatrix} 6 & 3 \\ 8 & 10 \end{bmatrix} \begin{bmatrix} 2 & 1 \\ 5 & -3 \end{bmatrix} = \begin{bmatrix} 27 & -3 \\ 66 & 8 \cdot 1 + 10 \cdot -3 \end{bmatrix}$$

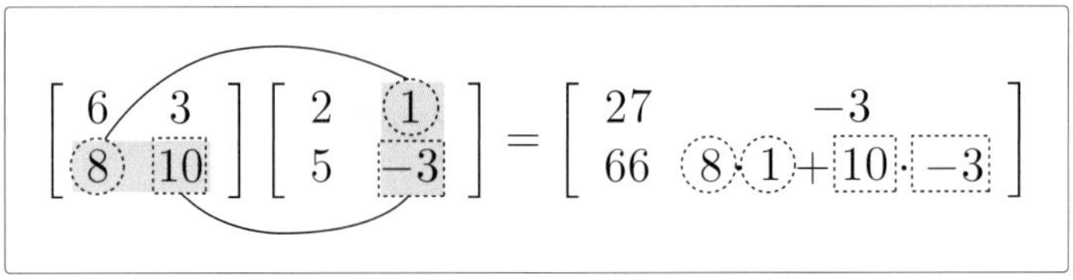

그림 A-9

최종적으로 A와 B의 곱은 다음과 같습니다.

$$AB = \begin{bmatrix} 27 & -3 \\ 66 & -22 \end{bmatrix}$$

(식 A.30)

행렬은 **곱하는** 순서가 중요해서 일반적으로 AB와 BA의 결과는 다릅니다(가끔 같은 결과가 나오는 경우도 있습니다). 또 **행렬의 사이즈**도 중요해서 행렬 간의 곱셈을 계산할 경우에는 왼쪽에 있는 행렬의 열수와 오른쪽에 있는 행렬의 행수가 일치해야 합니다. A와 B는 양쪽 모두 2×2 행렬이기 때문에 그 조건을 충족하고 있습니다. 사이즈가 일치하지 않은 행렬 간의 곱셈은 정의되지 않기 때문에 예를 들면 아래와 같은 2×2와 3×1 행렬은 곱셈을 할 수 없습니다.

$$\begin{bmatrix} 6 & 3 \\ 8 & 10 \end{bmatrix} \begin{bmatrix} 2 \\ 5 \\ 2 \end{bmatrix} \tag{식 A.31}$$

마지막으로 **전치**라는 방법을 소개하고 마치겠습니다. 전치란 다음과 같이 행과 열을 바꾸는 것으로 이 책에서는 문자의 왼쪽 위에 T라는 기호를 붙여서 전치를 표시합니다.

$$\boldsymbol{a} = \begin{bmatrix} 2 \\ 5 \\ 2 \end{bmatrix}, \boldsymbol{a}^{\mathrm{T}} = \begin{bmatrix} 2 & 5 & 2 \end{bmatrix}$$

$$\boldsymbol{A} = \begin{bmatrix} 2 & 1 \\ 5 & 3 \\ 2 & 8 \end{bmatrix}, \boldsymbol{A}^{\mathrm{T}} = \begin{bmatrix} 2 & 5 & 2 \\ 1 & 3 & 8 \end{bmatrix} \tag{식 A.32}$$

예를 들어 원래 사이즈가 맞지 않는 경우에도 다음과 같이 전치해서 곱셈을 할 수 있는 경우가 많습니다.

$$\boldsymbol{a} = \begin{bmatrix} 2 \\ 5 \\ 2 \end{bmatrix}, \boldsymbol{b} = \begin{bmatrix} 1 \\ 2 \\ 3 \end{bmatrix}$$

$$\boldsymbol{a}^{\mathrm{T}} \boldsymbol{b} = \begin{bmatrix} 2 & 5 & 2 \end{bmatrix} \begin{bmatrix} 1 \\ 2 \\ 3 \end{bmatrix} \tag{식 A.33}$$

$$= \begin{bmatrix} 2 \cdot 1 + 5 \cdot 2 + 2 \cdot 3 \end{bmatrix}$$

$$= \begin{bmatrix} 18 \end{bmatrix}$$

이런 예가 많이 등장하기 때문에 행렬의 곱과 전치는 꼭 알아두세요.

A.6 지수와 로그

교차 엔트로피 계산에는 log가 사용됩니다. 로그는 도대체 무엇일까요? 여기서는 로그를 간단히 소개하겠습니다.

우선 로그를 살펴보기 전에 **지수**를 살펴보겠습니다. 지수는 이미 알고 있는 분들이 많겠지만 수의 오른쪽 위에 붙어서 그 수를 몇 제곱하는지 나타냅니다. 예를 들면 이렇습니다.

$$x^3 = x \cdot x \cdot x$$

$$x^{-4} = \frac{1}{x^4} = \frac{1}{x \cdot x \cdot x \cdot x}$$

(식 A.34)

보통 자주 보는 것은 오른쪽 위의 지수부가 보통 숫자인 경우지만, 지수부가 변수인 것을 **지수함수**라고 부르고 이런 함수의 형태를 하고 있습니다($a > 1$인 경우).

$$y = a^x$$

(식 A.35)

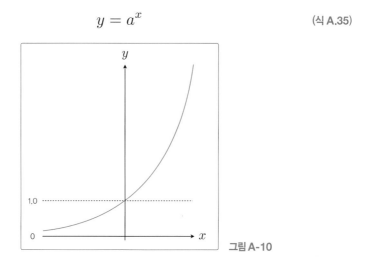

그림 A-10

지수는 다음과 같은 성질을 가지고 있으며 이것들을 **지수법칙**이라는 이름으로 부르고 있습니다.

$$a^b \cdot a^c = a^{b+c}$$

$$\frac{a^b}{a^c} = a^{b-c}$$

(식 A.36)

$$(a^b)^c = a^{bc}$$

이런 지수함수의 역함수로서 **로그함수**라는 것이 있고 이는 log를 사용해서 다음과 같이 표기합니다.

$$y = \log_a x$$

(식 A.37)

역함수란 어떤 함수의 x와 y를 뒤바꾼 함수를 말합니다. 역함수의 그래프 형태는 원래 함수의 그래프를 시계방향으로 90도 회전시켜서 좌우방향을 역전시킨 모양이 됩니다. 역전시킨 후 가로축을 x, 세로축을 y라고 하면 실제로 로그함수는 이런 형태를 하고 있습니다($a > 1$인 경우).

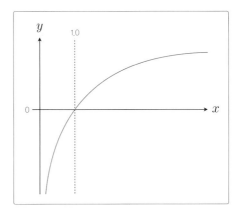

그림 A-11

조금 어려울 수도 있지만 이것은 a를 y승하면 x가 된다고 생각할 수 있습니다. 좀 전의 $y = a^x$에서 x와 y를 뒤바꾼 것이 되었습니다. [식 A.37]의 a 부분을 밑이라고 부르는데 특히 네이피어의 수(e라는 기호로 표기되는 2.7182…라는 상수)를 밑으로 하는 것을 **자연로그**라고 합니다. 자연로그의 경우는 밑을 생략해서 단순히 log 또는 ln을 사용해서 다음과 같이 나타내는 경우가 많습니다.

$$y = \log_e x = \log x = \ln x$$

(식 A.38)

이런 로그함수는 다음과 같은 성질을 가지고 있고 이것들은 자주 사용되기 때문에 기억해두는 것이 좋습니다.

$$\log e = 1$$
$$\log ab = \log a + \log b$$
$$\log \frac{a}{b} = \log a - \log b$$
$$\log a^b = b \log a$$

(식 A.39)

또 로그함수의 미분도 자주 나오기 때문에 여기서 소개하겠습니다. 밑을 a로 하는 로그함수의 미분은 다음과 같습니다.

$$\frac{d}{dx} \log_a x = \frac{1}{x \log a}$$ (식 A.40)

특히 밑이 e인 자연로그는 $\log e = 1$이라는 성질 때문에 미분 결과도 다음과 같이 간결해져서 가장 먼저 이걸 기억해두는 것을 권장합니다.

$$\frac{d}{dx} \log_e x = \frac{1}{x}$$ (식 A.41)

파이썬과 넘파이 기초

B.1 파이썬 환경 설정

파이썬은 수많은 프로그램 언어 중 하나입니다. 오픈소스 소프트웨어이기 때문에 세상의 모든 사람이 무료로 자유롭게 이용할 수 있습니다. 구문이 간단하고 소스 코드를 컴파일하지 않고 실행할 수 있습니다. 이런 간편함 때문에 처음 프로그램에 입문하는 사람들이 배우는 언어로서 인기가 있습니다.

또한 파이썬은 데이터 사이언스나 머신러닝과 관련된 **라이브러리**가 잘 구축되어 있어서 이런 분야에서 사용하기에 가장 적절한 언어입니다. 초보자뿐만 아니라 그쪽 분야의 프로들도 자주 활용합니다.

이 책에서도 학습한 이론을 실제로 구현하기 위한 프로그래밍 언어로 파이썬을 선택했습니다. 여기서는 파이썬을 사용할 수 있도록 설치하는 과정을 설명합니다.

이 책에서는 **파이썬 버전 3**을 사용합니다. 2019년 3월 시점에는 3.7.3이 최신 버전입니다. 파이썬은 맥OS나 리눅스 배포판에 처음부터 설치되어 있는 경우도 있지만 대부분 버전 2이기 때문에 새롭게 버전 3을 설치해서 사용하는 것이 좋습니다.

또한 운영체제로 윈도우를 사용하고 있는 경우 파이썬이 기본적으로 설치되어 있지 않기 때문에 별도로 설치해야 합니다. 물론 파이썬 버전 3 환경을 이미 갖추고 있다면 이 과정은 건너뛰어도 괜찮습니다.

B.1.1 파이썬 설치

데이터 사이언스나 머신러닝 분야에서 파이썬을 시작하고 싶은 경우에는 **아나콘다** 배포용이 편리합니다. 아나콘다는 데이터 사이언스나 머신러닝에 필요한 편리한 라이브러리를 기본적으로 포함한 상태로 파이썬을 설치할 수 있어서 이 책에서 다루고 있는 샘플 프로그램의 내용은 파이썬을 설치한 후 바로 실행할 수 있습니다.

앞서 언급한 것처럼 이 책에서는 파이썬 버전 3을 사용하기 때문에 아나콘다 배포용도 버전 3을 선택해서 설치해주세요. 우선 다음 아나콘다 배포용 다운로드 사이트에 접속합니다.

https://www.anaconda.com/distribution/

윈도우, 맥OS, 리눅스 각 플랫폼마다 인스톨러가 준비되어 있습니다. 윈도우나 맥OS용은 익숙한 GUI 환경으로 되어 있기 때문에 화면의 지시를 따라서 간단히 설치할 수 있습니다. 리눅스의 경우에는 터미널에서 설치 명령어를 실행해서 설치합니다.

자세한 설치 방법은 다운로드 페이지의 문서 링크에서 확인할 수 있습니다. 기본적으로 화면상의 지시를 따라서 기본 옵션을 선택해서 설치하면 문제가 없을 것입니다. 혹시 도중에 설치가 제대로 되지 않는 경우에는 문서를 참고해주세요.

> **NOTE** 설치 도중에 환경변수 PATH에 아나콘다를 추가할지 선택하는 옵션이 표시되는데 체크해서 추가해주세요.

아나콘다 배포용 설치가 완료되면 제대로 설치되었는지 확인하기 위해 터미널 또는 커맨드 프롬프트에서 python –version이라고 입력해봅니다.

예제 B-1 터미널 또는 커맨드 프롬프트에서 실행

```
$ python -version   # $는 입력하지 말고 오른쪽에 있는 내용만 입력하세요.
Python 3.7.3
```

Python 오른쪽의 3.7.3 등의 숫자는 설치한 버전에 따라서 변합니다. 버전이 제대로 표시되면 잘 동작하고 있는 것입니다. 혹시 설치가 제대로 되었는데 표시되지 않으면 로그아웃을 한 후 다시 로그인하거나 터미널을 종료시켰다가 다시 동작시키거나 컴퓨터 자체를 재부팅하는 등의 시도를 해주세요.

B.1.2 파이썬 실행

파이썬 실행 방법은 크게 2가지 종류가 있습니다. 하나는 **대화형 셸**에서 실행하는 방법이고 다른 하나는 **.py 파일**에 작성한 내용을 실행하는 방법입니다. 이 책에서는 주로 대화형 셸에서 실행하는 방법으로 이야기를 진행합니다.

대화형 셸은 대화 모드라고도 부르는데 프로그래머와 파이썬이 서로 대화를 하는 것처럼 프로그래밍을 할 수 있는 기능입니다. 터미널 또는 커맨드 프롬프트에서 python이라고 입력해서 동작시킬 수 있습니다.

예제 B-2 터미널 또는 커맨드 프롬프트에서 실행

```
$ python  # $는 입력하지 말고 오른쪽에 있는 내용만 입력하세요.
Python 3.7.3 (default, Mar 27 2019, 16:54:48)
[Clang 4.0.1 (tags/RELEASE_401/final)] :: Anaconda, Inc. on darwin
Type "help", "copyright", "credits" or "license" for more information.
>>>  # >>>가 나오면 파이썬 프로그램을 받아들일 수 있는 상태가 된 것입니다.
```

대화형 셸을 실행하는 중에는 앞쪽에 >>>라는 기호가 표시됩니다. 우리는 그 기호 뒤에 파이썬 프로그램을 입력하면 됩니다. 그리고 대화형 셸을 종료할 때는 quit()이라고 입력합니다. 이 책에 등장하는 파이썬 소스 코드 중 앞쪽이 >>>나 …로 시작하는 것은 대화형 셸에서 실행한 것이니 꼭 대화형 셸을 실행시켜서 직접 소스 코드를 실행한 후 결과를 확인해주세요.

또한 이 책은 대화형 셸에서 순차적으로 실행한 소스 코드에서 필요한 부분만 골라서 정리한 샘플 프로그램을 제공하고 있습니다. 이 프로그램을 다운로드해서 파이썬으로 실행할 수 있습니다. 실행은 다음과 같이 python 커맨드 뒤에 파이썬 파일 이름을 지정해서 프로그램을 실행해주세요. 실행하기 전에 .py 파일이 들어 있는 디렉터리로 이동하는 것 잊지 마세요.

예제 B-3 터미널 또는 커맨드 프롬프트에서 실행

```
$ cd /path/to/downloads  # .py 파일이 들어 있는 디렉터리로 이동
$ python nn.py  # nn.py 실행
```

B.2 파이썬 기초

여기서는 파이썬 초보자를 위해 파이썬 프로그램의 기본적인 문법을 설명합니다. 다만 이 책은 파이썬 입문서가 아니기 때문에 5장에서 구현하는 파이썬 프로그램을 이해하는 것을 목표로 하여 최소한으로 필요한 내용만 설명합니다. 따라서 여기서 소개하는 것이 전부는 아닙니다. 더 깊이 이해하고 싶은 경우 별도로 인터넷에서 조사하거나 파이썬 입문서 등을 읽을 것을 추천합니다.

그럼 직접 입력하면서 함께 배워봅시다. 우선은 터미널 또는 커맨드 프롬프트에서 'python'을 입력해서(B.1절 참조) 대화형 셸을 실행해주세요.

B.2.1 수치와 문자열

파이썬에서는 정수 및 부동소수점을 다룰 수 있습니다. 각각에 대해 +, -, *, / 연산자를 사용해서 사칙 연산을 할 수 있으며 %로 나머지를, **로 거듭제곱을 구할 수 있습니다.

예제 B-4 파이썬 대화형 셸에서 실행

```
>>> 0.5   # >>>는 입력하지 말고 오른쪽에 있는 내용만 입력하세요.
0.5
>>> 1 + 2
3
>>> 3 - 4
-1
>>> 5 * 6
30
>>> 7 / 8
0.875
>>> 10 % 9
1
>>> 3 ** 3
27
```

파이썬은 **지수** 표기도 지원하고 있어서 다음과 같이 쓸 수도 있습니다.

예제 B-5 파이썬 대화형 셀에서 실행

```
>>> # '1.0 * 10의 -3승'과 같은 의미
>>> 1e-3
0.001
>>>
>>> # '1.0 * 10의 3승'과 같은 의미
>>> 1e3
1000.0
```

파이썬에서는 문자열을 **작은따옴표**나 **큰따옴표**로 묶어서 나타냅니다. 문자열의 결합 및 반복에 +, * 연산자를 사용할 수 있습니다.

예제 B-6 파이썬 대화형 셀에서 실행

```
>>> '파이썬'
'파이썬'
>>> "파이썬"
'파이썬'
>>> '파이썬 ' + '입문'
'파이썬 입문'
>>> '파이썬' * 3
'파이썬파이썬파이썬'
```

B.2.2 변수와 주석

수치와 문자열을 사용할 때 그것들에 이름을 붙이고 나중에 참조할 수 있도록 할 수 있습니다. 이것을 **변수**라고 하고 다음과 같이 수치나 문자열을 변수에 대입해서 사용합니다. 변수 간의 연산 결과를 다시 변수에 대입해서 결과를 보관해둘 수도 있으니 적절하게 이용하세요.

예제 B-7 파이썬 대화형 셀에서 실행

```
>>> # 수를 변수에 대입해서 그 합을 구합니다.
>>> a = 1
>>> b = 2
>>> a + b
3
```

```
>>> # a와 b의 합을 다시 변수 c에 대입합니다.
>>> c = a + b
>>>
>>> # 변수를 이용해서 문자열을 반복합니다.
>>> d = '파이썬'
>>> d * c
'파이썬파이썬파이썬'
```

또한 변수에 대한 사칙 연산은 다음과 같이 생략 기법을 사용할 수도 있습니다. 코드가 간단해져서 자주 사용하므로 기억해두세요.

예제 B-8 파이썬 대화형 셸에서 실행

```
>>> a = 1
>>>
>>> # a = a + 2와 같은 의미
>>> a += 2
>>>
>>> # a = a - 1과 같은 의미
>>> a -= 1
>>>
>>> # a = a * 3과 같은 의미
>>> a *= 3
>>>
>>> # a = a / 3과 같은 의미
>>> a /= 3
```

여기서 #이라는 기호가 보이는데 파이썬에서 # 이후는 **주석**으로 처리합니다. 주석은 파이썬이 무시하기 때문에 프로그램에 영향을 주지 않습니다. 프로그램에서 이해하기 어려운 부분에 의도나 배경 등을 설명할 때 사용합니다. 이 책의 샘플 프로그램에는 여러 곳에 주석을 넣어두었지만 대화형 셸에서 프로그램을 실행할 때는 주석을 입력할 필요가 없습니다.

B.2.3 논릿값과 비교 연산자

파이썬에는 **논릿값**을 나타내는 True와 False라는 값이 있습니다. True가 참, False가 거짓을 나타내고, 불리언이라고 불리는 경우도 있습니다. 뒤에 소개하는 제어문에서도 사용되니까 꼭 기억해주세요.

예제 B-9 파이썬 대화형 셀에서 실행

```
>>> # 1과 1은 같은가?
>>> 1 == 1
True
>>>
>>> # 1과 2는 같은가?
>>> 1 == 2
False
```

이처럼 어떤 값과 어떤 값을 비교했을 때 그것이 참인지 거짓인지 논릿값으로 표시됩니다. 여기서 예로 나온 == 기호는 이 기호 왼쪽과 오른쪽에 있는 값이 같은지 조사하는 역할을 하며 비교 연산자라고 합니다. 파이썬의 비교 연산자로는 ==, !=, >, >=, <, <=가 있고 각각 다음과 같은 의미를 가지고 있으니 주석을 읽으면서 확인해주세요.

예제 B-10 파이썬 대화형 셀에서 실행

```
>>> # 파이썬2와 파이썬3은 다른가?
>>> '파이썬2' != '파이썬3'
True
>>>
>>> # 2는 3보다 큰가?
>>> 2 > 3
False
>>>
>>> # 2는 1 이상인가?
>>> 2 >= 1
True
>>>
>>> # 변수들을 비교할 수도 있습니다.
>>> a = 1
>>> b = 2
>>> # a는 b보다 작은가?
>>> a < b
True
>>>
>>> # b는 2 이하인가?
>>> b <= 2
True
```

논릿값에는 and와 or이라는 연산자를 적용할 수도 있습니다. and는 2개의 논릿값 양쪽 모두 True인 경우에만 결과도 True가 됩니다. or은 2개의 논릿값 중 어느 한쪽이 True면 결과도 True가 됩니다. 실제로 어떻게 동작하는지 확인해봅시다.

예제 B-11 파이썬 대화형 셀에서 실행

```
>>> a = 5
>>>
>>> # a는 1보다 크고 10보다 작다.
>>> 1 < a and a < 10
True
>>>
>>> # a는 3보다 크거나 1보다 작다.
>>> 3 < a or a < 1
True
```

B.2.4 리스트

파이썬은 1개의 값뿐만 아니라 여러 값을 모아서 다룰 수 있는 **리스트**라는 데이터 구조를 가지고 있습니다. 다른 언어에서는 배열이라고 부르는 경우도 있는데 같은 것입니다. 리스트는 다음 절에서 소개하는 제어문에서도 사용됩니다. 여기서는 파이썬에서 리스트를 사용하는 기본적인 방법을 익혀둡시다.

예제 B-12 파이썬 대화형 셀에서 실행

```
>>> # 리스트를 만듭니다.
>>> a = [1, 2, 3, 4, 5, 6]
>>>
>>> # 리스트 요소에 접근합니다.
>>> # (인덱스는 0부터 시작하는 것에 주의하세요.)
>>> a[0]
1
>>> a[1]
2
>>>
>>> # 인덱스에 마이너스를 붙이면 뒤쪽에서부터 요소를 세어서 접근합니다.
>>> a[-1]
```

```
6
>>> a[-2]
5
>>>
>>> # 슬라이스라고 불리는 ':'를 사용한 편리한 방법도 있습니다.
>>> # 지정된 범위의 값을 가져옵니다.
>>> a[1:3]
[2, 3]
>>>
>>> # 2번째 값에서 마지막 값까지 가져옵니다.
>>> a[2:]
[3, 4, 5, 6]
>>>
>>> # 첫 번째 값부터 3번째 값까지 가져옵니다.
>>> a[:3]
[1, 2, 3]
```

B.2.5 제어문

파이썬 프로그램은 기본적으로 위에서부터 순서대로 실행됩니다. 하지만 여기서 소개하는 제어문을 이용하면 조건 분기나 반복을 할 수 있습니다.

제어문을 이용할 때는 블록이라는 단위로 프로그램을 기술합니다. 다른 프로그램 언어에서는 블록을 시작하거나 마칠 때 { ... }나 begin ... end로 표시하는 경우가 많지만 파이썬에서는 **들여쓰기**로 블록을 표현합니다. 들여쓰기는 탭이나 스페이스를 사용할 수 있는데 탭 사용은 가능하면 피하고 스페이스 4개로 들여쓰기 할 것을 추천합니다. 파이썬은 다른 언어에 비해 들여쓰기가 중요해서 들여쓰기가 어긋나면 에러가 나기 때문에 주의하세요.

조건 분기는 if 문을 사용합니다. if에 이어지는 논릿값이 True면 그 아래에 있는 코드 블록이 실행됩니다. 논릿값이 False면 다음 elif 블록의 논릿값 결과를 봅니다. elif의 논릿값도 False면 마지막으로 else 블록이 실행됩니다. 실제로 확인해봅시다.

예제 B-13 파이썬 대화형 셸에서 실행

```
>>> a = 10
>>>
>>> # 변숫값이 3 또는 5로 나누어떨어지는지 조사해서 각각 다른 메시지를 출력합니다.
```

```
>>> if a % 3 == 0:
...     print('3으로 나누어떨어지는 수입니다.')
... elif a % 5 == 0:
...     print('5로 나누어떨어지는 수입니다.')
... else:
...     print('3으로도 5로도 나누어떨어지지 않는 수입니다.')
...     # 여기서 [Enter]키를 누릅니다.
5로 나누어떨어지는 수입니다.
```

반복 처리는 for 문을 사용합니다. for에 리스트를 넘겨주면 리스트의 내용을 하나씩 꺼내는 반복 처리를 할 수 있습니다. 실제로 확인해봅시다.

예제 B-14 파이썬 대화형 셸에서 실행

```
>>> a = [1, 2, 3, 4, 5, 6]
>>>
>>> # 리스트의 내용을 1개씩 i라는 변수로 꺼내서 값을 출력합니다.
>>> for i in a:
...     print(i)
...     # 여기서 [Enter]키를 누릅니다.
1
2
3
4
5
6
```

또 다른 반복 처리 문법으로 while 문이 있습니다. while에 이어지는 식의 논릿값이 True인 동안 계속 반복 처리를 합니다.

예제 B-15 파이썬 대화형 셸에서 실행

```
>>> a = 1
>>>
>>> # a가 5 이하인 동안 반복 처리합니다.
>>> while a <= 5:
...     print(a)
...     a += 1
...     # 여기서 [Enter]키를 누릅니다.
1
```

```
2
3
4
5
```

B.2.6 함수

마지막으로 함수를 설명합니다. 파이썬에서는 처리를 모아서 함수로 정의할 수 있습니다. 정의한 함수는 나중에 원하는 때 호출할 수 있습니다. 함수를 선언할 때는 def를 사용하고 그 아래에 있는 코드 블록이 함수의 내용으로 정의됩니다. 제어문과 마찬가지로 들여쓰기로 코드 블록을 나타내기 때문에 들여쓰기가 어긋나지 않도록 주의하세요.

예제 B-16 파이썬 대화형 셸에서 실행

```
>>> def hello_python():
...     print('Hello python')
...     # 여기서 [Enter]키를 누릅니다.
>>> hello_python()
Hello python
>>>
>>> # 함수는 인수를 받아서 값을 전달할 수 있습니다.
>>> def sum(a, b):
...     return a + b
...     # 여기서 [Enter]키를 누릅니다.
>>> sum(1, 2)
3
```

B.3 넘파이 기초

넘파이는 데이터 사이언스에 자주 사용하는 편리한 라이브러리입니다. 특히 넘파이에서 다루는 배열(ndarray라고 불리는 배열)에는 매우 편리한 메서드가 많이 준비되어 있습니다. 머신러닝 구현에서는 벡터나 행렬의 계산이 빈번하게 등장하는데 넘파이의 배열을 사용하면 효율적으로 처리할 수 있습니다.

여기서는 5장에 구현되어 있는 소스 코드 안에 나오는 넘파이의 기능을 중심으로 기본적인 부분을 설명하겠습니다. 넘파이는 여기에서는 다 소개할 수 없을 정도로 많은 기능을 가진 라이브러리입니다. 더 자세히 알고 싶은 경우 인터넷이나 서적 등을 통해 추가로 조사하세요.

넘파이는 파이썬에 기본적으로 포함되어 있지 않습니다. 넘파이를 이용하기 위해서는 먼저 라이브러리를 설치해야 합니다. 하지만 B.2절에서 소개한 아나콘다 배포용을 사용해서 파이썬을 설치했다면 처음부터 넘파이가 포함되어 있기 때문에 따로 설치하지 않아도 됩니다.

만약 아나콘다 배포용을 사용하지 않고 다른 방법으로 파이썬을 설치한 경우에는 기본적으로 넘파이가 포함되어 있지 않기 때문에 패키지 매니저인 pip를 사용해서 넘파이를 설치합니다.

예제 B-17 터미널 또는 커맨드 프롬프트에서 실행

```
$ pip install numpy
```

넘파이가 준비되었다면 직접 실행하면서 익혀봅시다. 우선은 터미널 또는 커맨드 프롬프트에서 python이라고 입력해서 대화형 셸을 동작시키세요.

B.3.1 임포트

넘파이를 파이썬에서 사용하기 위해서는 우선 넘파이를 불러올 필요가 있습니다. 이때 이용되는 것이 import 구문인데 다음과 같이 사용해서 넘파이를 읽어 들입니다.

예제 B-18 파이썬 대화형 셸에서 실행

```
>>> import numpy as np
```

이건 numpy 라이브러리를 np라는 이름으로 읽어 들이겠다는 의미로 np라는 이름을 참조해서 넘파이의 기능을 이용할 수 있습니다. 이후에는 numpy 라이브러리를 읽어 들였다는 것을 전제로 이야기를 진행하겠습니다.

B.3.2 다차원 배열

넘파이의 기본은 다차원 배열을 나타내는 ndarray입니다. 파이썬에는 B.2.4절의 코드에도 등장했던 ':'을 사용한 편리한 슬라이스 기능이 있습니다. 넘파이의 다차원 배열에도 요소에 편리하게 접근할 수 있는 방법이 몇 가지 있어서 이 책에서 사용되는 방법을 중심으로 소개하겠습니다.

예제 B-19 파이썬 대화형 셸에서 실행

```
>>> # 3x3 다차원 배열(행렬)을 만듭니다.
>>> a = np.array([[1, 2, 3], [4, 5, 6], [7, 8, 9]])
>>> a
array([[1, 2, 3],
       [4, 5, 6],
       [7, 8, 9]])
>>>
>>> # 1행 1열 요소에 접근합니다.
>>> # (인덱스는 0부터 시작하는 것에 주의하세요.)
>>> a[0,0]
1
>>>
>>> # 2행 2열 요소에 접근합니다.
>>> a[1,1]
5
>>>
>>> # 1열을 꺼냅니다.
>>> a[:,0]
array([1, 4, 7])
>>>
>>> # 1행을 꺼냅니다.
>>> a[0,:]
array([1, 2, 3])
>>>
>>> # 2열과 3열을 꺼냅니다.
>>> a[:, 1:3]
array([[2, 3],
       [5, 6],
       [8, 9]])
>>>
>>> # 2행과 3행을 꺼냅니다.
>>> a[1:3, :]
array([[4, 5, 6],
       [7, 8, 9]])
```

```
>>>
>>> # 1행을 꺼내서 변수에 대입합니다.
>>> b = a[0]
>>> b
array([1, 2, 3])
>>>
>>> # 배열을 사용해서 요소에 접근할 수 있습니다.
>>> # 배열 b의 3번째와 1번째 요소를 순서대로 꺼냅니다.
>>> c = [2, 0]
>>> b[c]
array([3, 1])
```

또한 다음과 같은 방법으로 다차원 배열의 기본적인 프로퍼티에 접근할 수도 있습니다.

예제 B-20 파이썬 대화형 셀에서 실행

```
>>> # 3x3의 다차원 배열(행렬)을 만듭니다.
>>> a = np.array([[1, 2, 3], [4, 5, 6], [7, 8, 9]])
>>>
>>> # a의 차원. 행렬이기 때문에 2차원
>>> a.ndim
2
>>>
>>> # a의 모양. 3x3 행렬이므로 (3, 3)
>>> a.shape
(3, 3)
>>>
>>> # a의 요소 수. 3x3이므로 요소 수는 9
>>> a.size
9
>>>
>>> # a 요소의 데이터 타입. 요소는 모두 정수형으로 저장되어 있습니다.
>>> a.dtype
dtype('int64')
>>>
>>> # a 요소의 데이터 타입을 float형으로 변경합니다.
>>> a.astype(np.float32)
array([[1., 2., 3.],
       [4., 5., 6.],
       [7., 8., 9.]], dtype=float32)
```

B.3.3 배열 생성

넘파이에는 배열을 생성할 수 있는 다양한 메서드가 준비되어 있습니다. 여기서는 주로 이 책에서 사용한 메서드를 다루고 있습니다.

예제 B-21 파이썬 대화형 셀에서 실행

```
>>> # 10개의 요소를 가진 배열을 만듭니다.
>>> np.arange(10)
array([0, 1, 2, 3, 4, 5, 6, 7, 8, 9])
>>>
>>> # 0으로 초기화된 3x3 배열을 만듭니다.
>>> np.zeros([3, 3])
array([[0., 0., 0.],
       [0., 0., 0.],
       [0., 0., 0.]])
>>>
>>> # 표준정규분포를 따르는 난수로 초기화된 3x3 행렬을 만듭니다.
>>> np.random.randn(3, 3)
array([[-0.31167908,  1.38499623, -0.67863413],
       [ 0.87811732,  0.5697252 ,  0.28765165],
       [ 0.34221975,  1.72718813,  2.20642538]])
>>>
>>> # 3x3 단위 행렬을 만듭니다.
>>> np.eye(3, 3)
array([[1., 0., 0.],
       [0., 1., 0.],
       [0., 0., 1.]])
```

B.3.4 배열 변형

이 책의 합성곱 신경망 구현에서는 배열의 변형이 많이 사용되고 있기 때문에 간단하게 소개하겠습니다.

예제 B-22 파이썬 대화형 셀에서 실행

```
>>> # 12개의 요소를 가진 배열을 만듭니다.
>>> a = np.arange(12)
>>> a
```

```
array([ 0, 1, 2, 3, 4, 5, 6, 7, 8, 9, 10, 11])
>>>
>>> # 3x4의 2차원 배열로 모양을 바꿉니다.
>>> a.reshape(3, 4)
array([[ 0,  1,  2,  3],
       [ 4,  5,  6,  7],
       [ 8,  9, 10, 11]])
>>>
>>> # 2x2x3의 3차원 배열로 모양을 바꿉니다.
>>> a.reshape(2, 2, 3)
array([[[ 0,  1,  2],
        [ 3,  4,  5]],
       [[ 6,  7,  8],
        [ 9, 10, 11]]])
```

다차원이 되면 조금 이미지를 떠올리기가 어렵기 때문에 여기서는 그림과 코드를 비교해가면서 천천히 생각해보세요.

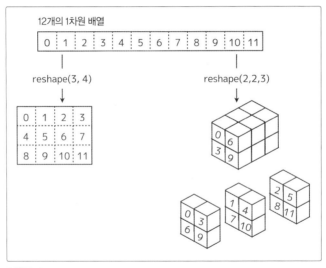

그림 B-1

또한 이 책에서는 행렬의 전치도 자주 사용합니다. 물론 넘파이에도 전치를 하는 방법이 준비되어 있습니다.

예제 B-23 파이썬 대화형 셸에서 실행

```
>>> # 3x3 행렬을 만듭니다.
>>> a = np.array([[1, 2, 3], [4, 5, 6], [7, 8, 9]])
>>> a
array([[1, 2, 3],
       [4, 5, 6],
       [7, 8, 9]])
>>>
>>> # a를 전치합니다(.T 사용).
>>> a.T
array([[1, 4, 7],
       [2, 5, 8],
       [3, 6, 9]])
```

다만 .T는 2차원 배열, 그러니까 행렬의 전치 이외에는 사용할 수 없습니다. 그래서 넘파이는 transpose라는 메서드를 제공하고 있는데 이것을 사용하면 3차원 이상의 배열을 전치할 수 있습니다.

예제 B-24 파이썬 대화형 셸에서 실행

```
>>> # 3x3 행렬을 만듭니다.
>>> a = np.array([[1, 2, 3], [4, 5, 6], [7, 8, 9]])
>>> a
array([[1, 2, 3],
       [4, 5, 6],
       [7, 8, 9]])
>>>
>>> # 행렬을 전치합니다(.transpose 사용).
>>> a.transpose(1, 0)
array([[1, 4, 7],
       [2, 5, 8],
       [3, 6, 9]])
>>>
>>> # 2차원 이상의 배열도 간단하게 전치 가능합니다.
>>> a = np.arange(12).reshape(2, 2, 3)
>>> a
array([[[ 0,  1,  2],
        [ 3,  4,  5]],
       [[ 6,  7,  8],
        [ 9, 10, 11]]])
>>>
```

```
>>> # 3차원의 2x2x3 배열을 3x2x2 배열로 전치합니다.
>>> a.transpose(2, 0, 1)
array([[[ 0,  3],
        [ 6,  9]],

       [[ 1,  4],
        [ 7, 10]],

       [[ 2,  5],
        [ 8, 11]]])
```

배열의 전치는 그 축을 바꾸어 넣는 작업 그 자체입니다. 3차원 배열을 전치하고 있는 위 코드의 경우는 다음과 같이 축을 바꾸어 넣고 있습니다.

- 3차원 째의 축을 첫 번째로 가져옵니다.
- 1차원 째의 축을 두 번째로 가져옵니다.
- 2차원 째의 축을 세 번째로 가져옵니다.

3차원이 되면 이미지를 떠올리기가 어렵기 때문에 다음 그림과 코드를 비교해보면서 이해해주세요.

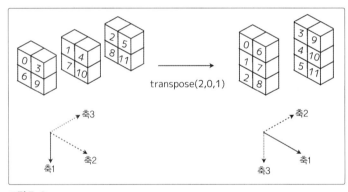

그림 B-2

B.3.5 행렬 곱셈

넘파이에서는 벡터의 내적이나 행렬 곱셈의 계산을 위한 dot라는 메서드를 제공하고 있습니다. 이 책에서는 주로 행렬 곱셈의 계산을 위해 사용하는데 넘파이 dot의 장점은 계산 속도에 있습니다. 일반적으로 행렬의 곱셈 계산은 무거운 처리로 알려져 있습니다. 하지만 넘파이 내부에서는 행렬 연산의 라이브러리를 사용해서 최적화하고 있기 때문에 거대한 행렬이라도 현실적인 시간 안에 계산할 수 있습니다.

이 책에 등장하는 전결합 신경망이나 합성곱 신경망의 경우 대부분 행렬 연산이기 때문에 행렬 계산의 속도가 학습이나 예측의 퍼포먼스를 높이는 데 직접적으로 영향을 미칩니다. dot를 사용하면 행렬 곱셈 처리를 간단하게 작성할 수 있다는 장점이 있지만 방금 언급한 것처럼 속도 역시 큰 장점입니다.

여기서는 코드와 함께 dot의 예를 살펴보겠습니다.

예제 B-25 파이썬 대화형 셀에서 실행

```
>>> # 2x3과 3x4 행렬을 만듭니다.
>>> a = np.arange(6).reshape(2, 3)
>>> b = np.arange(12).reshape(3, 4)
>>> a
array([[0, 1, 2],
       [3, 4, 5]])
>>> b
array([[ 0,  1,  2,  3],
       [ 4,  5,  6,  7],
       [ 8,  9, 10, 11]])
>>>
>>> # a와 b의 행렬 곱셈을 계산합니다.
>>> np.dot(a, b)
array([[20, 23, 26, 29],
       [56, 68, 80, 92]])
```

B.3.6 브로드캐스트

넘파이에는 배열 요소 간의 연산에 편리하게 활용할 수 있는 **브로드캐스트**라는 기능이 있습니다. 보통 넘파이에서 배열 간 연산을 하기 위해서는 배열의 모양이 일치해야 합니다. 그런데 모양이 달라서 연산을 할 수 없는 경우에도 연산의 대상이 되는 2개 배열의 (모양을 맞출 수 있다면) 모양을 맞춘 다음에 연산을 하는 기능이 브로드캐스트입니다.

말로는 이해가 어려우니 예제를 준비했습니다.

```
>>> # 3x3 다차원 배열(행렬)을 만듭니다.
>>> a = np.array([[1, 2, 3], [4, 5, 6], [7, 8, 9]])
>>>
>>> # a의 모든 요소에 10을 더합니다.
>>> a + 10
array([[11, 12, 13],
       [14, 15, 16],
       [17, 18, 19]])
>>>
>>> # a의 모든 요소에 3을 곱합니다.
>>> a * 3
array([[ 3,  6,  9],
       [12, 15, 18],
       [21, 24, 27]])
```

이건 내부적으로는 10이나 3 등의 수치를 3×3 행렬로 취급해서 요소들 간의 계산을 합니다.

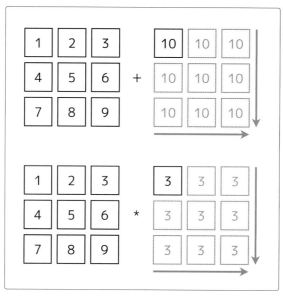

그림 B-3

참고로 여기서 곱셈은 행렬의 곱셈이 아니라 요소마다의 곱셈이 됩니다. 이렇게 요소마다 연산을 하는 것을 element-wise라 부르며, 행렬의 곱셈과 element-wise의 곱셈은 구별할 필요가 있으므로 주의하세요.

또한 다음과 같은 브로드캐스트 패턴도 있습니다.

예제 B-27 파이썬 대화형 셀에서 실행

```
>>> # a의 각 열을 각각 2배, 3배, 4배 합니다.
>>> a * [2, 3, 4]
array([[ 2,  6, 12],
       [ 8, 15, 24],
       [14, 24, 36]])
>>>
>>> # a의 각 행을 각각 2배, 3배, 4배 합니다.
>>> a * np.vstack([2, 3, 4])
array([[ 2,  4,  6],
       [12, 15, 18],
       [28, 32, 36]])
```

이건 내부적으로는 다음과 같이 확장된 배열로 취급하여 요소마다 계산을 합니다.

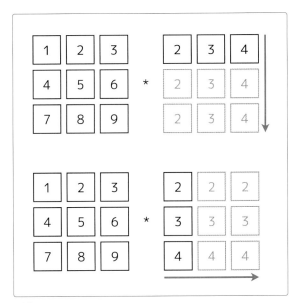

그림 B-4

INDEX